介護保険はどのようにしてつくられたか

――介護保険の政策過程と家族介護者支援の提案

東京通信大学教授
増田社会保障研究所代表
増田雅暢

TAC出版

はじめに

本書は、私がこれまで発表してきた日本の介護保険制度の政策過程（政策形成過程と政策決定過程）に関する論文を集めたものです。あわせて介護保険制度の基本的な課題、すなわち被保険者の範囲の拡大や家族介護者支援の充実の必要性に関する論文も収録しています。

私が、研究者として介護保険制度の政策過程を第一の研究テーマにしている理由は、次のとおりです。

私は、1981年に厚生省（現・厚生労働省）に事務官として入省しました。入省後10年過ぎの1990年代半ばに、厚生省高齢者介護対策本部事務局の専任スタッフとして、介護保険制度の創設業務に携わることになりました。それまで日本に存在していなかった介護保険制度をゼロから創設していく業務は、大変刺激的なものでした。

どのような制度をつくることができるのか、保険者は誰にするのか、被保険者の範囲はどうするのか、保険料の賦課徴収方法はどうするのか、要介護認定の方法はどのようにするのか、介護サービス提供機関はどのようなところにするのか、介護保険施設にはどのような人が入るのか、ケアマネジメントの仕組みはどのようにするのか、国庫負担や都道府県・市町村の負担はどうするのか、利用者の自己負担はどのように設定するのか、要介護認定等の処分に対する不服申し立ての制度はどうするのか、など実に数多くの検討課題がありました。

さらに、こうしてできた厚生省内部の案を、どのようにして政府の案としてまとめあげ、法案を作成し、国会に提出することができるのか、そのためには与党と膨大な時間と労力をかけた調整が必要になりました。さらに、医療、福祉分野の関係団体はもちろん、経済界や労働団体との調整も必要になりました。国民の世論形成のための努力も必要でした。

こうしたさまざまな検討業務や調整業務をどのようにして行ったのか、当時、私は厚生省の役人として実務に携わりましたので、介護保険の政策過程を正確に記録に残そうと考えました。幸い高齢者介護対策本部事務局の業務のあと、九州大学法学部助教授に異動となり、実務記録の整理や政策過程の分析を行う時間をとることができました。九州大学から厚生省に復帰後も、介護保険制度の創設・実施状況のフォローを続けました。国立社会保障・人口問題研究所や国立保健医療科学院に勤務中には、政策過程の論文を「季刊社会保障研究」に、あるいは介護保険制度に関する批評などを「週刊社会保障」や「月刊介護保険」等の専門誌に執筆・掲載してきました。

やがて、2003年7月、最初の論文集として、『介護保険見直しの争点―政策過程からみえる今後の課題―』（以下「見直しの争点」という。）を（株）法律文化社から出版することができました。続いて、介護保険制度実施15年を経た2016年1月、2番目の論文集として、『介護保険の検証―軌跡の考察と今後の課題』（以下「介護保険の検証」という。）を、同じく（株）法律文化社から出版しました。

本書は、この2冊の中に収めた介護保険の政策過程に関する論文を、1冊の本にまとめたものです。それぞれの論文の執筆時期などは、各論文の最後の付記で説明しています。

ここで簡単に本書の構成を説明しますと、次のとおりです。

第1章　介護保険制度の政策過程の特徴（『見直しの争点』所収）
第2章　官僚組織における介護保険制度の政策形成過程（『見直しの争点』所収）
第3章　介護保険の体験的政策過程論（『介護保険の検証』所収）
第4章　与党における介護保険制度の政策過程（『見直しの争点』所収）
第5章　連立政権と介護保険法――介護保険法の政策過程における連立与党の役割――（『介護保険の検証』所収）
第6章　被保険者・受給者の範囲の拡大（『介護保険の検証』所収）
第7章　家族等の介護者支援と今後の課題（『介護保険の検証』所収）
第8章　家族介護者支援は急務の課題（書下ろし）
第9章　時事評論――介護保険制度等に対するウォッチング（転載）
第10章　介護保険の20年を振り返る（書下ろし）
参考　日本・ドイツ・韓国の介護保険制度の比較

　第1章から第5章までが、介護保険制度の政策過程に関する論文です。第1章は、介護保険の政策過程分析の総論的位置づけです。第2章と第3章は厚生省内における政策過程です。第4章と第5章は与党における政策過程です。第6章から第8章までは、介護保険制度で残された二つの大きな課題に関する論文です。第6章は、被保険者の年齢の引下げによる範囲の拡大について、第7章は、家族等の介護者支援の課題について、第8章は、第7章を補うために本書で書き下ろしたものです。第9章は、「週刊社会保障」（法研）の時事評論に随時掲載したものの中から介護保険などに関係があるものや思い出深いものを選んでいます。第10章は、介護保険20周年を回顧し今後の課題を整理したもので、本書の書き下ろしです。参考には、日本・ドイツ・韓国の3か国の介護保険制度の比較表を掲載しています。

介護保険制度は、1990年代半ばに検討され、制度化されました。新制度の政策過程のあり方は不変のものではなく、政策課題に取り組んだ時の省庁の組織体制やリーダーシップをとる幹部の資質などに、さらに政権との関係ではそのときの政治状況に大きな影響を受けるものです。当時の厚生省内の検討状況については、第3章に詳しいのですが、介護保険制度創設に向けて厚生官僚の個々人が果たした役割には大きなものがありました。1990年代半ばは、日本の政治が、それまでの自民党単独政権から連立政権時代へと大きく変化した時期でした。第5章で解説していますが、議席数が第2党の社会党の党首を首相とし、第1党の自民党が支えるという「自社さ連立政権」でなかったとしたら、介護保険制度は成立しなかったかもしれません。また、高齢者介護に必要な財源確保が介護保険制度創設の誘因でしたが、1990年代半ばに消費税が3％から7％に引き上げられていれば、高齢者介護の財源は税財源によるとして、介護保険制度の創設は遅れたか、あるいはできなかったかもしれません。

今から振り返ると、介護保険制度の創設は、「天の時、地の利、人の和」に恵まれたものでした。「天の時」とは、高齢者介護問題の深刻化と、老人福祉制度などの従来制度が限界に直面していたこと、ドイツでの介護保険制度の創設などです。「地の利」とは、自社さ連立政権の存在や与党福祉プロジェクトの活躍、関係団体や市民団体の後押しです。「人の和」とは、厚生省内の高齢者介護対策本部事務局のスタッフの一体となった活動や、政府と与党議員との関係や関係団体・市民団体の関係者との良好な関係などが該当します。

なお、1990年代における政策過程が中心ですから、現在とは、政府機構も政治情勢も大きく変わっています。過去の歴史の中の産物の一つにすぎませんが、これからの介護保険を考えるとき、あるいは連立政権で政策を企画立案するとき、「温故知新」の資料になれば幸いと考えています。

本書は、介護保険制度の創設に関係された厚生省をはじめとする政府の役人、当時の福祉プロジェクトチーム等の与党の関係者、日本医師会や全国社会福祉協議会等の医療・福祉分野の団体の関係者、経済界や労働団体の関係者、市民団体の方々など、介護保険制度の創設に協力されたすべての人々に捧げるものです。

2022（令和4）年3月吉日

増田雅暢

目次

第1章

介護保険制度の政策過程の特徴

I　はじめに

介護保険制度は、わが国で5番目となる新たな社会保険制度の創設であり(1)、従来の老人福祉制度や老人医療分野における介護制度はもちろんのこと、わが国の社会保障制度全体に対して大きな変革をもたらしている。制度創設のための検討に要した時間や作業量からみると、厚生労働省が所管する社会保障行政の歴史の中でも、近年の例では昭和50年代の老人保健法制定以来か、あるいはそれ以上であり、昭和30年代の国民年金法制定や国民健康保険事業の全国実施に匹敵する大事業であるといっても過言ではない。

また、従来の社会保障関係の法律の多くが、自民党の単独政権という政治情勢の中で成立してきたことに比べて、介護保険法は、1993（平成5）年7月以降の連立内閣の政権下で検討されてきたものであり、制度や法律の立案過程においてこれまでの社会保障法とは異なる多くの特徴を有している。1997（平成9）年12月の介護保険法制定後も、一時期自民党単独政権になったときはあったが、基本的には自民党を中心とする連立政権が続いている(2)。

介護保険制度創設の政策過程を振り返り、厚生官僚を中心とする省庁内部における政策形成状況や連立与党における政策決定状況等について、自民党単独政権時代における状況との比較も加えながら分析することは、介護保険制度の見直しの際に参考になるとともに、今後のわが国の社会保障の動向と政策の関係を考察する上で多くの示唆を与えるものと考える(3)。

そこで、本章では、筆者自身が厚生省高齢者介護対策本部事務局（以下「事務局」という。）のスタッフとして介護保険制度の検討や介護保険法の立案に携わった経験を踏まえつつ、介護保険制度創設の検討に至った背景および介護保険法の立案過程の特徴などについて説明しながら、社会保障制度をめぐる政策立案のあり方を考える一つの具体的材料を提供したい。(4)

II　介護保険制度創設の検討に至った背景

介護保険制度創設のねらいとして、厚生省は、主として次の4点をあげている。(5)

第1に、老後の最大の不安要因である介護を社会全体で支える仕組みを創設するという「介護の社会化」、第2に、給付と負担の関係を明確にし、国民の理解を得られやすい仕組みである「社会保険方式の導入」、第3に、老人福祉と老人医療とに分かれていた従来の縦割りの制度を再編成し、利用者の選択により、多様な主体から保健医療サービス・福祉サービスを総合的に受けられる仕組みの創設、第4に、介護を医療保険から切り離し、社会的入院の条件整備を図るなどの「社会保障構造改革の第一歩」という4点である。これら4点のうち、最後の観点は、制度案が固まった1996（平成8）年後半頃から強く主張されたものであり、それ以外は、検討初期の段階から制度創設のねらいとしておおむね射程に置かれていたものである。

厚生省は、1994（平成6）年4月に事務次官を本部長とする高齢者介護対策本部を設置し、高齢者介護施策について総合的な検討を始めたが、この時点で、新介護システムを具体的、実務的に検討する視点としていたものは、同年3月にまとめられた「21世紀福祉ビジョン」の中の提言である。そこでは、「21世紀に向けた介護システムの構築」として、次のように論じられている。(6)

介護を要する高齢者が増大する21世紀に向けて、（略）サービス提供基盤の整備を進めつつ、『国民誰もが、身近に、必要な介護サービスがスムーズに手に入れられるシステム』を構築していく必要がある。

（略）介護に着目した社会保障全般にわたる再点検を行い、施設でも在宅でも高齢者のニーズに応じて必要なサービスが等しく受けられるような介護システムを構築していくことが必要である。

その際、基本的視点として、以下のような介護システムを構築していくことが必要である。

① 医療、福祉などを通じ、高齢者の介護に必要なサービスを総合的に提供できるシステム

② 高齢者本人の意思に基づき、専門家の助言を得ながら、本人の自立のために最適なサービスが選べるような利用型のシステム

③ 多様なサービス提供機関の健全な競争により、質の高いサービスが提供されるようなシステム

④ 増大する高齢者の介護費用を国民全体の公平な負担により賄うシステム

⑤ 施設・在宅を通じて費用負担の公平化が図られるようなシステム

これら5つの視点を具体的な政策に反映させる手段として、事務局を中心に検討を進めたものが、老人福祉制度における措置制度の見直しや、介護施策を媒介とした老人福祉と老人医療の制度再編であり、またケアマネジメントという新しい手法の導入、さらには新たな介護費用の財源調達方法の導入である。その背景には、家族介護の限界と、従来の社会保障制度でイメージしていた高齢者

像の変革という認識がある。

措置制度とは、社会福祉行政において、市町村等の行政機関が措置権者となって、福祉各法に基づく要件に合致する人を選別し、行政処分として必要な福祉サービスを決定し、提供する仕組みのことをいう。財源は、租税を中心とした国および地方公共団体の公費で賄われる。法律上、「入所の措置を行う」等の表現をするので、一般にこの仕組みを措置制度と表現してきた。

措置制度が日本の社会福祉の充実のために果たしてきた役割は大きく評価しつつも、措置制度は、基本的には、サービス提供量が少ない状況のときに、特定少数の対象者に対して、行政機関が優先順位をつけてそのサービスを行政処分として配給する仕組みである。行政機関が行政処分としてサービス提供の是非やサービス内容を決定することから、どうしても行政機関が優位的な立場になりやすい。また、措置の対象者は、所得調査や家庭調査を前提とした低所得者やひとり暮らしなど特定の要件に合致する人が中心になりがちである。その結果、利用者にとっては「福祉サービスを受ける人は特別な人」という意識が芽生えたり、「福祉のお世話になる」という言葉のように、利用に当たって心理的抵抗感が生じたり、また「お役所仕事」といわれる利用のしにくさが顕在化したりする仕組みになっていた。

高齢者介護問題のように、所得の多寡や家族形態の相違などを超えて、今後、誰でも要介護状態になり、誰でも介護サービスを必要になるときに、こうした使いにくい仕組みを維持していくことは、増大する利用者側のニーズに応えきれず、国民の大多数がもっている介護不安を解消できない。「利用者本位」、「利用者の選択」という今後の社会保障制度において重要なキーワードである考え方にも適合しない。このような認識は、厚生省が1990（平成2）年度からゴールドプラン（高齢者保健福祉推進十か年戦略）に基づき介護サービスの拡充を図りながらも、一方で市町村の介護サービスが使いにくいという世論となって現れていた。

現在では、老人福祉制度における措置制度の見直しに関して異論はほとんどないが、新介護システムの検討を始めた頃は、1993（平成5）年の保育問題検討会において、保育所の入所措置制度の見直しをめぐる議論が賛否両論で終わったばかりであった。したがって、検討当初は、実際に措置制度の見直しが可能かどうかについては不透明な状況であった。そのため、事務局では、老人福祉分野の措置制度の見直しについて、福祉関係者や地方団体関係者等とさまざまな場で意見交換を行った。保育所入所措置問題と異なる点としては、高齢者介護については、介護サービスにかかわる福祉・医療関係者は民間事業者が中心であること、すでに医療分野の介護サービスについては社会保険である医療保険制度の仕組みで提供されていたことが挙げられる。その結果、最終的には、介護保険法では、極めて特殊な状況における措置制度を残しながら、老人福祉制度における措置制度は契約方式へと移行することとなった。そして、この見直しが、今度は逆に児童福祉法における保育所入所措置の見直しにつながり、さらには、社会福祉基礎構造改革において身体障害者福祉法等の改正による障害者福祉分野の措置制度の見直しにつながることとなった。(7)

次に、高齢者介護費用に対する財源問題について言及すると、1993年度および1994年度の一般会計予算は、バブル景気崩壊後の税収の落ち込み等により、国債への依存度を高めつつも、伸び率がそれぞれ0・2%、1・0%と低迷し、社会保障関係の予算編成も大変厳しい局面を迎えていた。一方、1993年度中に作成することが義務づけられていた地方公共団体の老人保健福祉計画の目標値を積み上げると、1989（平成元）年12月に策定された従来のゴールドプランの目標値を上回るものとなっていた。ここに、1994年中を目途とする新ゴールドプランの策定、さらには今後とも増大する21世紀の介護費用に必要な財源をどのような方法で調達することが国民の合意を得られるのか、ということが大きな政策課題となった。なお、財源調達方式として、当時は必ずしも社会保険方式しかないという問題認識ではなく、1994年当時最大の国民的争点であった消費税の引上げ議論の結果次第でもあった。

「家族介護の限界」については、さまざまなデータやアンケート調査等から浮かび上がってきていた。従来漠然とイメージされていた「介護は家族が」という意識があったとしても、実際の在宅介護の状況をみれば、家族規模の縮小や介護者自身の高齢化などの状況から、家族介護者に対する精神的、肉体的、経済的な重い負担の存在、結局は「寝かせきり」から「寝たきり」にさせてしまう質の低い介護内容、介護問題を原因とする家族関係の崩壊、家庭内老人虐待、介護を理由とした離職の問題など、家族介護をめぐる厳しい現状があった。家族の過重な介護負担は、その理由に介護サービスの量的不足があるとともに、従来の措置制度に基づく公的福祉サービスが利用しにくいものであったり、低所得者向け中心であった弊害が現れていたことも否めなかった。

「介護の社会化」とは、介護リスクの普遍化、介護サービスの利用の一般化という状況を踏まえ、介護負担を家族のみが負ってしまうのではなく、介護サービスの提供面でも介護費用の負担面でも、要介護者やその家族を社会的に支援していくことである。そのためには、介護費用を国民全体で公平に負担し、ニーズを有する誰もが介護サービスを利用できるシステムが必要である。そこで、社会連帯を基礎とした相互扶助による社会保険方式を採用し、契約によるサービス利用というシステムが視野にのぼってきたのであった。

介護保険制度では、医療保険制度とは異なり、高齢者一人ひとりが被保険者となる社会保険制度となっている。(8)この背景には、従来の社会福祉制度でイメージしてきた「高齢者像」の変革がある。既にわが国においては、高齢者が社会の中で人口的にも大きなウエイトを占めつつあり、また、公的年金制度の成熟化等により、平均的にみれば、一人当たりの可処分所得や貯蓄、資産は若年世代と同じかそれ以上という状況にある。したがって、従来のように高齢者を「社会的弱者」として若年世代に支えられる存在としてひとくくりにみるのではなく、社会の一員として必要な介護費用を自ら支える側に立つこと、すなわち負担面でいえば若年世代と同等な位置づけを社会保障制度の仕組みの中で行うこととしたのである。さらに、年金財源を介護保険料の財源として活用するという新しい仕組みを取り入れている。このように高齢者を一人ひとり自立した被保険者として捉えることや、年金財源の活用等の手法は、今後の他の社会保障制度の政策立案の中でも重要な手法になるものと考えられる。

III　介護保険制度の政策過程の特徴

介護保険制度の政策過程の特徴として、次の3点を指摘したい。

第1に、わが国の政策過程において中心となってきた省庁主導型政策過程の特徴と限界が如実に現れたことである。厚生省内に事務次官を本部長とする高齢者介護対策本部というプロジェクトチームの設置、高齢者介護・自立支援システム研究会という私的懇談会の開催と意見の取りまとめ、続いて正式な審議会である老人保健福祉審議会での議論と取りまとめというように、従来、法制度の改正等の際に省庁が講ずる手続を定石どおり踏んでいる。しかしながら、老人保健福祉審議会において14か月の審議期間、約50回に及ぶ会議を行ったにもかかわらず、最終的には審議会最終報告の中では、介護保険制度の内容について両論・多論併記の部分が多く存在するなど、審議会における合意形成には限界がみられた。そして、地方団体に対する厚生省による調整も功を奏せず、結局は、第4章および第5章で詳述するように連立与党の調整を仰ぐこととなった。

介護保険制度案の検討が進められた頃、「始めに介護保険制度ありきで、厚生省が強引に進めている」という批判がなされた。しかし、介護保険制度のように新たな社会保険制度の創設であるとともに、政府全体でも重要法案と位置づけられる性格のものは、制度創設から法案の国会提出に至るまで省庁単独主導型で事が進むということはありえない。また、社会保障制度が成熟時代を迎え、既存の制度に利害関係を持つ多くの関係者が存在する中では、制度改正のための合意形成が極めて重要であり、関係者の意向を無視して強引に事を進めることは不可能である。ただし、高齢者介護システムの検討が本格的に始められた１９９４（平成６）年4月以来約2年半で、新たな社会保険法案を国会に提出できたのは、消費税法等の他の制度創設と比較すると驚異的な速さでもある。その理由として、高齢者介護問題が国民全体の切実な問題となっていたことが背景にあることはもちろんであるが、後述する関係団体の関心の高まりや連立与党における調整の成果のほか、厚生省内のプロジェクトチームに専任スタッフを配置した事務局を設け、これらのスタッフを中心に、内部的にも外部的にも活発な議論を展開し、世論を喚起しながら具体的な案を詰めていったということも大きな要因であったといえる。

第２の特徴は、関係団体における活発な意見表明と研究会等の活発な実施がみられたことである。

従来の医療、福祉関係の団体ばかりでなく、「高齢社会をよくする女性の会」や「介護の社会化を進める1万人市民集会」等の市民団体や、自治労や連合等の労働組合など、さまざまな団体において広範かつ活発な研究・講演活動が行われた。また、あわせて検討過程の段階でテレビ、新聞等で多くの報道がなされ、学識経験者からも介護保険法早期制定の声があがり、こうしたことが結果的には法案成立の促進材料に働いた。このように省庁が存在する霞が関の外で、あるいは国会や政党が存在する永田町の外で、関係団体や市民団体、労働組合等が、制度の検討や法案の内容等について、百花争鳴のごとき議論が行われたことは、最近の社会保障関係法の制定過程ではないことであった。

第3の特徴は、連立与党3党主導型の本格的調整と合意形成への努力が見られたことである。新介護システムの検討が始まった1994年4月以来、政権の枠組みが非自民連立政権から自民・社会・さきがけ3党の連立政権に変化し、その間首相が4人も変わる中で、連立与党3党のプロジェクトチームにおいて審議会と並行して議論が進められた。最終的には、関係者間の意見対立があり、厚生省ではまとめきれない保険者をめぐる問題を始め介護保険制度の具体的内容については、自民・社会・さきがけの連立与党3党による調整で合意点が得られ、法案の作成、国会提出につながった。なお、政治的にはこの介護保険法案の国会提出・早期成立というテーマが3党の連立関係を維持する材料の一つともなり、さらに第140回通常国会では与党と野党の民主党との間で「政策別連合」の材料となるなど、政治的にも興味深い取り扱われ方がなされた。

Ⅳ　介護保険制度の検討経緯における特徴

以上述べた政策過程の特徴について、介護保険制度について本格的に検討が始められた１９９４（平成６）年から、介護保険法案の国会提出に至った１９９６（平成８）年11月までの時期を３期に分けて、それぞれの時期の主要な動きに即して具体的に解説する（**図表―1**参照）。

まず、第1期は、１９９４年3月頃から同年12月頃までで、厚生省主導型で制度の検討がスタートし、主として社会保険方式の啓発期であった「草創期」である。この時期の特徴は、厚生省自らが情報発信母体となって、新たな高齢者介護システムの構築が必要である点について、強力な世論喚起を行ったことである。

その手法としては、省内プロジェクトチームの創設、私的懇談会の開催と報告書の取りまとめ、「高齢者介護問題を考える」という一般向けパンフレットの作成等を行った。私的懇談会である「高齢者介護・自立支援システム研究会」（座長　大森彌東京大学教授（当時））は、純粋に10人の学識経験者によって構成されたもので、この研究会報告は、高齢者介護問題の現状や現行制度の課題について簡潔に整理した上で、「自立支援」という介護の基本理念の設定、介護サービスの総合化、ケアマネジメント方式や社会保険方式の導入等、介護をめぐる論点を整理しており、その後の厚生省の考え方の基本的スタンスとなった。また、介護保険制度に取り入れられたケアプラン（介護サービス計画）作成等のケアマネジメント方式は、一部の医療・福祉関係者がアメリカの事例等を参考に行っていた先駆的な研究・実践活動を踏まえて、厚生省の実務担当者が介護保険制度の中に積極

図表-1 介護保険制度の新設をめぐる動き
(介護保険法の制定まで)

平成元年(89)年	・高齢者保健福祉推進十か年戦略(ゴールドプラン)策定(平成2年から11年度までの高齢者保健福祉の基盤整備の計画的推進)	
平成2(90)年	・老人福祉法等の福祉8法の改正(福祉サービスの市町村への一元化、老人保健福祉計画の策定等)	
平成3(91)年	・老人保健法の改正(介護に着目した公費負担割合の見直し、老人訪問看護制度の創設等)	草創期
平成4(92)年	・高齢者施策の基本方向に関する懇談会報告(介護サービスを中心に施策や制度の再構築を提言)	
	・福祉人材確保法、看護婦等人材確保法の制定、医療法の改正(療養型病床群の創設等)	
平成5(93)年	・全都道府県、全市町村においてそれぞれの老人保健福祉計画の策定	
	・年金審議会意見書(10月)、医療保険審議会建議書(12月)、老人保健審議会意見具申(12月)において、それぞれ介護問題への取組や介護サービス体制の確立に向けての検討を指摘	
平成6(94)年		
2月 3日	＊細川首相「税制改革草案」を発表(国民福祉税7%を提案)	
	・高齢社会福祉ビジョン懇談会が「21世紀福祉ビジョン」を策定(少子・高齢社会に向けての社会保障制度のあり方や、新ゴールドプランの策定、新介護システムの構築等を提言)	
4月13日	・厚生省(厚生大臣 大内啓伍)が「高齢者介護対策本部(本部長：厚生事務次官)」を設置	
4月29日	・ドイツで介護保険法成立(95年1月から保険料徴収開始)	
6月30日	＊村山内閣発足(社会党、自民党および新党さきがけの連立政権。厚生大臣 井手正一)	
7月 1日	・高齢者介護対策本部に設置された「高齢者介護・自立支援システム研究会」が第1回会合	
9月 8日	＊社会保障制度審議会の社会保障将来像委員会第2次報告(公的介護保険制度の創設を提案)	
9月22日	＊連立与党「税制改革大綱」決定(消費税は5%引上げ、平成9年4月実施等)	
9月27日	＊与党福祉プロジェクトが公的介護保険制度の検討を開始	
12月13日	・高齢者介護・自立支援システム研究会報告書「新たな高齢者介護システムの構築を目指して」(介護の基本理念、ケアマネジメントの確立、社会保険方式の導入の必要性等を提言)	
12月18日	・「新ゴールドプラン」策定	検討期
平成7(95)年		
2月14日	・老人保健福祉審議会(以下「老健審」という)が高齢者介護問題に関する審議を開始	
6月13日	＊与党福祉プロジェクトが「高齢者介護問題に関する中間まとめ」を発表	
7月 4日	＊社会保障制度審議会が「社会保障体制の再構築(勧告)」を総理に提出(公的介護保険制度創設の検討の必要性を指摘)	
7月26日	・老健審が中間報告「新たな高齢者介護システムの確立について」	
8月 8日	・村山内閣改造(厚生大臣 森井忠良)	
9月26日	・老健審が3分科会の設置を決定。各分科会で制度の具体的内容の審議を開始	
11月	・老健審が北海道と岡山県で地方公聴会を開催	
12月12日	・総理府が高齢者介護に関する世論調査結果を公表	
12月15日	＊与党福祉プロジェクトが第2次中間まとめ「新たな高齢者等の介護制度創設に向けた議論の整理」を発表	
12月18日	・「障害者プラン」策定	
平成8(96)年		
1月 5日	＊村山首相退陣、自民・社会・さきがけの与党3党が新政策合意(介護保険制度の創設が盛り込まれる)	
1月11日	＊橋本内閣発足(厚生大臣 菅直人)	
1月22日	＊第136回通常国会召集(会期は6月19日まで)	
1月31日	・老健審が第2次報告「新たな高齢者介護制度について」	
2月15日	・厚生省が老健審に「高齢者介護保険制度に関する事務局試案」を提示。以後、保健制度の仕組み方が議論の中心となる。	
3月13日	＊丹羽元厚生大臣が与党福祉プロジェクトに「介護保障確立に向けての基本的な考え方」と題する私案を提出(被保険者は40歳以上、在宅・施設の2段階実施等を提案)	
3月	・菅厚生大臣が高齢者介護問題に関する自由討論会を開催	
4月22日	・老健審が最終報告「高齢者介護保険制度の創設について」(保険者、被保険者、保険料設定、現金給付の取扱等について各論併記)	
5月14日	・厚生省が与党福祉プロジェクトに「介護保険制度試案」提出(老健審には翌15日提出、さらに、30日に修正試案を提出)	

図表-1 介護保険制度の新設をめぐる動き（介護保険法の制定まで）（続き）

平成8(96)年		
6月 6日	・厚生省が老健審と社会保障制度審議会に「介護保険制度案大綱」を諮問（老健審は6月10日、社会保障制度審議会は6月11日に答申）	
6月17日	＊介護保険制度創設に関する与党合意事項（介護保険法案の通常国会への提出は見送り。要綱案を基本として懸案事項の解決を図りながら、必要な法案作成作業を行い、次期国会に法案を提出）	制度案確定期
6月25日	＊与党政策調整会議が「介護保険制度の創設に関するワーキングチーム」を設置	
7月17日	・厚生省が都道府県高齢者介護主管課長会議を開催（以後、7～9月に全都道府県で介護保険制度案の内容を説明）	
7月～ 9月	＊与党介護保険制度の創設に関するワーキングチームが全国6か所で公聴会を開催（福岡、横浜、札幌、神戸、高知、山形）	
9月17日	＊与党介護保険制度の創設に関するワーキングチームが「介護保険法要綱案に係る修正事項」を了承	
9月19日	＊与党が「介護保険法要綱案に係る修正事項」を決定	
9月30日	＊「介護の社会化を進める1万人市民集会」主催の「自治体サミットーわが町の福祉プラン」が東京で開催	
10月20日	＊衆議院議員選挙	
10月31日	＊自民、社民、さきがけの3党が新政策合意（介護保険制度については、3党において、選挙前においてとりまとめた内容で臨時国会に法案を提出し、成立を期す）	
11月 7日	・第2次橋本内閣（厚生大臣 小泉純一郎）	
11月29日	・介護保険法案および介護保険法施行法案を閣議決定、第139回臨時国会に提出	
12月13日	・衆議院本会議において介護保険法案等の趣旨説明	
12月17日	・衆議院厚生委員会において介護保険法案等の提案理由説明	
12月18日	＊第139回臨時国会閉会（介護保険法案等は継続審議に）	
平成9(97)年		
1月20日	＊第140回通常国会開会	国会審議期
5月21日	・衆議院厚生委員会において介護保険法案等可決	
5月22日	・衆議院本会議において介護保険法案等可決	
6月13日	・参議院本会議において介護保険法案等の趣旨説明	
6月18日	＊第140回通常国会閉会（介護保険法案等は継続審議に）	
6月25日	・厚生省、都道府県高齢者介護担当課長会議を開催	
9月29日	＊第141回臨時国会開会	
12月 2日	・参議院厚生委員会において介護保険法案等修正可決	
12月 3日	・参議院本会議において介護保険法案等修正可決	
12月 9日	・衆議院本会議において介護保険法案等可決・成立	
12月17日	・介護保険法等3法の公布	

(注)表中、＊印は主として政党又は厚生省外の動きを示す。
「介護保険法案等」とは、介護保険法案、介護保険法施行法案及び医療法一部改正法案をいう。

的に組み込もうとしたものであり、省庁主導型で政策がつくりあげられた一例といえる。

なお、この時期の厚生省内のプロジェクトチームの設置方法や検討の進め方などは、昭和50年代に老人保健法を作成した手法を参考にしており、「成功例に学ぶ」という組織の行動パターンが現れている（**図表―2**参照）。

この時期に特に影響を与えた外部要因は、一つはドイツにおける公的介護保険法案の成立（1994年4月）であり、もう一つは、この年の2月の細川内閣の「国民福祉税」構想に端を発した消費税の引上げをめぐる議論が、1994年9月下旬に、基本的に増減税中立的な5％（2％の引上げ）で決着をみたことである。消費税引上げ議論の過程の中で、増税に対する国民の批判が極めて強いことが改めて認識された。また、消費税2％引上げによる1997（平成9）年度以降の社会福祉の財源確保分は4000億円となり、将来の介護財源を含む社会福祉財源としては不足気味で、引き続き財源確保策と制度見直しとが必至になったことが、社会保険制度導入という政策の誘引の一つとなっている。

第2期は、1995（平成7）年2月頃から翌1996（平成8）年4月頃までで、老人保健福祉審議会の場を中心に議論が展開し、審議会の3回の報告とともに、関係団体からも意見表明や研究会等が活発に行われた「検討期」である。この間、事務局では、基本的に審議会資料の公開や中間報告等の刊行物の出版等の情報公開に努めたことが、介護保険制度の議論が広範に広がる要因になったと考えられる。

また、この時期は、1996年7月の社会保障制度審議会の勧告が与えた影響が大きかった(9)。当時の村山首相に対して提出されたこの勧告の中で、介護不安の解消のために「今後増大する介護サー

図表-2 介護保険法と老人保健法の制定経過の比較

介護保険法の場合			老人保健法の場合		
93	10月	高齢社会福祉ビジョン懇談会設置	76	2月	老人保健医療懇談会(厚相の私的諮問機関)設置
94	3月 4月 7月 12月	「21世紀福祉ビジョン」策定 高齢者介護対策本部の設置 高齢者介護・自立支援システム研究会の開催 同研究会報告	77	10月 12月	同懇談会が意見書を提出 社会局に老人保健制度準備室を設置
95	2月 7月	老人保健福祉審議会(老健審)において高齢者介護問題の審議開始 社会保障制度審議会(制度審)勧告 老健審が中間報告	78	12月	小沢厚生大臣、小沢構想を発表
96	1月 4月 6月 9月 11月	老健審が第2次報告 老健審が最終報告 老健審・制度審に介護保険制度案大綱を諮問・答申 介護保険法案要綱修正事項に関する与党合意 介護保険法案を国会提出	79	10月 12月	橋本厚生大臣、橋本構想を発表 与党三役、関係大臣の間で昭和56年度に所要の制度改正の実施を図ることで合意
97	5月 12月	衆議院本会議で法案を修正可決 参議院本会議で法案を修正可決 衆議院本会議で法案を可決成立 介護保険法公布 高齢者介護対策本部を介護保険制度実施推進本部に変更	80	3月 6月 9月 12月	社会保障制度審議会(制度審)に諮問 老人保健医療対策本部を設置 本部、第1次試案を発表 制度審、中間意見を提出
98	1月	医療保険福祉審議会老人保健福祉部会が政省令案等の審議開始	81	3月 4月 5月 7月 11月	老人保健法案要綱を社会保険審議会および制度審に諮問 両審議会に答申 老人保健法案、国会提出 臨時行政調査会第1次答申 衆議院本会議で法案を可決
99	10月 11月	全国の市町村で要介護認定の申請受付を開始 介護保険法の円滑な施行の実施のための特別対策	82	8月	衆議院本会議で法案を可決成立
00	4月	介護保険法施行	83	2月	老人保健法施行

(注) 96等の数値は、西暦（1996年等）を表す。

ビスのニーズに対し安定的に適切な介護サービスを供給していくためには、基盤整備は一般財源に依存するにしても、制度の運用に要する財源は主として保険料に依存する公的介護保険を基盤にすべきである」と、明確に公的介護保険制度創設の検討を提言した。この勧告により、社会保険方式が公費方式かという議論には、一応の決着がついた形となり、その後の議論のテーマは、介護保険制度の給付内容や給付手続、医療保険制度改革との関連など、具体的な内容に入っていった。

この時期は、医療、福祉、保険者グループ等の関係団体が、介護保険制度に対してそれぞれの立場から意見表明を正式に行ったことも特徴的な点である。老人保健福祉審議会には関係団体から選出された人たちが委員として参画していることから、しばしば審議会において関係団体の「意見書」として提出、説明がなされた。また、通常は政府が行う社会保障制度改革に批判的な連合や自治労という労働組合関係者が、介護保険制度に対しては、基本的に賛成の立場で議論に加わったことが、制度創設に向けて極めて大きな推進力となった。たとえば、連合は、要介護者を抱える家族に関する実態調査を実施したり、「公費負担を柱とした公的介護保険の創設検討」する旨のアピールを出したりした。自治労は、地方分権の観点から市町村が保険者となって制度運営を行う介護保険制度の創設を提言し、詳細かつわかりやすいパンフレットを作成して自らの提言の広報に努めた。

なお、この時期には、65歳未満の障害者、すなわち若年障害者の介護保険法上の取扱いが大きな検討課題の一つであった。これについては、厚生省の障害者福祉担当部局と障害者団体との間で調整が進められ、最終的には1995年12月の「障害者プラン」の作成・推進によって、当面、若年障害者は従来の障害者福祉施策によって対応していくことで関係団体・関係審議会等の合意が得られた。これにより、その後の制度設計に向けての課題が絞られていった。

第3期は、老人保健福祉審議会の最終報告後の1996年5月頃から介護保険法案が国会提出に至った同年11月までの「制度案確定期」である。この時期は、審議会で整理がつかなかった介護保険制度の仕組みをめぐって関係者間の取りまとめが難航し、連立与党関係者すなわち政治の場を中心として調整が行われた時期である。また、市町村保険者の是非、被保険者の範囲、保険料負担の徴収方法など、介護保険制度のあり方をめぐって、特に保険者を市町村とすることについて、市町村関係者との調整が難航し、関係審議会の答申が得られながらも、1996年6月には法案の国会提出見送りに至るという、介護保険法案の先行きが危ぶまれた時期でもあった。ただし、国会提出が見送られたのは、介護保険制度の導入という政策自体が問題となったのではなく、制度面において保険者とされた市町村関係者の反発が強かったからである。同年6月17日の与党合意事項における「解決すべき懸案事項」の第一に、「市町村等の関係者の意見を踏まえ、安定した財政運営と市町村における円滑な事務が遂行できる制度となるよう努める」とあげられているとおりである。

この時期に、連立与党3党が、それぞれの政策審議会会長等により構成した「与党介護保険制度の創設に関するワーキングチーム」を組織し、地方公聴会を開催したり、全国市長会や全国町村会等の地方団体と意見交換を行ったりするなど、本格的な調整作業に入った。この結果、同年9月、保険者である市町村に対する支援策を盛り込む方向で厚生省の制度案の内容に修正を加える方向で、合意に達した。こうして、同年11月の介護保険法案の国会提出に結びついたのであった。さらに、介護保険制度の政策過程における与党の活動をみると、老人保健福祉審議会で高齢者介護問題の議論が始まった頃から、与党福祉プロジェクトチームが審議会と並行して議論を進めており、介護保険制度の原案である同年5月の厚生省試案の内容に対して多大な影響を及ぼしている。

Ⅴ　まとめ——介護保険制度の政策過程からみた今後の課題

最後に、以上述べてきた介護保険制度の政策過程の特徴および介護保険制度の立案経験等を踏まえ、今後の社会保障と政策をめぐる課題についていくつか私見を述べることにする。

第1に、老人福祉制度を始め既存制度が長期間にわたって運用され、制度の利害関係者（たとえば、介護サービスの利用者である高齢者、サービスの提供者である福祉・医療関係者、制度を運用する地方自治体関係者等）の広がりが極めて大きい状況下では、新しいシステムを創設する介護保険制度といえども、結局は実現可能な制度内容に落ち着かざるを得ないということである。

たとえば、公費方式か社会保険方式かについては、制度検討当初においては有識者の間で相対立する意見がみられた。介護サービスの財源を公費で賄うのか社会保険で賄うのかということについては、最終的には国民の選択の問題であるが、世論調査では一貫して社会保険方式の導入に対する支持が高い傾向で推移した。介護費用のすべてを税財源で賄うという公費方式は、経済不況等による税収の落ち込みの影響を直接受けて財源が不安定となるし、消費税引上げ等の増税策の実施は現実的には極めて困難である。なお、社会保険方式を採用したといっても、わが国の介護保険制度は、すべて保険料財源で賄うドイツの介護保険制度とは異なり、公費および保険料がそれぞれ2分の1ずつという社会保険方式と公費方式の折衷方式となった。被保険者の範囲についても、当初は20歳以上の者からという意見が多くみられたが、立案過程の最終段階で40歳以上の者に変更された。これに対する批判もあったが、その後の世論調査をみると、国民の間の違和感は少なく、当面は現実的な選択であったといえる。

介護保険法には、施行後の見直し規定も設けられており、制度創設に当たってのこうした現実的な案への変容は、「小さく生んで大きく育てる」という政策立案者の行動パターンが反映している。このように現実可能な案、すなわちフィージビリティ（実現可能性）を重んじる政策立案は、介護保険制度ばかりでなく、医療保険制度の抜本見直しや年金制度の改正においても、必要なスタンスであろう。

第2に、社会保障給付費が年間70兆円（１９９４（平成6）年当時）を超え、毎年4兆円も増加していくというように、社会保障制度が巨大化してきた状況下では、財政的な観点からの社会保障制度の見直しが不可避となっていることである。制度の長期的安定のためには、給付と負担の公平、給付水準の見直し、世代間の負担の公平性の確保、制度の効率化、公的部分と自助努力部分とがカバーする範囲の不断の見直しといった視点がますます重要になってきている。

第3に、従来の行政手法、すなわち審議会の場を中心として関係者間の合意を得るという手法が、介護保険制度のような既存制度に大きな影響を与える新たな制度創設の場合には限界がみられたことである。老人保健福祉審議会の最終報告（１９９６（平成8）年4月）が取りまとめられたときの審議会委員のメンバー構成は、次のとおりであった。関係団体（日本医師会（2人）、日本歯科医師会、日本薬剤師会、日本看護協会、全国老人福祉施設協議会、全国老人クラブ連合会）から7人、経済界（日本経営者団体連盟）から2人、保険者団体（健康保険組合連合会、国民健康保険中央会）から2人、労働組合（自治労、連合）から2人、地方団体（全国市長会、全国町村会）から2人、厚生省・自治省・大蔵省ＯＢ各１人ずつ３人、大学教授等８人の総勢26人であった。関係団体からの代表が審議会委員である場合、委員の発言は往々にして出身団体の意見を反映することが中心となってしまい、審議会での合意形成が困難となる事態に陥ることもあり、老人保健福祉審議会の最終報告の場合も同様の事態となった。今後、医療保険制度の抜本改革や年金制度の見直しのように、全国民に影響を与える制度改正の場合、審議会の場のみでの合意形成は困難が予想され、どのような検討の場や調整手法が適当か大きな課題となろう。(10)

第4に、連立政権下での法案取りまとめの長所と課題がある。自民党一党多数時代においては、法案の与野党間の調整は国会提出後であったが、連立政権下では国会提出前に関係省庁の制度案等を基にしながら、連立与党内で調整が進められる。したがって、国会審議の場では、「法案の内容に関する具体的な審議が乏しい」、「国会審議の空洞化」や「政策面の議論の詰めを欠いたままの政党レベルでの協議の先行」といった問題を抱えがちになる。また、与野党の対決法案であっても、国会成立を図るために野党の意見を組み入れて法案の修正を行うということも少なくなる。

第5は、社会保障制度が整備され、一定の水準に到達している段階での新たな政策の立案はどのように考えるのかという点である。成熟社会における社会保障制度のあり方を考えるとき、法的に公的制度が全てを保障するという考え方が適当かどうか、個別テーマごとにあらためて考え直す必要があるのではないか。民間の制度が不十分な時に公的制度により低所得者など特定の者の生活を保障するということは政策的に意義がある。しかし、サービスの利用者が一般化、普遍化したときに公的制度でサービス提供システムを構築しようとすると、過剰利用や不必要な利用を招いて、結局財政の肥大化につながったり、サービスの利用者と費用負担者との間の給付と負担の不公平、社会保障制度の場合には多くは高齢者世代と若年世代との間の給付と負担の不公平が生じたりしがちである。規制強化によって国民の自由な活動を制約する結果にもなりかねない。国民一人ひとりの裁量範囲の拡大、自己決定、自己責任というものを社会保障制度の仕組みの中でもっと評価し、制度自体の中に組み込むべきではないか。たとえば、介護保険制度では、公的保険制度と民間保険制度との関係、公的制度の給付水準のあり方、社会保険と家族機能の評価との関係等について、さらに議論を深め、場合によっては制度設計を再検討する必要もあるものと考えられる。

また、年金、医療、福祉という各制度を相互に関連付けて政策を立案していくこと、すなわち社会保障制度全体の制度間のリンケージという観点からの政策立案を図ることが必要になっている。たとえば、年金制度における給付水準と医療保険制度における利用者負担・保険料負担の水準は相互影響の関係にある。介護保険と年金制度との関係で具体的にいえば、介護保険施設の入所者に対して、介護保険制度からの介護給付と年金制度における老齢年金の支給という両制度の併給が、果たして年金・介護保険財政上の問題のみならず、現役世代と高齢者世代との間の給付と負担の公平性の観点から、今後とも許容できるものかどうか。介護保険制度では、老齢年金から介護保険料の徴収という新たな制度が設けられているが、今後、介護給付と老齢年金の相互調整も不可避であると考えられる。

付　記

本論文は、『介護保険見直しの争点』（法律文化社、２００３）に所収。注（４）にあるとおり、筆者が第31回社会保障法学会春季総会（１９９７年５月）で行った報告をもとに、社会保障法学会の機関誌「社会保障法」第13号に掲載した「社会保障と政策―厚生省における介護保険法の立案の経験から――」を下敷きに執筆した。
1996年7月、厚生省から九州大学法学部に異動となり、助教授として2年間の教育研究生活に入った。本論文は研究者としてのデビュー作である。介護保険制度の創設業務に携わった経験を基に、わが国の政策過程の中心となってきた省庁主導型政策過程の特徴と限界、連立政権下における新たな政策過程の登場の兆しなどを論じた。

（引用・参考文献）

厚生省高齢者介護対策本部事務局監修（1995）『新たな高齢者介護システムの構築を目指して』ぎょうせい

厚生省高齢者介護対策本部事務局監修（1995）『新たな高齢者介護システムの確立について』ぎょうせい

厚生省高齢者介護対策本部事務局監修（1996）『高齢者介護保険制度の創設について』ぎょうせい

厚生省大臣官房政策監修（1994）『21世紀福祉ビジョン』第一法規

増田雅暢「社会保障と政策―厚生省における介護保険法の立案の経験から」（1998）日本社会保障法学会編『社会保障法』第13号、法律文化社

注

（1）　社会保険制度としては、年金保険制度、医療保険制度、雇用保険（失業保険）制度、労働者災害補償保険制度に次ぐ5番目の社会保険となる。また、社会保険法の制定の歴史では、1959（昭和34）年の国民年金法制定以来の新たな法律の制定となる。

（2）　1993年7月に非自民8党派（社会党、新生党、公明党、日本新党、民社党等）による連立政権である細川内閣が誕生してから、2002（平成14年12月）年までの政権の状況は次のとおりである。

1993年7月～94年4月　非自民連立政権（細川内閣）

1994年4月～同年6月　同　上　（羽田内閣）

1994年7月～96年1月　自・社・さ（自民党・社会党・新党さきがけ）連立政権（村山内閣）

1996年1月～同年10月　同　上　（橋本内閣）

1996年10月～97年9月　自・社・さ連合政権（社民党・新党さきがけは閣外協力）（第2次橋本内閣）

1997年9月～98年7月　自民党単独政権（第2次橋本内閣）

1998年7月～同年12月　同　上　（小渕内閣）

1999年1月～同年10月　自・自（自民党・自由党）連立政権（小渕内閣）

1999年10月～00年4月　自・自・公（自民党・自由党・公明党）連立政権（小渕内閣）

2000年4月～01年4月　自・公・保（自民党・公明党・保守党）連立政権（森内閣）

2001年4月～02年12月　同　上　（小泉内閣）

（3）　本論文では、政府または与党が政策を立案し決定する過程の全体を「政策過程」とし、その過程を細分化して表現する必要がある場合、省庁等が政策策定のために課題を設定し、政策案を立案する過程を「政策形成過程」、政府または与党が各省庁が作成する政策案を検討し、政策として決定する過程を「政策決定過程」と表現する。

（4）　本章は、筆者が第31回社会保障法学会春季総会（1997年5月）で行った報告（「社会保障と政策―厚生省における介護保険法の立案の経験から―」（『社会保障法』第13号所収、1998年、法律文化社）をもとに加筆修正したもので

ある。

(5) 厚生省都道府県担当者会議資料等から。なお、中央省庁再編により、２００１年1月から、厚生省は労働省と統合して厚生労働省となっているが、介護保険制度の検討や介護保険法案の作成、介護保険法の制定に至るまで厚生省時代に行われたものである。そこで、本書では、２００１年1月以前の厚生省時代における事柄については「厚生省」と表記する。なお、他省庁の表記の場合も同様とする。

(6) 厚生省大臣官房政策課『21世紀福祉ビジョン』(第一法規出版、１９９４年)。なお、「21世紀福祉ビジョン」は、１９９３年に厚生大臣の私的諮問機関として開催された「高齢社会福祉ビジョン懇談会」(座長：宮崎勇)の報告書である。

(7) 児童福祉法における保育所入所の措置制度は、１９９６年12月の中央児童福祉審議会の報告等を踏まえ、保育所に関する情報の提供に基づき保護者が希望する保育所を選択する仕組みに改められることとなり、この改正案を盛り込んだ児童福祉法の一部を改正する法律が１９９７年6月に国会で成立し、１９９８年4月から施行された。また、障害者福祉分野における施設入所等の措置制度については、社会福祉基礎構造改革の中で利用制度に改められることとなった。２０００年5月の社会福祉事業法等の一部を改正する法律により、身体障害者福祉法等の一部改正が行われ、利用者とサービス事業者との間の契約に基づくサービス利用方式である「支援費制度」が創設され、２００３年4月から施行された。

(8) 当時の医療保険制度では、高齢者の約3割は、被保険者ではなくて、所得のある子ども等の被扶養者として位置づけられているので、自ら保険料を負担する必要はなかった。

(9) 社会保障制度審議会勧告「社会保障体制の再構築—安心して暮らせる21世紀の社会を目指して—」(１９９４年7月)。社会保障制度審議会は、社会保障制度審議会設置法(１９４８年)に基づいて創設された総理府付属の機関で、社会保障制度全般にわたる企画・立案・運営に関する調査・審議を行い、政府に対して勧告等を行ってきた。１９５０年勧告のようにわが国の社会保障制度の設計・構築等に対して大きな影響力を持ってきたが、２００１年の中央省庁再編に伴い廃止された。

(10) 本章の基となった社会保障法学会報告(１９９７年5月)での予想どおり、その後の医療保険制度や年金制度改正において、関係審議会での合意形成がなかなか困難な状態となっている。たとえば、医療保険制度の抜本見直しに関していえば、１９９７年度から、医療保険審議会において種々の議論が繰り広げられたが、新たな高齢者医療制度のあり方等について統一した見解を打ち出すことはできなかった。そのため、２００２年の健康保険制度の改正においては、厚生労働省は、審議会で成案を得るのではなく、省自ら「医療制度改革試案」を作成・公表し、政府・与党社会保障改革協議会で検討・決定するという従来とは異なる政策過程をとることとなった。

第2章

官僚組織における介護保険制度の政策形成過程

Ⅰ　はじめに

介護保険制度が、新しいミレニアムの最初の年である2000（平成12）年4月1日から施行されている。わが国にとって、年金保険、医療保険、雇用保険（失業保険）、および労災保険に続く5番目の社会保険の施行である。既存の4種類の社会保険制度は、いずれも1960年代までに制度が創設・施行されており、新たな社会保険制度の創設・施行としては、1961（昭和36）年の国民年金制度以来、実に39年ぶりのこととなる。(1)また、本格的な介護保険制度の創設は、世界的に見て、1995（平成7）年1月施行のドイツの介護保険制度に続くものである。戦後の日本における高齢者関係の社会保障政策の決定過程を政治学的視点から詳細に分析した著作を書いたJ・C・キャンベル氏は、「日本にとって根本的に新しい考え方、方法を導入し、スケールが大きく、ドイツ介護保険よりもスムーズに実施している」と評している。(2)このように、日本の介護保険制度の動向は、人口の高齢化の進展に伴い高齢者介護問題が社会問題と認識されつつある欧米諸国の研究者から注目を集めている。

本章では、介護保険制度の創設という社会保障制度上の新たな政策に関して、厚生省内部における政策形成過程の特徴と課題について分析する。(3)厚生省内部においてどのような経緯で介護保険制度の検討が始められるようになったのか、新しい社会保険制度の検討を推進した動機（モチベーション）は何だったのか。どのような組織や方法によって議論を進めたのか、関係者間の合意や世論の支持を得るためにどのような手法をとったのか等について解説する。

厚生省外から介護保険制度の制定過程をみると、１９９０年代半ばに突如として介護保険制度という新たな政策が浮上し、厚生省は、「拙速」、「利用者には不安が多い」などと批判されながらも、実現に向けて短期間にまい進していったようなイメージを与えている。しかし、介護保険制度の創設に向けての取組が厚生省の政策となるまでには、１９８０年代後半の消費税導入問題と関連して、政治サイドから新たな政策立案を求められたことに厚生省が呼応して、高齢者介護問題に関する各種の施策を講じてきたという経緯が存在する。また、一般に考えられていたこととは異なり、介護保険制度の検討が始まった当初は、高齢者介護問題に対する対応について社会保険で行うか否かについては、厚生省内においては必ずしも意思統一はなされていなかった。省全体で介護保険制度創設へ向けて一丸となって取り組むようになったのは、消費税引上げ問題の決着という政治的要因が第一の契機であり、さらには、世論や関係団体の支持、他の社会保障制度の見直しとの関連、省内部におけるリーダーシップ等、さまざまな要素が複雑に絡み合った結果である。

社会保障関係では、毎年10本前後の法律が制定・改正されているが、予算案に関連したり、与野党対決であったりする重要法案とされるものでも、ほとんどが現行法の改正である。それに対して、介護保険制度のように規模が大きい新たな法制度の創設は、近年ではほとんど例がない。１９８０年代に創設された老人保健法が前例となるくらいである。法律の制定・改正は、省庁にとって多大な事務作業や労働時間等、膨大なエネルギーを要する。審議会の開催・運営、改正案の作成と外部説明、改正法案の法制局審査、各省協議、与党審査、国会に上程されてからの国会審議等、法律が成立するまでには多くの段階を経なければならない。さほど改正条文が多くない法律の改正を行うだけでも、最低限省庁の局をあげての事務作業となる。まして、介護保険法の制定のような、10年に1度あるかないかのような大規模な新法の制定に要する事務作業は膨大なものとなり、かつ、長期間にわたる。

政策立案に対する官僚の行動を説明するものとして、官僚の権限の拡大や予算規模増大への意欲をあげるものがある[(4)]が、法制定等に要する膨大な事務量や労力を考慮するだけでも、こうした見解はやや皮相的なものと言わざるを得ない。けれども、多くの官僚を昼夜の別なく業務に没頭させるインセンティブが存在することも事実である。この論文では、介護保険制度という政策形成過程において、厚生省という省庁の「組織利益」の実現と、立案作業を担当した個々の官僚が持つ「社会利益」の実現という双方のインセンティブが融合して、最終的には介護保険制度の成立に結びついたことを明らかにしたい。

なお、第1章では、介護保険法の立案過程を中心に介護保険制度の政策過程の特徴について総論的に論じたところであるが、本章では、厚生省という省庁組織の対応や制度設計を担当した官僚の行動に焦点をあてて、政策形成過程の特徴と課題について論ずることとする[(5)]。

II 介護保険制度の創設に取り組んだ理由

1 組織利益

厚生省において、介護保険制度創設に向けての検討が本格的に取り組まれるようになったのは、

１９９４（平成６）年４月に事務次官を本部長とする高齢者介護対策本部が設置されてからのことである。けれども、他の分析が指摘するとおり(6)、介護保険制度の構想は、それ以前から省内の一部の課長補佐クラスによるチームによって検討が行われていた。ただし、一部のチームによる検討と、省内全体の関係部局の長を横断的に組織した本部を設置して対応するのとでは、行政機関における取組としては大きな差がある。高齢者介護対策本部の設置は、厚生省が、介護保険制度の創設を含む新たな高齢者介護システムの構築が極めて重大な政策課題であることを内外に表明するとともに、組織をあげて取り組むことを明確にしたものである。

なぜ、介護保険制度の創設に向けて組織をあげて取り組むこととしたのであろうか。

その主たる理由の一つは、高齢者介護サービスの充実に要する安定的な財源の確保である。省庁にとって所管の行政事務を適切に遂行することが国民に対する責務であるが、そのためには必要な予算の確保が基本である。医療保険や年金制度に要する国庫負担の増大等により、厚生省予算は国の一般会計予算のほぼ3分の1を占めるまでになっているが、高度経済成長時代と比較して予算の伸びが低率となった１９８０年代半ば以降、厚生省予算の編成は、毎年、予算案の査定権限を持つ大蔵省との間で大きな問題となっていた。年金や医療保険等、高齢化に伴い毎年増大していく経費に対して、税収等の歳入では十分には対応しかねる状態が恒常化していた。そのため、80年代後半から、厚生省は、医療保険制度や年金制度の改正、補助金制度の見直し等、毎年のように、国庫負担の伸びを抑制・削減するための各種制度改正を余儀なくされてきた。

高齢者介護サービスの基盤整備については、１９９０年代における厚生省の重要政策課題であり、高齢者保健福祉推進十か年戦略（ゴールドプラン）に基づき、優先的に予算配分を行い推進してきた。しかし、バブル景気崩壊後の1993（平成5）年頃から税収の落ち込みにより、予算編成が窮屈なものとなりつつあった。したがって、たとえ多大なエネルギーを要する制度改正が必要であるとしても、一度の改正により長期的に安定した制度運営や財源の確保が図られる方策であり、これにより政策課題に円滑に対応できるようになるのであれば、その方策の実現を追求することは官庁組織としては合理的な選択であろう。言い換えれば、高齢者介護サービスの充実のための安定的な財源確保を図ることが、厚生省の「組織利益」に合致するのである。

ここで、高齢者介護サービスの基盤整備に関する政策の流れを概観してみよう（**図表―3**参照）。そのスタートをみると、消費税導入問題と深い関係がある。厚生省が主導したというよりも、消費税導入をめぐる国会での審議、与野党間の協議・調整が新たな政策をつくる契機となったことが如実にうかがえる。

1988（昭和63）年、竹下内閣は、消費税制度の創設を含む税制改革法案を国会に提出したが、消費税導入に反対する野党の強硬な審議拒否を受けた。自民党政権としては、それまでに大平内閣の一般消費税提案、中曽根内閣における売上税提案と、いずれも野党の反対や世論の不支持により断念を余儀なくされてきていた。そこで、消費税の提案に当たっては、それまでの理由とは異なり、不公平税制の是正と高齢化社会への対応を理由にあげて、消費税導入の必要性を説いた。これが消費税導入に対する世論の反対を緩和させる一方、野党からは、国会審議の過程で消費税収入を必要とする具体的な社会保障プログラムを政府は提示すべきとの要求が出された。そこで作成されたものが、1988年10月、厚生省・労働省による「長寿・福祉社会を実現するための施策の基本的考え方と目標」（通称「社会保障ビジョン」）である。この社会保障ビジョンは、高齢者施策に限らな

図表-3 介護保険制度の立案経緯

年	対策本部・審議会等の動き	介護保険創設に影響を与えたその他の動き
1988	10月 長寿・福祉社会を実現するための施策の基本的考え方と目標について(いわゆる「社会保障ビジョン」)	12月 消費税法制定
1989	12月 介護対策検討会報告	4月 消費税スタート(３%) 12月 高齢者保健福祉推進十か年計画(ゴールドプラン)策定
1990		6月 老人福祉法等福祉８法の改正
1991		9月 老人保健法改正(老人訪問看護制度の創設、介護的色彩の濃い部分の公費負担を5割に引上げ)
1992		
1993	9月 高齢者施策の基本方向に関する懇談会報告	(93年度中)全都道府県、全市町村において老人保健福祉計画の作成 8月 細川内閣発足(非自民連立政権) 12月 中央社会福祉審議会老人福祉専門部会意見具申
1994	3月 高齢社会福祉ビジョン懇談会報告(「21世紀福祉ビジョン」) 介護計画検討会中間報告 4月 高齢者介護対策本部および事務局設置 6月 痴呆性老人対策に関する検討会報告 7月 高齢者介護・自立支援システム研究会開催 8月「高齢者介護問題を考える」作成 10月 与党福祉プロジェクトチームが介護保険の検討開始 12月 高齢者介護・自立支援システム研究会報告	2月 国民福祉税構想 保育問題検討会報告 4月 羽田内閣発足(非自民連立政権) ドイツで介護保険法制定 6月 村山内閣発足(自民、社会、新党さきがけの連立政権) 7月 社会保障制度審議会社会保障将来像委員会第２次報告 9月 連立与党「税制改革大綱」決定 健康保険法等の一部改正(食費の一部負担等) 11月 年金制度改正(厚生年金の支給開始年齢の引上げ等) 12月 新ゴールドプラン策定
1995	2月 老人保健福祉審議会(老健審)で高齢者介護問題の議論開始 6月 与党福祉プロが中間まとめ 7月 老健審中間報告 10月 老健審３分科会で審議 総理府世論調査	1月 ドイツ介護保険スタート 阪神・淡路大震災 7月 社会保障制度審議会勧告 12月 障害者プラン策定
1996	1月 老健審第２次報告 4月 老健審最終報告 与党福祉プロが厚生省に制度試案の作成を指示 5月 厚生省、介護保険制度試案を作成公表 6月 介護保険制度創設に関する与党合意 9月 介護保険法案修正事項に関する与党合意 11月 介護保険法案、国会に提出	1月 橋本内閣発足(自民、社会、新党さきがけの連立政権) 9月 消費税引上げの見直し期限
1997	5月 介護保険法案衆議院で修正可決 12月 介護保険法案参議院で修正可決 介護保険法案衆議院で可決成立	4月 消費税引上げ(３%から５%に) 6月 健康保険法等改正

い内容であるが、2000(平成12)年度を目途に、ホームヘルパー5万人等、サービス整備の目標として具体的な数値を設定している点が新しく、その後のゴールドプランの前身を成している。その頃、厚生省としては、施設福祉に比べて立ち遅れていた在宅福祉施策の充実が課題であると認識していたので、野党の要求に乗る形で自らの政策の拡充を図ることとしたものと考えられる。

さらに、その後の与野党の政党間協議で、ホームヘルプ事業、デイサービス事業、ショートステイ事業のいわゆる在宅3本柱といわれる事業については、今後3年間で緊急整備を行うという政策合意がなされた。また、消費税法案の国会審議に関連して、野党は、この3年間緊急倍増計画の実現までのつなぎの措置として、低所得の寝たきり老人に対して月額5万円の老人介護手当の支給を要求した。協議の結果、低所得者の生活の安定や寝たきり老人等の在宅介護の支援をするために、政府は、臨時福祉特別介護給付金を支給することを決定した。(7)

こうして消費税の導入と歩調を合わせて、高齢者介護対策が、厚生省が取り組むべき重要な政策課題として位置づけられるようになった。

1989(平成元)年12月、大蔵・厚生・自治3大臣合意によるゴールドプランの策定も、消費税論議と関連している。消費税導入後の1989年7月に行われた参議院選挙では、消費税反対を唱えた社会党が大勝し、自民党は1955(昭和30)年の結党以来、初めて参議院で過半数割れを起こす結果となった。選挙後に組閣された海部内閣では、消費税の見直しが大きな政策課題となった。自民党の税制調査会では、消費税見直し案がなかなかまとまらなかったが、1989年12月になってようやく非課税範囲対象の拡大等の見直しの基本方針が決定された。この方針の中で、消費税の使途の明確化措置として、高齢化に対応してすべての国民が安心して老後を送ることができるよう「高齢者保健福祉推進十か年戦略（ゴールドプラン）」を定め、推進することが提案された。これを受けて、政府は、同年12月21日に総事業費６兆円強のゴールドプランを策定したのである。

１９８９年12月に報告書がまとめられた「介護対策検討会」も、その開催は、消費税問題から派生した高齢者介護施策に関する野党の議論に由来する。

介護対策検討会は、厚生事務次官の私的懇談会という位置づけで、学識経験者11人で構成、事務局は厚生省大臣官房政策課が担当し、１９８９年７月から開催された。検討会報告書は、要介護者の現状や老人福祉制度の問題点を分析し、介護対策の目指すべき方向として、要介護者の生活の質の重視、在宅サービスを適切に活用する家族介護への転換、利用者の立場の重視、「どこでも、いつでも、的確で質の良いサービスを安心して気楽に受けることができる」サービス供給体制を提言している。費用負担問題については、概括的な記述ながら、厚生省の報告書としては初めて社会保険方式の導入の検討について言及している。また、介護手当問題について言及していることが注目すべき点である。消費税導入と絡んで老人介護手当支給という野党の要求に対して、学識経験者による検討によって一応の結論を出そうとしたのが介護対策検討会開催のねらいの一つでもあった。報告書では、介護手当について、種々の課題があることをあげて慎重に検討すべきであると消極的な見解をまとめている(8)。

ゴールドプランは、高齢者福祉分野において単年度限りではなく10か年計画として具体的な数値目標が設定されたという点で、画期的なものであった。これにより毎年度の予算編成において、在宅・施設介護サービスに要する経費について大蔵省との予算折衝に要する労力が軽減するという効果を持った。１９９０年代前半の高齢者施策は、ゴールドプランに基づくサービスの量的整備の推進に加え、市町村中心体制も明確にされた。1990（平成2）年には老人福祉法等の福祉関係八法が改正され、老人福祉制度に関する権限の市町村への委譲や、「地方版ゴールドプラン」と呼ぶことができる老人保健福祉計画を、全市町村・全都道府県において、1993年度中に作成することが義務づけられた。

また、1991（平成3）年の老人保健法の改正においては、老人訪問看護制度が創設されたほか、訪問看護や老人保健施設療養費等の介護的色彩が濃い部分に関しては、公費負担割合が3割から5割に引き上げられた。これは、その後の介護保険制度における5割の公費負担という制度設計に結びついている。

こうした高齢者施策の推進が、厚生省に新たな課題を投げかけることになった。すなわち、全市町村が自らの老人保健福祉計画を策定してサービス基盤整備を進めはじめたことから、ゴールドプラン関係予算に対する需要が急増していった。また、すべての地方自治体の老人保健福祉計画の目標値を積み上げると、ゴールドプランの目標値を上回るものとなってきた。一方で、1993年度および1994年度の一般会計歳出予算は、バブル景気崩壊後の税収の落ち込み等から、それぞれ0・2%、1・0%と、低い伸び率を余儀なくされた(9)。ここに、ゴールドプランの見直しを行うことと、高齢者介護基盤整備の財源の確保を図ることが一体となって、厚生省の大きな政策課題と位置づけられるようになってきた(10)。

2　社会利益

一方、財源対策とは異なる観点になるが、従来の老人福祉制度の延長線上でサービスの量的整備を図るのではなく、そもそも老人福祉制度を利用者にとって利用しやすい仕組みに変えなければ、国民の介護問題に対する不安が解消されないのではないかということが、1980年代後半頃から若手官僚を中心に共通の認識となり始めてきた。前述の介護対策検討会報告の中でも、サービスの供給システムに問題が存在することを指摘しているが、より明確に打ち出したのが、高齢者介護対策本部の設置の契機となった「21世紀福祉ビジョン」（1994年3月。その概要については後出）の提言である。そこでは、「21世紀に向けた介護システムの構築」のための基本的視点として、高齢者本人の意思に基づき本人の自立のために最適なサービスが選べるような利用型のシステム、多様なサービス提供機関の健全な競争により質の高いサービスが提供されるようなシステムをあげている。これらの提言は抽象的な内容であるが、老人福祉制度における措置制度の改正の必要性を示唆している。

措置制度とは、市町村等の行政機関（措置権者）が、社会的支援が必要か否かを判断して、行政処分により必要なサービスを提供する（措置をする）制度で、わが国の社会福祉制度におけるサービス利用の中核を成してきた制度である。もともと1947（昭和22）年制定の児童福祉法に由来するものであるが、身体障害者福祉法や老人福祉法でも取り入れられた。措置制度の利点としては、行政機関がサービスの必要性を判断することにより社会的支援が必要な人々に対して公平かつ確実にサービスを提供できること、措置委託先となる施設運営を行う社会福祉法人の経営の安定性を確保できること等があげられる。しかし、法的にいえば利用者にとってサービス利用の権利性が乏しいことや、サービス利用に当たって申請から決定まで時間がかかる行政手続を経なければならないこと、利用者はサービス提供施設や事業者を選択できないこと、措置費という税財源による予算の制約を受け需要に応じたサービス量の拡大に柔軟に対応できないこと等の問題点がある。また、福祉施策が救貧施策として始まった歴史的経緯から、サラリーマンOB等の人々にとっては心理的にも利用しにくいという問題もあげられる。

措置制度の見直しは、1980年代半ば頃から省内でも議論されたが、「措置」という用語が支援が必要な人々にはなじまないのではないかという表現の問題が中心で、システムそのものを変革しようとする動きはほとんどなかった。それは、措置制度が、行政機関の福祉部局や社会福祉法人等の福祉関係者、多くの社会福祉研究者にとって、福祉という自らの活動範囲を守る存在であり、また、福祉に不可欠な概念である公的責任の証であるとも認識されていたからである。したがって、措置制度の見直しという政策は、タブーに近いものであった。それを典型的に示したものが、1993年5月から15回にわたって議論をしながら、結局は保育所入所という措置制度の見直しに合意が得られなかった「保育問題検討会」(厚生省児童家庭局長の私的懇談会)の報告書である(1994年1月報告)。これは、保育所入所方法に自由契約制を導入しようとした児童家庭局保育課の提案が、検討会委員の喧喧諤諤《けんけんがくがく》の議論の末にまとまらなかった報告である。この中で、措置制度見直しに反対する代表的意見は、措置制度は保育に欠ける児童に対する公的な責任を示すもので、措置制度の縮小は公的責任の放棄につながるというものであった。

高齢者介護分野に社会保険方式を導入することは、利用者はサービス提供者との間の契約に基づきサービスを利用することになることから権利性が明確になることや、利用者本位のサービス利用システムへの転換、行政機関や社会福祉法人以外の多様な事業主体の参入によるサービスの量的拡大と質の向上が図られること等のメリットがある。これは、高齢社会において誰もが要介護状態になるリスクが高まる中で、良質な介護サービスを気軽に利用したいという国民の需要に応えるとともに、介護に対する国民の不安の解消につながるもの、つまり「社会利益」に合致するものと考えられる。このように社会保険方式の導入は、単に財源対策のみならず、措置制度の問題点の解決を図り、利用者本位のサービス提供システムの構築等をねらいとしている。社会保険方式の導入は、老人福祉制度における措置制度の縮小・廃止を意味する。しかし、保育問題検討会の議論のときのように、福祉関係者が措置制度の見直しに強く反対するのであれば、その実現可能性は遠ざかることになる。介護保険制度導入がねらいとする社会利益を実現するためには、福祉関係者に対する説明と合意形成が、乗り越えるべき重大事であった。

Ⅲ　高齢者介護対策本部における政策形成

1　高齢者介護対策本部の設置

1994（平成６）年４月13日、高齢者介護施策について総合的に検討を行うことを目的として、厚生省内に高齢者介護対策本部が設置された。省内横断的な組織であり、事務次官を本部長として、副本部長に官房長、老人保健福祉局長ほか8人の局長・審議官、本部員として、大臣官房総務課長、政策課長ほか9人の課長をあてている。こうした事務次官を本部長とする対策本部の設置は、高齢者対策企画推進本部（1986（昭和61）年4月報告）、国民医療総合対策本部（1987（昭和62）年6月中間報告）、保健医療・福祉マンパワー対策本部（1991（平成3）年3月中間報告）等、先行的な例があるが、高齢者介護対策本部がこれらの対策本部と異なる最大の点は、入省以来企画法令業務を担当してきたいわゆるキャリアの専任スタッフを配置した事務局を置いたことである。事務次官を長とする対策本部に専任スタッフを配置したことは、1980年代に老人保健制度を立案した老人保健医療対策本部以来のことである。国家公務員の定員管理の制約が厳しい状況下におけるこうした人事上の配慮は、この事務局が対策本部の検討作業の整理等の事務処理ではなく、新たな制度を立案し、法制化を目指していく実戦的なタスクフォース（機動部隊）として位置づけられたことを意味している。

高齢者介護対策本部事務局（以下「事務局」という。）のスタッフは、事務局長として大臣官房審議官を置き、事務局次長として課長級が2人（うち1人は専任）、その下に専任の事務局員を4人配置した。専任スタッフは、辞令上は大臣官房政策課の職員であるが、部屋も別に設けて高齢者介護対策本部の仕事に専念することとされた[11]。この5人に加えて、関係局の企画法令担当の補佐10数人も事務局員として、本来の業務との兼務辞令が出され、機動的に議論に参画できるようにされた（**図表—4**参照）。

高齢者介護対策本部における検討作業は事務局長の指示の下に、実質的に専任スタッフの筆頭で

図表-4 高齢者介護対策本部組織図（1994 年 4 月発足）

本部長
　事務次官

｜

副本部長
　官房長
　健康政策局長
　社会・援護局長
　老人保健福祉局長
　保険局長
　年金局長
　大臣官房総務審議官
　　　　審議官（事務局長兼務）

｜

本部員
　大臣官房総務課長
　　　　政策課長
　健康政策局総務課長
　社会・援護局企画課長
　老人保健福祉局企画課長
　保険局企画課長
　年金局企画課長
　保険局保険課長（事務局次長兼務）
　大臣官房政策課企画官（事務局次長兼務）

｜

事務局長（大臣官房審議官）
事務局次長（保険局保険課長、大臣官房政策課企画官）
事務局員
　保健医療技術調整官
　課長補佐（17人。うち専任 2 人）
　係長（1 人）
　主査（1 人）
　係員（3 人。うち専任 2 人）

著者作成

ある事務局次長を中心に行われた。事務局スタッフの中心メンバーは、いずれも直前まで地方自治体での勤務経験を有しており、(13) それまでの省内の議論に対して新たな視点を加えた。たとえば、地方行政の現場の経験から措置制度の限界を認識し、その見直しに強い意欲を持っていた。保険者のあり方として市町村単位よりも当時創設されたばかりの広域連合という仕組みを活用した広域化という志向を持っていた。さらに、ケアマネジメント（介護支援サービス）やケアプラン（介護サービス計画）の作成という介護保険制度の中で重要な位置を占めている仕組みは、総合的かつ良質な介護サービスの提供等をねらいとして、事務局次長が北海道において先駆的に取り組んでいた試みを、介護保険制度の中に取り入れたものであった。

2　高齢者介護対策本部設置の経緯と検討方法

高齢者介護対策本部設置の直接の契機となったものが、1994年3月に取りまとめられた高齢社会福祉ビジョン懇談会（厚生大臣の私的懇談会として1993（平成5）年8月に設置）の報告書「21世紀福祉ビジョン」である。この報告書は、わが国の社会保障の現状と課題を分析し、21世紀の少子・高齢社会における社会保障の全体像を示そうとしたものである。社会保障のあり方として適正給付・適正負担、自助・共助・公助の重層的なシステム等の考え方を示すとともに、年金・医療・福祉の中では、医療費用を効率化して、育児・介護等の福祉分野に財源を投入すべきことを提言している。高齢者介護対策本部の検討課題としては、「21世紀福祉ビジョン」で提言された新ゴールドプランの策定と、新しい高齢者介護システムの構築があげられた。このうち、前者は老人保健福祉局の所管事項であるので、事務局としては、主として後者の課題に取り組むことになった。

また、既に、1993年11月に大臣官房政策課を中心として組織された「高齢者介護問題に関する省内検討プロジェクトチーム」が、1994年3月までに介護保険構想である「高齢者介護新システム試案」をまとめていた。しかし、まだごく簡単なスケッチ程度の内容であり、このたたき台をどのように肉づけをしたらよいのか、省内や政府内、関係団体や与党との調整や合意形成などどのようにしたらよいのか、全く手付かずの状態であった。

図表―5は、介護保険制度の創設をめぐる厚生省と、厚生省を含む政府、関係団体、国会、国民等の関係を示したものである。新しい高齢者介護システムの柱として介護保険制度を中心に据えるためには、次のとおりさまざまな解決すべき課題がある。これら多方面にわたる課題を解決する道のりは、多くの障害をクリアしながら自らも成長しつつ目標（ゴール）に向かって進んでいくコンピュータ・ゲームのロール・プレイング・ゲームのようなものである。

事務局発足時点で、対応すべき課題を整理すると主として次のようなものであった。

①　介護保険制度創設についての合意形成

ア　省内レベル（事務局と老人保健局その他の部局との関係）

イ　政府内レベル（特に、大蔵省、自治省との関係）

ウ　与党レベル（介護保険制度の具体的検討に入った時点では自民党、社会党および新党さきがけの連立与党との関係）

②　介護保険制度創設についての国民の支持や関係団体との意見調整

ア　世論の動向（特に、マスコミ報道との関係）
イ　関係団体の動向（医療、福祉、保険者、経済団体、労働組合等との関係）
③　審議会・研究会の運営（資料作成、審議の推進、報告書作成等）
④　介護保険制度の設計
ア　制度の仕組み（制度設計）
イ　法制化の取組（法案原案作成、法制局審査等）
ウ　各省協議
エ　与党協議

3　社会保険方式導入の決定

高齢者介護サービス基盤整備のための安定的な財源確保という厚生省の組織利益に対しては、高齢者介護対策本部が設置された時点では二つの選択枝があった。

第1は、介護保険制度の創設である。財源確保の意義としては2点ある。まず、社会保険料収入という新たな財源を確保することができる。もう一つは、従来の制度の維持に比べて国庫負担が軽減されることである。従来の制度である老人福祉制度においては、若干の利用者負担があるが、原則として高齢者福祉サービスに要する経費の2分の1は国庫負担、残りは都道府県と市町村が半分ずつの負担である。この世界に介護保険制度が導入されると、保険財政に5割の公費負担を入れる

図表-5 介護保険制度の創設をめぐる状況

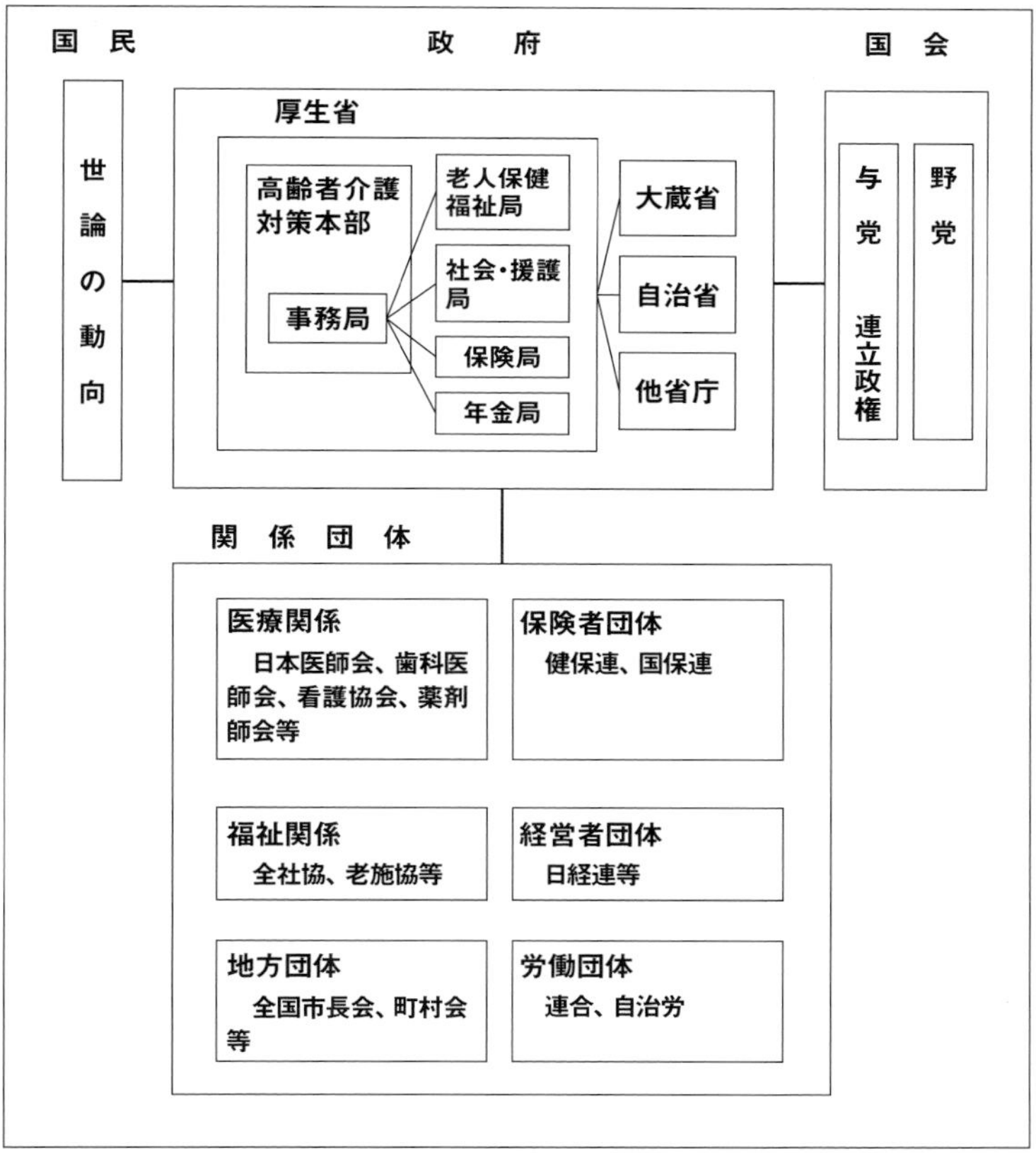

著者作成

としても、その負担割合を国が2分の1（全体の4分の1）、地方自治体が2分の1（全体の4分の1）の負担とすれば、国の負担は従来の2分の1から4分の1に軽減されることになる。これによる財源余裕は、給付水準等の制度設計にもよるが、高齢者介護対策本部発足時点の極めて荒い推計で2000（平成12）年度には約6000億円にのぼると試算された。これを基盤整備の財源に回すことができれば、税収の落ち込みによる予算編成の制約を打破できる可能性がある。介護保険の導入により国庫負担が減少することは、厚生省のみならず大蔵省にとっても魅力的であった。

第2は、消費税率の引上げにより収入増となる税財源を活用するというものである。高齢者介護対策本部が設置された1994年度前半においては、後述するとおり、政府としては消費税率の引上げが最重要課題であり、省内においても消費税引上げの方が実現可能性が高いと考えられていた。消費税率の引上げによる税収増大分が、新ゴールドプランの策定・実施に要する新たな財源として期待された。一方、介護保険という新たな社会保険制度の創設は非現実的か、かなりの時間を要するものと考えられていた。換言すれば、介護保険制度の創設については、政府内はもちろんのこと、省内においても取り組むべき政策として確定したものではなかった。

1993年8月に誕生した非自民連立政権である細川内閣は、国民の高い支持率を背景に、小選挙区制導入等の政治改革と消費税の見直し等の税制改革を主要な政策課題として設定していた。1994年2月には、細川首相は、消費税を廃止して税率7％の「国民福祉税」の創設を発表した。しかし、これは連立与党内部の調整不足等が露呈し、社会党等の反対により、提案の撤回を余儀なくされ、同年4月の細川首相退陣の一因となった。

次の羽田内閣においても税制改革は最大のテーマであり、連立与党の税制改革協議会でも活発な議論が行われた。政府は、大蔵省を中心に、当時景気対策のために先行的に実施した所得・住民税減税の財源のみならず、高齢化の進展に伴う年金・医療に要する経費やゴールドプランの推進による高齢者介護等の経費の増加に対応していくためにも、消費税の7％程度への引上げが必要であるという説明を行った。社会保障のビジョンや将来の社会保障給付と負担の見通しとして活用されたのが「21世紀福祉ビジョン」である。

このビジョンの作成事務は、大臣官房政策課が担当し、その内容は大蔵省主計局との連携の下につくられた。こうした状況下では、政府内で介護保険制度の検討が本格的に行われているとすれば、消費税の引上げは不要ではないかという議論を引き起こすことが懸念されたため、高齢者介護対策本部は、介護保険制度創設の検討を行うという対外的な説明は抑制せざるを得なかった。介護基盤整備を進めるための新ゴールドプランの策定は、老人保健福祉局の重要事項であるが、仮に消費税引上げにより財源確保が可能になれば、必ずしも新たな社会保険財源の創設は必要でなくなる。このように、1994年度前半においては、政府内においても省内においても、介護保険制度を創設すべきであるとする意欲は弱かったのである。

介護保険制度の検討を本格的に始めることができるようになったのは、1994年7月に自民・社会・新党さきがけの連立政権（いわゆる自社さ政権）である村山内閣が誕生し、9月に消費税引上げ問題については、細川内閣のときから提案されていた7％という水準ではなく、所得・住民税減税幅とほぼ同額の5％という税率を決定したことによる(14)。これにより、新ゴールドプランの策定は可能となったが、減税以外にあてる税収増分がほとんどなくなったことから、当初の厚生省案よりも基盤整備の目標値を引き下げざるを得なくなった。ここに消費税財源に期待をすることが困難となり、省内においてもようやく介護保険が有力な選択肢として浮上してきた。さらに、消費税引上げ議論のときには、介護保険の創設に消極的だった大蔵省主計局の担当者も、新たに社会保険料財源を導入する介護保険の創設に前向きになってきた。

4　世論の支持や関係団体との合意形成を図る方法

介護保険制度創設に関する世論の合意形成については、種々の手段が複合的にとられた。厚生省では介護問題が重要課題として、ゴールドプランの策定・推進以来、予算の確保や施策の拡充に取り組んできたが、新たな社会保険制度の創設について全国民的な支持が得られるかどうかは不明であった。社会保険は、国民全体で支えていくという認識が基盤になければ成立しない。したがって、政府内や与党との関係を中心に政策を立案していくテーマとは異なり、国民的な問題として広範な議論をまき起こす必要性がある。

そこで、いくつかの手法がとられた。第1は、事務局長の発案に基づき作成した「高齢者介護問題を考える」というパンフレットである。省庁が国民向けの広報として、法律案や成立した法制度の概要パンフレットを作成する例は頻繁にあるが、このパンフレットは、高齢者介護問題の現状を一般向けにわかりやすく伝えるという点に力点を置いており、介護保険制度の導入の必要性を力説しているものではないところに特徴がある。施設サービスの量的整備が地域間でばらつきがあることや、在宅サービスの使いにくさ、家族介護の問題点など、各種データを駆使してわかりやすく解説している。このパンフレットを用いながら、外部団体から要請があれば、事務局のスタッフが進んで講演等に出向いていき、高齢者介護問題の説明役に努めた。

世論の動向を知る上では、世論調査の結果が重要である。近年では、各新聞社が丹念に世論調査を行っている。介護保険制度の制定過程においては、まだ介護保険制度の概要が世に出ていなかった時点で、毎日新聞社が１９９４年10月に行った世論調査が好影響を与えた。それによると、87%の人々が介護保険制度の創設に賛意を示した。この結果は、当時の事務局スタッフを大いに元気づけた。また、老人保健福祉審議会で審議が始まった１９９５（平成７）年には、総理府広報室に依頼して「高齢者介護に関する世論調査」を実施した。この世論調査でも、介護保険制度の創設に82%の人々が賛成という結果になった。このほかにも、朝日新聞、読売新聞、ＮＨＫ等が独自に世論調査を行っているが、いずれも高い賛成率を示しており、これらの調査結果を紹介・分析した記事が、高齢者介護問題や介護保険制度に対する世論の関心を高める効果があったものと考えられる。

第2は、１９９４年7月から同年12月までの「高齢者介護・自立支援システム研究会」の開催である。制度改正や新たな制度創設の検討に当たって広く有識者の意見を参考にするという観点から、省庁では私的懇談会を開催するという手法がよくとられるが、この研究会の開催は、その典型例である。研究会は、高齢者介護対策本部長の私的研究会という位置づけで開催した。この研究会の特徴は、制度案をつくるのではなく高齢者介護をめぐる基本的な論点や考え方を整理することを開催目的にしたことである。それは、正式な審議会である老人保健福祉審議会に議論をつなげていくというねらいと、研究会の議論、報告等を通じて、高齢者介護問題の重要性や介護保険創設の必要性を、一般の人々に伝えていくという効果をねらいとしている。したがって、研究会には、関係団体の代表は加わらず、純粋に学識経験者10人で構成した。さまざまな立場からの議論ということで、厚生省の福祉行政のあり方に厳しい見解の持ち主であった人たちも加わっている。こうして幅広く専門的な意見を聴取したことで、その後、この研究会委員が介護保険制度創設の推進者として活動するという副次効果も生じた。また、研究会報告書は、参考資料を加えたうえで、速やかに単行本として刊行することにより、福祉・医療関係者や一般の人々への普及に努めた(15)。さらに、厚生省の動きとは別個に、総理府の社会保障制度審議会が、高齢者介護問題への対応と介護保険導入の検討の必要性を提言する報告書や勧告を公表したことも、世論喚起につながったものと評価できる。

第3に、関係団体との間の合意形成であるが、これについても、事務局スタッフが積極的に出向いていって研究や議論をする手法がとられた。介護保険制度の性格上、関係団体は広範な範囲に及ぶ。医療関係団体としては、日本医師会、日本歯科医師会、日本薬剤師会、日本看護協会が代表である。このうち、日本医師会が、医療関係の政策決定において厚生省に対する最大の圧力団体（プレッシャー・グループ）であることは言うまでもない。福祉関係団体としては、全国社会福祉協議会（全社協）、全国老人福祉施設協議会（老施協）、全国老人クラブ連合会等が該当する。また、地方行政関係団体としては全国市長会、全国町村会がある。このほか、社会保険という性格上、保険料負担等の観点から、事業主側として日本経営者団体連合会（日経連）、保険者側として健康保険組合連合会（健保連）、国民健康保険団体連合会（国保連）、労働者の代表として日本労働組合総連合（連合）、全日本自治団体労働組合（自治労）が該当する。

これだけ広範なものになると、個別対応というよりは、これらの代表が委員として参画している老人保健福祉審議会の場で合意形成を図ることが、中心戦略となる。一方で、日本医師会や全社協、連合、自治労等とは、１９９４年の段階から個別に勉強会等を持つことにより、意見交換を進めていった。こうした個別の勉強会等における意見交換が、関係団体と事務局との間の意思疎通に役立った。特に、連合、自治労という労働組合が、具体的な内容面では異論があるものの介護保険制度の創設自体には賛成側に回った点が、通常の社会保障制度の改正とは大きく異なる点であった。[16]

措置制度見直しの取組に当たっては、特に福祉関係団体や自治労との関係に注意がそそがれた。介護保険制度は福祉分野において当然のごとく維持されてきた措置制度を見直すものだけに、福祉団体から介護保険制度への賛意を得るためには相当の調整が必要であると考えられた。このため、全社協や老施協等の福祉団体との勉強会や研修会等に事務局スタッフが積極的に参加・議論をすることにより、意見交換、意見調整等を進めた。また、保育問題検討会の議論の時には、自治労は、保育所の過半数を占める公立保育所の従事者を代表して、保育所入所の措置制度見直し反対の立場を貫いていた。しかし、介護保険制度に対しては賛意を示したことが、措置制度の見直しが支障なく進んだ要因の一つとなった。[17] さらに、措置制度と公的責任の関係という理念的な課題に対しては、社会保障制度審議会社会保障将来像委員会第２次報告（１９９４年７月）や同審議会の勧告（１９９５年７月）において、社会保障制度における公的責任のあり方の整理や介護保険制度導入の必要性が強調されることにより、論点からは外れていった。

第４に、連立与党との調整がある。介護保険制度は、自民党単独政権下とは異なり、自民党、社会党、新党さきがけ３党の連立政権である村山内閣において本格的な検討が始まった。この過程で、中心的な役割を果たしたものが、与党福祉プロジェクトチームである。３党の国会議員から構成されるこのチームは、もともと厚生行政に熟知している議員を中心に構成されており、現実的な視点から議論が行われるとともに、連立与党の意思決定に大きな影響を与えた。**図表―３**にあるとおり、研究会や審議会の議論と平行して、福祉プロジェクトでも検討が進められた。基本的に週に1回開かれた会には、毎回事務局をはじめとする厚生省の関係部局の職員が出席し、チームの検討課題に対して説明を行った。こうしたことが、厚生省と連立与党との合意形成に貢献したものと想像できる。また、老健審最終報告以後は、福祉プロジェクトが、関係団体の意向をまとめきれなかった厚生省に対して制度案づくりをリードしていった。

5　省内における政策決定の方法

介護保険制度の設計については、多くの課題が山積していた。保険制度の骨格、保険者、被保険者の範囲、被保険者の届出等の手続、保険給付の内容、給付水準、給付を受ける手続、要介護認定の方法、介護支援のあり方、事業者の指定要件、指定方法、保険料の設定・徴収方法、公費負担と保険料負担の割合、保険給付の審査・支払等、新たな社会保険制度を構築するためには、さまざまな点について一つひとつ決めていかなければならない。実現可能な案とするためには、財政試算も欠かすことができない。また、介護保険制度の検討が、1995年2月から老人保健福祉審議会で始まったが、審議会で議論するたたき台としてあらかじめ制度の具体的な仕組みを準備しておかなければならない。

こうした実に多くの論点を整理するためには、事務局と関係局との間の個別の折衝では時間がかかる上に、なかなか調整を図ることができない。そこでとられた新たな手法は、副本部長である保険局長（後に本部長代理となる）を座長として、事務局長と本部員である関係局の課長が一同に会する検討会を開催し、そこで論点について議論をし、その場でおおよその方向性を決定するというものであった。議論の材料となる資料は、事務局が、各局の事務局員とも連携しながら、論点ごとに現状分析と課題、実現可能な試案等を示したものを作成した。

この検討会は、１９９４年11月から１９９５年12月まで、計６回開かれた。たとえば、第１回の検討会の様子は次のとおりである。

省外の会議室において午前10時から午後6時まで実施。出席者は約20人。テーマは、制度試案の骨格、給付体系、制度体系に分かれる。論点ごとに事務局メンバーが資料を説明し、自由に議論が行われた。制度試案については、市町村と医療保険の共同事業方式（老人保健事業方式）と、65歳以上の独立介護保険方式の2案が提示された。さまざまな視点から意見が出されるが、この時点でどちらかに決定するものではなく、おおよその方向を明確にするものである。議論の過程で、保険者については市町村とするにしても広域化を図ること、保険給付の対象となる被保険者は65歳以上にしても現役世代からの保険料徴収をどのように行うかさらに詰める必要があること等、次の検討会までの課題が整理される。給付体系については、保険給付のプロセス、要介護認定基準、在宅・施設サービスの範囲、利用者負担、民間保険のあり方がテーマとなっている。制度体系については、高齢者からの保険給付の賦課・徴収、現役世代からの拠出金、医療保険との関連、障害者の取扱い等がテーマとなっている。そして、検討会の場で意見が分かれたものや不明な点については、さらに事務局において詰めていくこととされた。この検討会に提出する資料は、作成に当たって多大な時間と関係局との調整を要するものであったが、この場において一応の方向性が明確になることが、省内調整の効率化や省内の意思統一などを図ることにつながった。また、局長や課長等の職責に応じた発言ではなく、それぞれが自由に発言・議論することにより、新たな視点やアイデアを見出すことができる場となった。ブレーンストーミングの役割を果たしたのである。

この検討会の中で早々に方向性を決めたものとして障害者福祉問題を、結論を審議会に委ねることとしたものとして介護手当問題を例にあげてみよう。障害者福祉問題とは、いわゆる若年障害者問題と呼ばれたもので、65歳未満の障害者に対して障害者福祉制度により講じられてきた介護サービスを、介護保険の給付に切り替えるか否かという問題である。これについては、事務局では当初から消極的であった。その理由は、高齢者以外の障害者に対しては教育、就労、社会参加などの多様なサービス体系との調整が必要であるほか、若年障害者の要介護認定を適切に行うための基準設定の準備ができていないため、制度の構築に時間を要するという課題があった(18)。若年障害者問題は、被保険者の範囲という制度の基本設計に影響を与えるものであるため、早々に結論を出しておく必要があった。

検討会では、障害者福祉を担当する部局の意見も踏まえた資料をもとに議論が行われた。その結果、若年障害者に対する要介護認定基準を作成するには、調査研究に要する一定の時間が必要であることから、緊急を要する高齢者介護問題対策を優先し、若年障害者の介護サービスのあり方については これと切り離して検討を進めていくこと、また障害者団体の介護保険制度に対する意向を確認してから検討を行うこととという方向性が決められた。

その後の障害者団体との意見調整の過程では、高齢者に対するゴールドプランと同様にサービス基盤整備計画が先決であるという要望が強く、1995年12月に障害者プランが策定されることによりその対応が図られた。しかし、その後も障害者団体の中では介護保険から取り残されるという意見が残った。最終的には、第2号被保険者の要支援・要介護状態について特定疾病に関するものは介護保険の給付対象とされたほか、1996（平成8）年6月の身体障害者福祉審議会答申における課題の整理や、介護保険法附則において制度施行後の見直し課題と位置づけることとなった。こうして65歳未満の障害者は、当面は介護保険ではなく、障害者福祉施策において対応していくこととされた。

介護手当の問題については、事務局では当初はドイツ介護保険制度のように介護手当を支給するという意見であった。事務局が原案を作成した高齢者介護・自立支援システム研究会報告の中でも、慎重な言い回しながら支給する方向の記述となっている[19]。検討会では、現行の各種手当制度の関連や介護手当試案の検討が行われたが、前述した介護対策検討会の結論のような反対論や財政論からの消極論も強かった。結局、若年障害者問題とは異なり、保険給付の一つとして認めるか否かという議論であって、制度設計の本質に影響を与えるものではないことから、老人保健福祉審議会や世論の動向等を踏まえて対応するという方向性となった。その後、老人保健福祉審議会においては、介護手当支給に賛成の委員と反対の委員との間で意見がまとまらず、最終報告では両論併記となったうえで、結局は当面支給しないという制度設計となった。

Ⅳ　まとめ――省庁主導型政策形成の最後の重要制度

以上みてきたとおり、厚生省の組織利益の実現と厚生官僚の社会利益の実現というインセンティブが融合して、組織をあげて検討作業が進められたことが、新しい社会保険制度の創設という社会保障の歴史の中で特筆すべき事業に結びついたということができる。また、制度的な観点からいえば、１９８０年代後半からの消費税議論と呼応しつつ、老人福祉制度や老人保健制度の見直しが順次進められてきたことが、介護保険制度の創設に結びついている。組織的な観点からは、省内に部局横断的な組織である高齢者介護対策本部を設置し、そこに専任スタッフを配置した事務局というタスクフォース（機動部隊）を置いて、精力的に検討作業を進めたことが功を奏している。省内の取りまとめに当たっては、検討会において最終決定の責にあった副本部長や事務局を支えた事務局長のリーダーシップが大きな意味を持っている。たとえば、老齢年金から介護保険料を徴収するという年金局や保険局、老人保健福祉局にまたがる新たな制度設計は、これらの人たちのリーダーシップに負うところが大きい。また、事務局を構成する者の個別の行政経験やそれを基に生まれたアイデアが制度設計に大きな影響を与えている。

介護保険制度の原案は厚生省主導により作成されたが、これを法案化し国会に上程するためには、老人保健福祉審議会の場などを活用した関係団体との意見調整や連立与党との調整が必要になってくる。介護保険制度の具体的な内容が明らかになるにつれて、関係団体や与党国会議員から異論が強く出されるようになる。こうして事務局による意見調整はしだいに困難なものとなり、連立与党の福祉プロジェクトチーム等の政治的調整力が前面に出てくるようになる。与党における介護保険制度の政策決定過程の状況については第4章で詳述する。

介護保険制度の政策過程を全体としてみれば、介護保険法の国会提出の時点では与党との調整が最大の課題となったが、介護保険制度創設という政策については、与党福祉プロジェクトの動向でみたとおり、厚生省と与党は方向性を一にしていたといえる。また、1996（平成8）年5月に厚生省試案発表後、連立与党や、市町村保険者論に反対が強かった地方団体との調整の過程で、制度の細部には修正があったが、最終的には市町村保険者の独立介護保険方式、公費負担と保険料負担の割合、被保険者の範囲、保険給付の内容、保険給付水準、要介護認定等、介護保険制度の仕組みの基本部分は、厚生省の制度試案のとおりであった。1990年代後半の政治主導型の行政改革関連法や金融安定化のための法制度の策定等の例と比較をすると、介護保険制度は、1990年代の連立政権下において、省庁主導型の政策決定を基礎に作成された最後の重要制度ということができるのではないだろうか。

付記

本論文は、『介護保険見直しの争点』（法律文化社、2003）に所収。初出は、筆者が勤務していた国立社会保障・人口問題研究所の『季刊社会保障研究』第37号第1巻（2001）である。第1章の論文を受けて、厚生省内における介護保険制度の政策過程について詳細に記述した。

介護保険制度の創設を、厚生省の「組織利益」の実現と、厚生官僚の「社会利益」の実現というインセンティブが融合した結果であると考えて、省内の政策過程の分析を行った。

（引用・参考文献）

伊藤光利・田中愛治・真渕勝（２０００）『政治過程論』有斐閣

厚生省高齢者介護対策本部事務局監修（１９９４）『高齢者介護問題を考える』（財）長寿社会開発センター

厚生省高齢者介護対策本部事務局監修（１９９５①）『新たな高齢者介護システムの構築を目指して』ぎょうせい

厚生省高齢者介護対策本部事務局監修（１９９５②）『新たな高齢者介護システムの確立について』ぎょうせい

厚生省高齢者介護対策本部事務局監修（１９９６）『高齢者介護保険制度の創設について』ぎょうせい

厚生省大臣官房政策監修（１９９４）『21世紀福祉ビジョン』第一法規

城山英明・鈴木寛・細野助博編著（１９９９）『中央省庁の政策形成過程』中央大学出版部

自治労（１９９５）『高齢者介護保障の確立へ』全日本自治労働団体

ジョン・Ｃ・キャンベル（１９９５）『日本政府と高齢化社会』中央法規出版

ジョン・Ｃ・キャンベル（２００１）「座談会　介護保険の始動と21世紀の社会保障」『社会保険旬報』２０８４号

日本医師会総合政策研究機構（１９９７）『介護保険導入の政策形成過程』

増田雅暢（１９９８）「社会保障と政策」『社会保障法』第13号、法律文化社

連合政策委員会（１９９５）「新しい介護システムについての基本的考え方」

注

（１）社会保険各法のうち、主な現行制度の根拠法の制定年は、健康保険法が１９２２年、労働者災害補償保険法が１９４７年、厚生年金保険法が１９５４年、国民健康保険法が１９５８年、国民年金法が１９５９年、雇用保険法が１９７４年である。このうち、雇用保険法は１９４７年に制定された失業保険法を母体として制定されたものである。

（２）キャンベル（２００１）

（３）中央省庁の再編により、２００１年１月から、厚生省は労働省と統合して厚生労働省になり、省内部局もたとえば老人保健福祉局が老健局となるなど、組織や名称の変更がなされているが、本論文では、介護保険制度検討時点の省庁・部局名で表現する。

（４）伊藤光利・田中愛治・真渕勝（２０００）、第10章「官僚制と政治過程」参照。

（５）本章は、２００１年に発表した論文、「季刊社会保障研究」（第37巻第１号）掲載の「介護保険制度の政策形成過程の特徴と課題—官僚組織における政策形成過程の事例—」を加筆修正したものである。

（６）日本医師会総合政策研究機構（１９９７）参照。

（７）臨時福祉特別給付金は、臨時福祉給付金（老齢福祉年金等の受給者や市町村民税非課税世帯に属する70歳以上の者に対して１人１万円の支給）と、臨時介護福祉金（市町村民

税非課税世帯等に属する在宅寝たきり老人等に対して1人5万円の支給）とに分かれる。前者は自民党と公明党・民社党間で、後者は自民・公明両党間で合意された。このような臨時給付金は、1997（平成9）年の消費税引上げ時においても実施されている。

（8）介護対策検討会報告では、介護手当は、「必ずしもサービスの供給と結びつくものではないため、要介護老人については給付要件の設定の仕方の如何によってはかえって寝たきり状態の解消につながらない可能性があること、対象者の個別性に対応できないこと、所得制限を設定すれば対象者が限られること等の是非を、今後目指すべき介護サービスの供給体制構築に資する費用負担のあり方との関連も見極めながら、慎重に検討すべきである」としている。

（9）一般会計予算の税収は、1991年度から対前年度より下回るようになった。税収が対前年度よりも下回ること自体が石油危機後の1975年度以来のことであるが、1994年度の税収の当初見積もりは、1991年度よりも約8兆円も低いものであった。

（10）1993年度に提言された懇談会報告や各種審議会答申等では、介護対策の一層の充実と総合的な取組、すなわち、介護問題は、福祉、医療、年金等社会保障の各分野にまたがる課題であり、個別分野ごとの施策ではなく、介護に着目して社会保障全体にわたる再点検を行い、介護問題への対応のあり方について検討を行う必要があることが強調された。1993年9月にまとめられた高齢者施策の基本方向に関する懇談会（厚生省老人保健福祉局長の私的諮問機関。高齢者関係3審議会の委員により構成）の報告は、全体として抽象的な内容であるが、自立支援と利用者中心型のサービス体系や、増大する介護サービスの財源確保のために目的税を含む租税、医療保険や年金保険の保険料負担等、多面的な検討の必要性を提言している。

（11）老人保健医療対策本部の場合も、老人保健法の原案作成業務は、キャンベルによれば「職員がフルタイムで、同じ部屋で、短期間に――日本語で言う「かんづめ」になって（つまり大変な熱気と圧力の下にとじこめられて）」が行われた（キャンベル（1997）419頁））。このように、法制度案づくりのためにスタッフが部屋にこもって集中的に仕事をすることを、霞が関では「たこ部屋に入る」と俗称している。

（12）専任スタッフは逐次増員され、介護保険法案が国会に提出された1996年秋には10数人の規模となった。また、高齢者介護対策本部の組織を構成する副本部長や本部員も、介護保険の検討経過に応じて大幅に拡充された。

（13）専任の事務局次長は、1994年4月の事務局への異動直前まで北海道庁において3年間、成人保健課長を務めていた。また、次席の課長補佐である筆者の場合も、異動直前まで岡山市役所において約3年間、民生部長を務めていた。

（14）1994年9月の連立与党3党による税制改革大綱では、消費税率の引上げは、基本的に所得税・個人住民税の恒久減税相当分に見合うものとされ、老人介護と少子対策としては0・4兆円の財源を充当するという結論になった。ただし、これは1997年度からのものであり、高齢者介護サービスの基盤整備として95年度には0・1兆円、96年度では0・2兆円の財源を確保することとされた。

(15) この単行本は、厚生省高齢者介護対策本部事務局監修(1995①)。

(16) 連合は、「新しい介護システムに関する研究委員会(介護システム検討会)」を開催し、公費負担を柱とした公的介護保険システムの導入を提言した(1995年7月)。また、自治労は、市町村が制度運営を行う公的介護保険制度の創設を目指すことを提唱した(自治労(1995))。

(17) 保育所の場合、全保育所の約6割(約1万3千施設)が市町村立であり、保育所職員たちからは保育所入所の措置制度見直しに対して反対が強かった。一方、特別養護老人ホームの場合には、市町村立は全体の約1割(約550施設)であり、現場からの反対の声も小さかった(数値は、1999年度)。

(18) 身体障害者福祉法や知的障害者福祉法に基づく障害の等級認定基準と、介護の手間のかかり具合を評価する要介護認定基準とは、性格や目的が異なる。一方、現行の介護保険法における要介護認定基準は、特別養護老人ホーム等の老人施設入所者に対する介護時間の調査結果に基づき作成されたもので、そのまま若年障害者にあてはめることには無理がある。障害者といっても、個々人において障害の部位や程度に差があるほか、肢体不自由、視覚障害、聴覚障害、言語障害、知的障害、精神障害等、そもそも障害の種別が異なる。また、同じ種類の障害であっても年齢によって要介護状態の判断には差が生じる。

(19) 高齢者介護・自立支援システム研究会報告では、「家族による介護に対しては、外部サービスを利用しているケースとの公平性の観点、介護に伴う支出等などといった経済面を考慮し、一定の現金支給が検討されるべきである。これは、介護に関する本人や家族の選択の幅を広げるという観点からも意義がある」としている。

第3章
介護保険の体験的政策過程論

I　はじめに

小渕内閣や小泉内閣などで約8年半もの長期間、内閣官房副長官を務めた古川貞二郎氏[1]の著作『霞が関半生紀—5人の総理を支えて』（佐賀新聞社、2005）に、厚生省[2]（当時。現・厚生労働省）内に高齢者介護対策本部を立ち上げたときの関係者の写真が掲載されている。同本部事務局の部屋の入口に「高齢者介護対策本部」という看板が掲げられたときの写真である。高齢者介護対策本部は、事務次官（当時）である古川貞二郎を本部長とする厚生省内のプロジェクトチームで、介護保険制度を企画立案し、制度構築に向けての推進母体となった組織であった。

写真が写された時は、1994（平成6）年4月13日。写真に写っている人物は、古川事務次官（当時）以外は、中央に、大内啓伍厚生大臣[3]（当時）、その隣に阿部正俊審議官（当時）、渡邉芳樹保険課長（当時）、山崎史郎高齢者介護対策本部事務局次長（当時）、篠原一正同事務局員（当時）、そして、同じく事務局員（当時）の筆者、増田雅暢であった。阿部、渡邉、山崎、篠原、増田は、高齢者介護対策本部事務局（後述）のメンバーであった。

当時の筆者は、1994（平成6）年3月末まで、厚生省から岡山市役所に出向して、岡山市の民生部長として勤務していた。1991（平成3）年6月に赴任して以来、岡山市役所において2年10か月の勤務を終えて、古巣である厚生省に1994年4月1日付で復帰した。役所の場合、新たなポストに異動したときには、前任者から事務の引継ぎがあったり、新たに所属する課から事務机の指定や庶務的な事務の説明があったりするのであるが、このときは、そのようなことは一切な

（注）向かって左から、山崎史郎、古川貞二郎、大内啓伍、阿部正俊、増田雅暢、渡邉芳樹、篠原一正
（出典）古川貞二郎『霞が関半生記－５人の総理を支えて』（佐賀新聞社、2005）187頁

かった。人事課の担当者からは、「4月からのポストは厚生省大臣官房政策課課長補佐であるが、実際には、新たにプロジェクトチームを立ち上げるので、そこの専任スタッフとして仕事をしていただく。前任者はいないし、その組織や部屋はまだできていない。新しい仕事の内容は極秘であるが、極めて重要な仕事なので、引っ越しの作業は奥さんにまかせて、岡山市からただちに戻るように(4)」と言われた。

果たしてどのような仕事が待ち受けているのか判然としないまま、約3年ぶりに厚生省に、大臣官房政策課課長補佐として復帰した。１９９４年4月13日には、高齢者介護対策本部事務局補佐として新たな仕事にとりかかった。その「新たな仕事」とは、後にわが国の社会保障制度のみならず、高齢期の暮らし方や高齢者ビジネスとその就業者の増大など、社会全体に大きな影響を与えることとなる介護保険制度の創設であった。

わが国で介護保険制度が２０００（平成12）年

4月に実施されて以来、本年（2015年）で15年間が経過した。社会保障制度の歴史の中で「エポックメーキング」とされる介護保険制度創設の政策過程については、その企画立案業務に携わったことから、筆者は役人から大学の教育現場に職を転じた後も、研究テーマの一つとしている。すでに、著書『介護保険見直しの争点―政策過程からみえる今後の課題』（法律文化社、2003）の第I部において、厚生省内部における政策過程、政治の場における政策過程について解説・分析していた。そのときは、厚生省や官僚、内閣や政治家という政策過程を構成する集団（アクター）としての行動に着目して解説等を行ったが、本章では、介護保険制度創設に尽力した官僚の個々人に視点をあてて、介護保険制度が創設された経緯や厚生省内部における議論・行動等について解説することにより、介護保険の政策過程分析の参考に供したい(5)。

II　高齢者介護対策本部の設置

高齢者介護対策本部の設置については、1994（平成6）年4月に記者発表した資料において、次のように説明されている。

1　目的

高齢者、特に後期高齢者の増加に伴い、高齢者の介護ニーズは増大しつつある。一方、家族の多様化、小規模化の進行とともに、これまで家庭の中で担われてきた介護機能が低下し、社会保障需要として今後一層顕在化してくることが予想される。

現在、介護問題は国民の老後生活の最大の不安要因となっており、その不安の解消は急務である。先に公表された高齢社会福祉ビジョン懇談会（宮崎勇座長）の報告書『21世紀福祉ビジョン』においても、寝たきりや痴呆となったときの介護に関する不安を解消していくことが、「安心できる福祉社会づくりの大きなポイントである」としている。

高齢者の介護は、福祉、医療、年金等社会保障の各分野にまたがる問題である。このため、高齢者介護施策について総合的に検討を行うことを目的として、高齢者介護対策本部（本部長：事務次官）を設置することとした。

2　高齢者介護対策本部の組織

本部長　　：事務次官
副本部長　：官房長、健康政策局長、社会・援護局長、老人保健福祉局長、保険局長、年金局長、大臣官房総務課長及び事務局長
本部員　　：関係7課長及び事務局次長（2人）
事務局長　：大臣官房審議官
事務局次長：保険局保険課長、大臣官房政策課企画官（専任）
本部員　　：専任4人

高齢者介護対策本部が設置された理由として、前述の文書の中に、高齢社会福祉ビジョン懇談会（宮崎勇座長）の報告書「21世紀福祉ビジョン」があげられている。この懇談会報告書は、1994年2月3日深夜の記者会見において、細川首相（当時）が発表した「国民福祉税」構想が引き起こし

た混乱に端を発している。

細川首相は、将来の高齢社会に備えることとして、消費税（当時は税率3％）を廃止して、税率7％の国民福祉税を創設すると発表した。しかし、具体的にどのような政策において増税財源が必要かの説明が全く不十分であったため、マスコミの痛烈な批判を受けるとともに、与党内の反対もあり、細川首相は、国民福祉税構想の撤回に追い込まれた。

一方で、政府として消費税の増税論議が起きたときに備えるために、厚生省は、21世紀の本格的な高齢社会における社会保障の姿を明確にするとともに、社会保障の給付と負担の規模を推計することの必要性に迫られた。その舞台として使われたのが、高齢社会福祉ビジョン懇談会(6)であった。同年3月にまとめられた報告書は、「21世紀福祉ビジョン」と題された。「21世紀福祉ビジョン」では、従来の年金・医療重視型から、介護や子育て等福祉重視型の社会保障制度の再構築の必要性を明示した点が特徴の一つであった。介護保険制度創設という表現はないが、21世紀に向けた高齢者介護システムの創設の必要性がうたわれた。

また、厚生省内では、1993（平成5）年11月にプロジェクトチーム(7)をつくり、介護保険制度創設に関する検討を行い、1994年3月に報告書を取りまとめた。この報告書は部内資料のため公表されることはなかったが、チーム関係者の間では、この検討をさらに深めていくことが必要であるとの認識であった。

厚生省内に高齢者介護対策本部が設置されたのは、このような状況が背景にあった。事務次官を長として関係局長等をメンバーとする省内検討チームの結成は、例が多いが、本部に専任スタッフによる事務局を設置したのは、高齢者介護対策本部が数少ない例の一つであった。それだけ、厚生

図表-6 高齢者介護対策本部と介護保険制度の検討経緯

1994年	4月	厚生省内に高齢者介護対策本部および事務局を設置
	7月	高齢者介護・自立支援システム研究会を開催
	9月	本部事務局が「高齢者介護問題を考える」を刊行
	10月	与党福祉プロジェクトチームが介護保険の検討を開始
	12月	高齢者介護・自立支援システム研究会が報告書
1995年	2月	老人保健福祉審議会（老健審）で高齢者介護問題の議論開始
	6月	与党福祉プロジェクトが中間まとめ
	7月	老健審が中間報告、社会保障制度審議会が勧告
	10月	老健審が３分科会で審議開始、総理府が高齢者介護問題の世論調査結果
1996年	1月	老健審が第２次報告
	4月	老健審が最終報告
	5月	厚生省、介護保険制度試案を作成・公表
	6月	介護保険制度創設に関する与党合意
	11月	介護保険法案、国会に提出

省として力を入れていることを対外的にも示すものであった。

高齢者介護対策本部事務局（以下「事務局」という。）は、事務局長に、阿部正俊老人保健福祉担当審議官(8)（当時）、事務局次長として渡邉芳樹保険課長(9)（当時）、山崎史郎大臣官房政策課企画官(10)（当時）、事務局員として、増田雅暢大臣官房政策課補佐(11)（当時）、篠原一正同補佐(12)（当時）、泉潤一(13)、野村知司(14)という構成であった。このうち、山崎、増田、篠原、泉、野村の5人が専任スタッフであった。

事務局の実働部隊の事実上のトップであった山崎史郎は、1994年3月末まで3年間、北海道庁に出向し、北海道老人福祉課長として地方行政の第一線で働いていた。筆者（増田）も、前述したとおり、岡山市役所に出向し、民生部長として岡山市の高齢者・障害者・児童福祉行政の第一線で働いていたので、これらの地方行政の経験は、後の介護保険制度創設の検討過程で生かされることとなった。たとえば、介護保険制度に導入されたケアマネジメントについては、山崎がすでに北海道において調査研究事業で手掛けていたものが原型となった。市町村の区域を中学校区や福祉区等に区分けし、その単位ごとに保健・医療・福祉の資源の整備や連携を図るという構想は、筆者（増田）が岡山市の老人保健福祉計画の策定において明確にした概念であった。(15)

事務局発足当時、山崎、増田は40歳前後、篠原は30代、泉、野村は入省間もない20代前半と、こうした若い世代が高齢者介護問題の解決を図るために介護保険制度の検討に着手したのであった。

なお、筆者（増田）はナンバー2の立場であったので、事務局の庶務的な業務（事務局予算の獲得、備品調達等）も担当することとなり、本課の大臣官房政策課の庶務担当の補佐と協議をして、随時、必要な対応措置を講じてもらうこととした。まず、事務局の部屋を厚生省の4階に確保してもらった。この部屋は、間口が狭く、縦長であったので、「うなぎの寝床」と言われた。事務の補助を行う女性職員の雇用についても政策課に依頼をして、アルバイトで1人雇ってもらうこととなった。こうして、総勢5人の専任スタッフと1人のアルバイトの女性という構成で、介護保険制度創設の検討に乗り出したのであった。

III　高齢者介護対策本部内の推進力

しかし、事務局の発足後、直ちに介護保険制度の検討が始まったわけではなかった。まず、大蔵省（現・財務省）の主計局の厚生省担当者から、厚生省において介護保険制度の検討を始めたということを対外的に公表してはならない、との指示が強く出された。大蔵省では、国民福祉税構想については細川首相が撤回したものの、消費税の引上げをあきらめたわけではなかった。大蔵省は、消費税引上げの理由として、将来の高齢社会に備えるための財源確保という点をあげることとしていた。仮に介護保険構想が浮上してくると、新たに保険料財源が加わるので消費税引上げの理由が乏しくなり、消費税引上げの機運が弱くなることを嫌ったのである。

このため、当時の国会で、厚生省に対して高齢者介護対策本部の設置目的等に関する質問が出された時には、次のような答弁をすることにより、介護保険制度の検討をしているのか否かについては明言を避けていた。

○参議院決算委員会会議（平成6年5月30日）
南野千惠子議員：（略）ドイツでも介護保険制度が開始されようとしているということをお聞きいたしておりますので、その状況もお知らせいただければと思っております。
政府委員（佐々木典夫厚生省大臣官房政策課長）：対策本部におきまして検討の方向は、まさに検討を開始したところでございまして、今先生の方から介護保険かというお尋ねでございますが、まさにいろんな角度から幅広い検討に着手したところでございまして、必ずしも保険方式ということを前提にした議論をするとかいうことではまだございませんので、幅広く検討を進めているところでございます。

第2の問題は、当時の厚生省内において、ほとんどの人が介護保険制度を創設できるとは考えていなかったことである。その背景には、新たな社会保険制度の創設は、１９５０年代末の国民年金制度の創設以来のことであり、厚生省にとって並々ならぬエネルギーを要するものであることや、大蔵省が介護保険制度の検討を嫌ったように、政府内でも条件が全く整っていなかったからである。厚生省内では、高齢者保健福祉を担当する老人保健福祉部（当時）自体が、1989（平成元）年12月に策定した高齢者保健福祉推進十か年戦略（ゴールドプラン）の改訂を1994（平成6）年中に行うことを至上命題とし、消費税引上げ等による税財源をもとにプランの目標値の引上げを図ることを予定していたため、介護保険制度の創設検討に対して消極的な態度であった(16)。

結局、1994年4月時点で、介護保険制度の創設の可能性を想定していたのは、前年度に省内で内密に検討していたプロジェクトチームの何人かと、新たに事務局の専任スタッフとなったメンバー等の少人数という状況であった。

このように、事務局は発足したものの、表立った活動はできなかった。当初は、新たな高齢者介護システムの検討の参考にすると称して、日本医師会等の関係団体の幹部と意見交換をすることや、猪瀬直樹(17)等の有識者の意見を聴くという活動から始めた。そうした中で、1994年4月から7月にかけての活動で後に大きな意味をもったものとして、二つの事柄をあげることができる。

一つは、岡光序治《のぶはる》厚生省官房長(18)（当時）のもとで、山崎、増田等の事務局専任スタッフとの「朝の勉強会」を開始したことである。毎週定期的に朝7時半頃から、官房長室において、高齢者介護の現状や問題点などについてテーマを決めて討論をした。岡光官房長は、当時の厚生省内では数少ない「介護保険制度創設推進派」であり、勉強会を主催したのは、制度創設に当たって解決すべき問題点を明確にするとともに、その認識を事務局専任スタッフと共有するというねらいであったと考えられる。

この勉強会には、和田勝厚生大臣官房総務課長[19]（当時）、香取照幸老人保健福祉部課長補佐[20]（当時）も参加し、いずれも介護保険制度創設の中心人物になった。

当時の印象に残った会話では、岡光官房長が、妻がホームヘルパーの資格をとったものの働くところがない旨の発言をしたときのことで、筆者は、岡山市での経験等をもとに、ホームヘルパーの就業先が地方自治体か社会福祉協議会に限られており勤務先が少ないという説明をした。そこで、民間企業でも自由に雇用できるシステムが望ましいという話になり、介護保険制度においては在宅サービスにおける民間企業の参入という政策につながる一因ともなった。

岡光は、官房長を務めた後、１９９４年7月には保険局長、１９９６（平成8）年7月には厚生事務次官に昇進し、当時の厚生行政をリードした。介護保険制度については、一貫して積極的な姿勢をとり、保険局長になってからも厚生省内の高齢者介護対策本部の内部検討会を主催するなど、介護保険制度の創設検討をリードした。また、政界や関係団体（日本医師会等）との間にも「太いパイプ」を有していたので、関係者間の合意形成にも力があった。前述したとおり、高齢者介護対策本部を設置した段階では厚生省内でも介護保険制度の創設が疑問視されていたが、徐々にその創設が現実味を帯びてきたのは、ひとえに岡光のリーダーシップによるものであった。

もう一つは、阿部事務局長の発案で作成することとなった高齢者介護問題に関するパンフレットであった。高齢者介護問題について、広く一般の方々に認識していただくとともに、事務局スタッフが関係者への説明や講演資料として活用することを目的とするものであった。「高齢者介護問題を考える」というタイトルのパンフレットは、１９９４年8月に完成した。表紙をライトブルーとし、さわやかな印象を与えるようにした。

このパンフレットは、これから進めようとする政策のPRではなく、客観的なデータを掲載して、幅広い観点から議論をしていただく基礎資料という性格のものに位置づけた。したがって、介護費用負担のあり方を巡ってさまざまな意見があがっていることを紹介しているものの、介護保険制度を誘導しているわけではなかった。最終頁に、ドイツ介護保険法の概要が記述されているだけであった。

現在の視点からみても興味深いのは、介護に要する社会的コストを試算したことである。1990(平成2)年時点の数字として、施設サービスコスト1兆5000億円、在宅サービスコスト1000億円、家族ケアのコスト2兆円1000億円、施設のストックコスト500億円、合わせて約3兆8000億円としている。当時のサービス状況として、特別養護老人ホームや老人病院等の施設サービスが中心で、在宅サービスはごくわずかであることを明らかにした。さらに、家族コストが全体の半分以上を占めている現状を浮き彫りにした。こうした家族介護の負担を軽減するためには、家族による介護を社会的に支援する新しい介護システムの構築が必要であることをデータで示したことになる。[21]

こうして介護保険制度導入の地ならしが進むこととなった。

IV　高齢者介護・自立支援システム研究会

1994(平成6)年4月13日に厚生省内に高齢者介護対策本部を設置し、5人の専任スタッフを置いた事務局が設けられた。介護保険制度の検討が本格的に始まったようにみえたかもしれないが、前述したとおり、省内の反応や政府内(特に大蔵省)の反応は、はかばかしいものではなかった。大蔵省主計局の担当者からは、消費税引上げ議論に影響を与えるおそれがあること等から、対外的に介護保険制度の検討をしているとの発言は慎むように言われた。省内においても、介護保険制度の創設は、一朝一夕にはできないだろう、高齢者介護に関係する福祉、医療関係者の合意形成が難しく成案がまとまらないだろう等の認識が一般的であった。老人保健福祉部では、介護保険に期待するよりも、税を財源とするゴールドプランの改定が最重要課題であった。マスコミの報道でも、この時点で介護保険の検討が始まったとの記事はなかった。

1994年7月の人事異動により、専任スタッフとして、新たに伊原和人（1987（昭和62）年入省）と池田宏司（1989（平成元）年入省）、渡辺幹司（1992（平成4）年入省）の3人が事務局に加わることとなった。入省8年目と6年目、3年目の若手で、役人として一番仕事ができる年齢であった。他方、篠原一正は、同年8月に鹿児島県警察本部への出向により事務局を去ることとなった。以後、1995（平成7）年7月まで、山崎、増田、伊原、池田、泉、野村、渡辺の7人の専任スタッフが「7人の侍」[22]のごとく、介護保険制度の創設にまい進していくこととなった。

また、1994年9月の厚生省幹部の人事異動において、岡光序治官房長は、厚生省の事務次官になる上での直近ポストと位置づけられる保険局長に昇任した。保険局長となった後も、省内の介護保険制度創設の検討業務をリードした。その具体的なあらわれは、後述する省内勉強会の開催であった。また、事務局長は、阿部正俊審議官が老人保健福祉局長となったので、大臣官房総務課長から審議官に昇任した和田勝に代わった。

同年7月31日、非自民連立政権の羽田内閣が退陣し、社会党党首を総理とする村山内閣が誕生した。[23]いわゆる55年体制に終焉を告げるもので、長年対立関係にあった自民党と社会党が、連立を組んで与党となり、政権を誕生させた。自民党が、自民党よりもはるかに議員数が少ない社会党党首を総理にすることを条件に連立を組み、政権復帰を図ったものであった。村山内閣は、消費税の引上げ率を所得税の減税額と見合った2%とし、消費税率を5%にする方針を選んだ。この結果、将来の高齢者介護の費用を消費税財源に頼る考え方は後退した。介護保険制度の検討が消費税議論に影響を与えない状況となったので、大蔵省主計局の担当者から、介護保険制度の検討を表面化しても差し支えない旨の考えが事務局に伝えられた。さらに、総理府の社会保障制度審議会の中の社会保障将来像委員会が、1994年9月公表の第2次報告において、介護保険制度の創設を将来の選択肢の一つとして打ち出した(24)。

このように、介護保険制度を取り巻く環境が、1994年7月から9月にかけて、大きく変化した。この時点で、岡光保険局長(当時)や事務局では、ようやく介護保険制度に光が当たり始め、政治情勢等の条件などが整うことになれば、介護保険制度の創設は決して困難なことではない、と考えるようになった。当時想定していたスケジュールは、次のようなものであった。

1994(平成6)年度中　私的研究会の報告書の取りまとめ
1995(平成7)年度中　老人保健福祉審議会における審議、意見取りまとめ
1996(平成8)年度中　関連法案を国会に提出・審議・成立
1997(平成9)年度　介護保険制度の実施

こうしたスケジュールにおいて、1994年度は、高齢者介護対策本部長(厚生事務次官)の私

的な研究会（高齢者介護・自立支援システム研究会）を立ち上げて、介護保険制度創設に向けての基本的な考え方や制度の概要をまとめることが中心課題となった。

役所が新たな政策を打ち上げるときに、有識者による検討会を設置し、そこで新しい政策の概要を含む報告書をまとめるという手法はよくとられるところである。私的な研究会は、法的な根拠がある審議会よりは正統性の面で劣るものの、役所側で自由にメンバーを選定できることや、役所主導で報告書をまとめやすいという利点がある。

この研究会の特徴は、第1に、研究会の名称に「自立支援」という文言を盛り込んだ点である。高齢者介護の目的として、単に要介護者のお世話をするのではなく、要介護者本人の自立を支援することにあるとし、この自立支援の考え方を新しい介護概念として提示しようとする意気込みを表している。１９９４年12月にまとめられたこの研究会の報告書[25]の中で、「自立支援」についてわかりやすい説明が行われ、以後、「自立支援」が介護保険制度の重要な理念の一つとなるほか、児童福祉や障害者福祉の分野にも影響を及ぼしていくこととなった。

第2に、研究会のメンバーの人選を工夫したことである。一般的な検討会では、有識者により議論を深めるという目的に合わせて、関係者間の合意形成を図るという目的を兼ねているものが多い。その場合は、研究会メンバーに関係団体の関係者を入れることとなる。しかし、高齢者介護・自立支援研究会の場合には、その時点では日本に存在していない介護保険制度を中核にした新しい高齢者介護システムのあり方を検討することが目的であるため、有識者のみの構成とした。関係者間の合意形成は、正式な審議会である老人保健福祉審議会の場を活用することとした。さらに、それまでの厚生省の行政に批判的な有識者も加えることとした。年齢的にも大御所ではなく中堅クラスの方とした。

その結果、通常の審議会にみられるような出身団体の立場を反映した意見表明ではなく、委員個々人の自由な発想に基づく意見であり、毎回の会合で活発な意見交換が行われることとなった。高齢者介護・自立支援システム研究会の委員構成は、次のとおりである。

（参考） 高齢者介護・自立支援システム研究会委員名簿（肩書は研究会の発足当時）

座長	大森　彌	東京大学教養学部教授
座長代理	山口　昇	公立みつぎ総合病院長
	岡本祐三	阪南病院内科医長
	京極高宣	日本社会事業大学教授
	清家　篤	慶應義塾大学商学部教授
	田中　滋	慶應義塾大学大学院経営管理研究科教授
	橋本泰子	東京弘済園弘済ケアセンター所長
	樋口恵子	東京家政大学教授
	宮島　洋	東京大学経済学部教授
	山崎摩耶	帝京平成短期大学助教授

座長となった大森彌は行政学が専門で、地方行政に明るく、福祉行政における措置制度の見直しについて理論面で支えてくれることが期待された。山口昇は、広島県御調町の公立みつぎ総合病院長として、保健・医療・福祉の連携のもとに「寝たきり老人をなくす地域医療」を展開しており、

注目を集めていた。「包括医療」という概念を提示しており、現在の地域包括ケアシステムの先駆的事例でもあった。岡本祐三は、『デンマークの老後』等の著書を出版しており、医師であり新しい介護の姿に対して一家言を有していた。厚生行政には批判的とみられていたが、かえってそうした視点から議論が発展することを期待された。京極高宣は、研究者から厚生省に出向し社会福祉専門官として「社会福祉士及び介護福祉士法」の制定を担当した社会福祉の専門家であった。清家篤は、労働経済学の専門家。田中滋は、医療経済学の専門家。橋本泰子は、介護の現場に詳しい専門家。樋口恵子は、「高齢社会を良くする女性の会」の会長として、高齢者介護問題について女性の視点から発言してきた専門家。厚生行政には「辛口」の批評をしていた。宮島洋は、経済学者であるが、『高齢化時代の社会経済学』という本を著し、経済学の視点から社会保障の現状と課題について分析し、注目されていた。山崎摩耶は、当時、制度が始まったばかりの訪問看護ステーションを運営するなど看護の専門家。

通常の審議会と異なり、利害関係者でもある関係団体代表の委員は不在であり、委員個々人の自由な議論が行われることとなった。さらに、この研究会終了後も、高齢者介護・自立支援システム研究会の委員は、いずれも介護保険制度の創設・推進に当たって、積極的な役割を果たしていった。すなわち、大森彌、京極高宣、橋本泰子、樋口恵子、山口昇は、老人保健福祉審議会の委員として参画し、賛否両論となることが多かった審議において、事務局のスタンスを踏まえた発言をしていただいた。また、樋口恵子は、「高齢社会を良くする女性の会」を率いて、介護保険制度創設に向けてのアピールを行い、世論に与える影響力が大きかった。

このように、保健・医療・福祉・地方行政・経済学等の分野にまたがる多士済済のメンバーがそろうこととなった。ただし、欠けていたのは、家族法における家族介護の位置づけや、要介護の高齢者の扶養と家族による介護の関係を民法上ではどのように判断するのか等を明らかにする、法学の専門家であった。この点については、当初は、民法を専門とする学者に委員として参画していただく予定であった。東京大学教養学部の民法の先生に白羽の矢を立て、同じ東京大学教養学部出身の筆者が、1994年6月23日、同学部がある目黒区駒場を訪ね、委員会への参加を依頼した。研究会の発足については理解していただいたが、残念ながら委員の就任については私的な事情による多忙から辞退された。当時としては、民法の専門家が入らなくても10人のメンバー構成であり、民法上の問題については、委員会に外部から講師を招くことにより対応するということにして、それ以上の依頼はしなかった。しかし、後から振り返ると、新しい介護システムの中で、民法の知識を踏まえた上で、家族による介護をどのように位置づけるのか、あるいは介護保険制度において家族介護をどのように評価するのか、という点に関する議論が欠けていたことは否定できない。

高齢者介護・自立支援システム研究会は、私的な研究会であったこともあり、その運営については事務局主導により、かなり自由に行われた。たとえば、1994年7月末から8月上旬にかけて、北海道のリゾート地において研究会を開催した(26)。北海道の地を選んだのは、事務局次長の山崎が北海道庁の課長を務めていたことによる。また、ドイツやアメリカの介護システムの現状を知るために、同年10月には、両国から専門家を招き、研究会として意見を聴取した(27)。

研究会報告書は、同年12月7日に取りまとめられ、公表された。新たな高齢者介護システムの中核の仕組みとして介護保険制度の創設が提示されたほか、ケアマネジメントの導入などが提案され、大きな反響を及ぼした。

この報告書は、同年10月頃から、事務局の山崎史郎が、厚生省内の地下2階にある狭い事務室に閉じこもって原案を書き上げたものであった。素案が出来上がった段階で、研究会委員はもちろん、省内の関係者の意見を聴取しながら、内容面のバージョンアップを図っていったものであった。研究会報告書という体裁をとっているが、山崎が原案を作成した高齢者介護対策本部事務局の作品、といってもよいものであった。

研究会報告書は、公的介護保険制度という全く新たな制度の創設の検討を打ち出したので、保健・福祉・医療関係者はもちろんのこと、一般にも大きな注目を浴びることとなった。翌年の１９９５年２月14日開催の老人保健福祉審議会において、高齢者介護問題に関する審議が開始され、介護保険制度の創設が本格的に議論されるようになった。

新しい高齢者介護システムの広報のために、研究会報告書を基にして、関連資料を集めた一般向けの本を筆者が編集することとなり、１９９５年２月に事務局監修の『新しい高齢者介護システムの構築を目指して』（ぎょうせい）が刊行された。

Ｖ　老人保健福祉審議会

１９９５（平成７）年２月14日、老人保健福祉審議会（以下「老健審」という。）において、高齢者介護問題に関する審議が始まった。老健審の委員は、次のとおりであった。

（参考） 老人保健福祉審議会委員（１９９５年２月14日現在。肩書は当時）

会長　　　宮崎　勇（大和総研代表取締役理事長）②
会長代理　水野　肇（医事評論家）②
委員　　　荒巻善之助（日本薬剤師会副会長）①
石井　岱三（全国老人福祉施設協議会会長）①
大森　彌（東京大学教養学部教授）②
加地　夏雄（国民健康保険中央会理事長）①
喜多　洋三（全国市長会社会文教分科会副委員長・守口市長）①
京極　高宣（日本社会事業大学教授）②
窪田　弘（日本債権信用銀行頭取）③
黒木　武彦（社会福祉・医療事業団理事長）③
見坊　和雄（全国老人クラブ連合会常務理事）①
下村　健（健康保険組合連合会副会長）①
多田羅浩三（大阪大学医学部教授）②
田邊　辰雄（日本経営者団体連盟政策委員・日清紡会長）①
坪井　栄孝（日本医師会副会長）①
成瀬　健生（日本経営者団体連盟常務理事）①
橋本　泰子（東京弘済園ケアセンター所長）②
早野　仙平（全国町村会幹事・岩手県田野畑村長）①
原　五月（日本労働組合総連合会副会長・自治労副中央執行委員長）①

樋口　恵子（東京家政大学教授）②
見藤　隆子（日本看護協会会長）①
村上　勝　（日本歯科医師会副会長）①
柳　　克樹（地方職員共済組合理事長）③
山口　昇　（公立みつぎ病院院長）②
吉井　真之（日本労働組合総連合会副会長・造船重機労連中央執行委員長）①
（注）肩書の次に付けた数字は、①は関係団体、②は学識経験者、③は大蔵省、厚生省、自治省のＯＢを指している。

老健審は総勢25人で構成されていた。当時の審議会は、一般的に、関係団体推薦の委員、学識経験者、関係省庁ＯＢの３者構成であった。老健審では、関係団体推薦委員は14人。内訳は、医療関係が日本医師会代表委員など５人、福祉関係は全国老人福祉施設協議会会長など２人、経営・保険者代表委員が日経連常務理事など３人、地方自治団体代表が２人、労働組合代表が２人であった。学識経験者は８人。そのうち高齢者介護・自立支援システム研究会（以下「システム研究会」という。）の委員から大森彌、京極高宣、樋口恵子、橋本泰子、山口昇の５氏が加わっており、システム研究会の議論を反映することを期待された。関係省庁ＯＢは、大蔵省、厚生省、自治省から計３人であった。

なお、１９９６（平成８）年６月10日の答申までに変更があった委員は、会長が宮崎勇から加藤一郎へ、さらに鳥居泰彦（慶應義塾長）へと替わり、日本医師会代表が坪井栄孝から青柳俊（日本医師会常任理事）へ、全国町村会代表が早野仙平から成毛平昌（全国町村会常任理事・茨城県東村長）に替わった。

事務局を務める厚生省では、第1回会合においてシステム研究会報告の説明をする予定であったが、日本医師会の委員を中心に、任意的な研究会であるシステム研究会報告を優先することに異論が出されたことから、システム研究会報告は第2回会合（同年3月1日）に、社会保障制度審議会や経済審議会の報告などと同列に扱う形で報告することとなった。

このように関係団体の委員からは、厚生省の「独走」に対する反発がみられ、新しい介護システムの検討に当たって慎重な姿勢がみられた。老健審が具体的な審議を開始したのは第4回会合（4月5日）からであった。第13回会合（7月26日）において、ようやく「新たな高齢者介護システムの確立について」と題する中間報告が取りまとめられた。その内容は、新たな高齢者介護システムとして社会保険方式によるシステムについて具体的な検討を進めていくことが適当、とする基本方向の確認と論点の提示にとどまり、具体的な制度内容の取りまとめからはほど遠いものとなった。

Ⅵ　社会福祉行政と介護保険の関係

老健審において中間報告の取りまとめ作業が始まった1995（平成7）年7月、役所の恒例の人事異動の時期を迎えた。(28) 筆者は、事務局のナンバー2として、企画立案、研究会・審議会の資料作成、関係者への説明等のほか、事務局の予算や組織面のサポートといった庶務担当の業務も行ってきた。同年7月に老健審の中間まとめが取りまとめられ、秋以降、本格的な制度論が始まる予定であったので、筆者自身の異動はないものと考えていた。しかし、予想は外れて、社会・援護局企画課課長補佐への異動となった。後任は、香取照幸（1980（昭和55）年入省）であった。この人事は、事務局発足以来、専任スタッフと同様か、それ以上に介護保険の議論にかかわってきた香取を専任スタッフに迎い入れて、事務局の戦力アップを図ったことにある。また、筆者は、事務局内部で介護手当の制度化を主張していたが、大蔵省をはじめ、事務局の中で消極論が強くなってきたことから、外されたのではないかということも否定できない(29)。

しかし、積極的に考えれば、介護保険制度の創設という方向性が固まってきたとはいえ、関連の部局では、介護保険制度と関連する法制度の改正の検討が全く進んでいなかった。特に、社会・援護局は、社会福祉事業法（当時。2000（平成12）年に社会福祉法に改称）をはじめ、生活保護制度や障害者関係の法制度を所管しており、介護保険制度の関連分野として重要な位置を占めていた。しかし、この時点では、介護保険制度について高齢者介護対策本部事務局内の検討が先行しており、社会・援護局は「蚊帳の外」に置かれていた感があった。事務局の専任スタッフであった筆者の異動により、遅れていた社会・援護局の介護保険関連施策の検討を促進するというねらいがあった、ということもできる。

介護保険制度と社会・援護局の所管行政との調整課題として、主なものは次のとおりであった。

① 介護保険給付を行う特別養護老人ホーム等に対する社会福祉事業法上の位置づけ
② 生活保護と介護保険との関係
③ 障害者福祉と介護保険との関係

生活保護と介護保険との関係に関する課題とは、①生活保護の被保護者を介護保険の被保険者と位置づけるか、それとも被保険者とはしないで介護給付を行うか、②生活保護制度において、新たな扶助として介護扶助を設定するか否か、③生活保護の被保護者に対する介護サービスの利用手続をどのようなものとするか、等であった。これらの課題は、社会・援護局所管事務として事務局では全く議論されていなかった。他方、社会・援護局生活保護課からみれば、事務局は、生活保護課に対して協力を求めるべきなのに、介護保険の検討内容の情報提供も行わず、宿題だけを押しつけるのはけしからんという意識であって、検討は進んでいなかった。そこで、新たに社会・援護局企画課補佐となり、事務局併任補佐でもある筆者が、事務局と生活保護課の間を取り持ち、介護保険制度本体の議論にとり残されることなく、生活保護制度上の対応の検討を進めることとなった。

生活保護の被保護者を介護保険の被保険者とするか否かの課題については、事務局の中では、老人福祉制度においては、生活保護の被保護者かどうかを問わずに要介護者は介護サービスの対象とされているものの、医療保険制度である国民健康保険では被保険者から被保護者を除外する取扱いとしていることから、介護保険制度でも同様の対応でよいのではないかという意見も強かった。しかし、筆者は、社会保険の性格として可能な限りすべての対象者を平等に扱うという理念から、被保護者といえども一般の被保険者と同等の取扱いとすべきであると主張した。[30]介護保険の仕組みから、第2号被保険者（40歳以上65歳未満の者）は介護保険料を医療保険者が徴収する仕組みとしているため困難であるが、第1号被保険者（65歳以上の者）についてはそうした制約がなかった。そこで、65歳以上の者については、被保護者であっても介護保険の被保険者とするという案にした。このことは、岡光保険局長を交えて行われた会議で、岡光局長の了解を得られたことにより決定された。[31]なお、被保護者の保険料負担が論点となり、筆者をはじめとする社会・援護局は保険料免除を主張したが、保険局からは、保険原理により免除は不適当という意見が出され、その後の検討課題となった。

これを踏まえて、65歳以上の者については、生活保護の被保護者であっても保険料を生活保護費の中から支払い、要介護状態となった場合には、介護保険から給付するという設計となった。また、第2号被保険者については、被保護者の場合は、介護保険の被保険者からは外れるが、要介護状態となった場合は、生活保護制度から給付を行うこととし、新たな扶助である介護扶助の検討が進められた。

障害者福祉と介護保険との関係については、介護保険の被保険者の範囲の設定や障害者福祉の拡充施策と関連する基本的な問題であった。65歳未満の障害者の介護サービスを介護保険で対応するのか、従来どおり公費を財源とする障害者福祉制度で対応するのかという問題であった。当時は、「若年障害者問題」と呼ばれた。省内勉強会の項で述べたとおり、事務局では若年障害者は介護保険の給付対象外という方針で検討が進められ、最後の省内勉強会（第6回）で社会・援護局の関係課も基本的にこれを受け入れることとなった。結局、介護保険の検討時においては、人口高齢化の進行等により喫緊の課題となっている高齢者介護問題を先行して取り組むこと、すなわち介護保険は事実上「高齢者介護保険」とし、「若年障害者」については障害者福祉制度で対応するという切り分けとなった。

Ⅶ　省内勉強会

1994（平成6）年秋、事務局においてシステム研究会報告書の素案が作成されつつあった頃、翌年の老健審における議論に備えて介護保険制度の具体的な内容を固める必要があるとして、省内の関係者による「新介護システム勉強会」という名の省内勉強会を開催することとなった。中心メンバーは、岡光保険局長であり、高齢者介護対策本部事務局が討論のための関係資料を作成した。この会議において、あいまいなままであった制度の具体的内容の方向性が固まったり、さらに、検討すべき事項が明確になったりした。事実上の政策立案過程といってもよい。

第1回の勉強会は、1994年11月22日、省外の薬業健保会館で朝10時から夕方5時まで開催された。メンバーは、岡光保険局長、和田事務局長、保険局企画課長、事務局員等、全部で15人であった。テーマは、次のとおりであった。

①関係団体の反応　②制度試案の骨格　③給付体系：ⅰ保険給付プロセス、ⅱ要介護認定基準、ⅲ在宅サービス（含む介護手当）、ⅳ施設サービス、ⅴ利用者負担、ⅵ民間保険の取扱い　④制度体系：ⅰ高齢者からの保険料の賦課および徴収、ⅱ現役世代からの拠出、ⅲ制度案比較（含む財政試算）、ⅳ介護保険の仕組みについて、ⅴ障害者の取扱い　⑤関係審議会の取扱い

資料は、A4で約120枚にも達する膨大なものであった。

事務局から未定稿の制度試案の骨格が示された。次のとおり、1996（平成8）年6月に公表した制度試案とほぼ類似したものができていた。

・保険者は市町村
・被保険者と受給者は65歳以上の高齢者、現役世代は基本的に拠出金の負担
・保険給付は療養費として構成し、代理受領により現物給付化
・要介護度の判定（保険者の委託）やケアマネジメントを行うケアマネジメント機関の設置

・在宅給付は要介護度に応じた限度額を設定し、9割を給付（自己負担は1割）
・施設サービスは、療養型病床群、老人保健施設、特別養護老人ホームの3施設[32]
ただし、詳細な点については不確定な点が多く、たとえば、保険料の設定方法（定額か定率か）や現役世代からの拠出金の徴収方法など、この段階ではあくまでも一つの案というレベルであった。
前述した資料に即して広範な議論が行われた。なお、障害者の取扱いについては、議論の結果、介護保険と障害者福祉との調整は難しく、いわゆる若年障害者（65歳未満の者）は基本的に介護保険の給付対象から外したらよいのではないかという方向性が示された。

第2回の勉強会は、1995（平成7）年1月12日、省外の土木建築厚生会館において、午前10時半から午後5時まで行われた。メンバーは、前回メンバーに新たに政策課長などが加わり、20数人となった。テーマは、次のとおりであった。

①関係団体の反応　②制度体系：i基本的な考え方、ii各制度案比較、iii事務局試案、iv障害者の取扱い　③給付体系：i保険給付プロセス、ii要介護認定基準、iii在宅サービス（含む介護手当）、iv施設サービス、v利用者負担、vi民間保険の取扱い、viiサービス給付等事務処理・マンパワー対策　④関係審議会等の取扱い等

介護保険制度の建て方について、独立介護保険方式、医療保険活用方式（老人保健活用型など）、年金保険活用方式の3方式が比較検討された。事務局では、独立型の介護保険を想定し、1995年1月時点で、40歳以上の者を被保険者かつ受給者（加齢に伴う要介護状態の場合）とした。40歳以上の者を被保険者とする理由も整理された。保険料は定額で、高齢者保険料は年金からの天引き。保険料設定は国が行う。若年障害者の取扱いは将来的な検討課題として、介護保険創設時は給付対

象としない。ケアマネジメントは給付サービスの一つとして構成。在宅サービスは、サービス種類別に給付額を設定、介護手当も一定条件に基づき支給。施設体系は、療養型病床群、老人保健施設、特別養護老人ホームの3類型。利用者負担は10%の定率を基本とし、施設はこれに加え日常生活費部分を定額負担とする。

このように、老健審で本格的な議論が始まる前に、すでに、厚生省内部では大方の制度骨格をまとめあげつつあった。後に老健審で被保険者の範囲が決まらず、1996年3月の「丹羽私案」(第4章参照)で被保険者を40歳以上とする方向が固まったが、実は1995年1月時点ですでに事務局は40歳以上被保険者を設定していた。

第3回目の勉強会は、老健審の中間取りまとめ(1995年7月)があった後の1995年8月21日午後1時45分から午後5時まで、省外の全国社会福祉協議会の会議室で行われた。メンバーは、岡光保険局長、事務局メンバー以外に、老人保健福祉局長および各課の課長、保険局各課の課長、社会保険庁の関係課長等、総勢約30人となった。テーマは次のとおりであった。

①新介護システムの基本骨格関係：ⅰ自治省との交渉経緯について、ⅱ地域保険・全国調整一体方式について、ⅲ新介護システム関連法の体系と施行について　②給付設計等関係：ⅰケアマネジメントについて、ⅱ施設体系等の見直しについて、ⅲ給付範囲に関する論点について、ⅳ介護報酬のあり方について、ⅴ介護基盤整備(新ゴールドプランの見直し)について、ⅵ地域リハビリテーションシステムについて、ⅶ人材確保について、ⅷサービス給付等事務処理について

ケアマネジメントの具体的内容や施設体系と関連法の整備、介護報酬の設定に関する検討状況など、議論の素材はかなり具体的なものとなった。この中で、介護保険制度創設後も論点となったテーマと

して、虚弱高齢者の取扱いがあった。要介護高齢者に対する介護サービスは介護保険でカバーするとして、虚弱高齢者（介護保険制度では要支援者）に対して、介護サービスをどのように保障するのかという課題であった。このときの資料では、虚弱高齢者は、老人福祉制度において訪問介護等のサービスの対象となっていたことから、介護保険制度創設後においても、介護保険からの給付ではなく、引き続き市町村または市町村から委託を受けた者から介護サービスを受けることができることとされた。

第4回目の勉強会は、1995年10月5日午前10時から午後3時半まで、省外の厚生年金基金連合会の会議室で行われた。なお、会議の名称は「公的介護保険制度に関する会議」とされ、任意的な会議から制度的な会議の色彩を持つこととなった。メンバーは、第3回のメンバーに加えて、健康政策局や保険医療局、社会・援護局の各課長も参加した。テーマは次のとおりであった。

①制度骨格について：i基本スキーム、ii生活保護の取扱い、iii65歳未満の者の取扱い、iv利用者負担　②在宅給付について：i給付範囲、ii保険給付水準、iii事業主体　③施設給付について：i施設体系、ii給付範囲、iii介護報酬（施設）、iv事業主体　④その他サービス体系：i社会福祉事業法の取扱い、ii地域リハビリテーション、iii介護手当　⑤ケアマネジメント　⑥基盤整備　⑦費用推計　⑧法制体系　⑨自由討議　であった。

この頃、老健審では、三つの分科会（介護給付分科会、制度分科会、基盤整備分科会）を設置して、介護保険制度の具体的な検討が始まっていた。(33) このことを反映して、第3回の資料と比較して、制度設計に関してより精緻な内容となった。制度骨格や在宅給付や施設給付の内容も、より具体的なものとなった。

この中で興味深いのは、介護手当に関する方向性である。介護手当については制度化する方向で検討が進められ、第1回と第2回の勉強会で資料に基づき議論された。ただし、第4回勉強会では、事務局の資料では、基本的にはできる限り消極的な取扱いまたは先送りを目指すとした。その上で、仮に支給する場合には、介護サービスの現物給付を利用しないか、利用が一定程度以下の要介護者で、家族等により適切な介護がなされている場合、月額2万5000円程度とするという案が示された。

第5回目は、1995年11月14日午後2時から5時半、11月16日午前10時から12時まで、省外の医療経済研究機構の会議室で行われた。メンバーは、第4回とほぼ同じであった。テーマは次のとおりであった。

①施設体系および社会福祉事業法における位置づけについて、②一般病院からの転換促進について、③ケアマネジメント（振り分け）について、④地域リハビリテーションについて、⑤虚弱老人の取扱いについて、⑥標準ケアパッケージについて、⑦在宅総合診療科の取扱いについて、⑧生活保護、身体障害者の取扱いについて、⑨その他

施設体系の議論においては、医療費削減効果もねらって、一般病院から療養型病床群への転換促進策が検討された。また、虚弱老人の取扱いについては、第3回の議論とは異なり、事務局から、虚弱老人へのサービスを市町村が公費で行うとすると介護サービスが介護保険と措置制度とに二元化されること、これによる市町村業務の非効率化のおそれ、介護予防としての虚弱老人対策の重要性、自治労からの反対の強さ等を理由に、対象を限定した上で介護保険の保険給付の対象とするという案が示された。これは、後に要支援者として制度化された。

第6回目は、1995年12月27日午後1時半から5時まで、省外の医療経済研究機構の会議室で行われた。メンバーは、岡光保険局長、事務局、老人保健福祉局長および各課の課長等、保険局各

課の課長等、健康政策局総務課長等であった。テーマは次のとおりであった。①若年障害者に対する介護給付の取扱いについて、②医療と介護の区分について、③新介護システムの導入に伴う養護老人ホーム等の取扱いについて、④有料老人ホーム（特に介護専用型）の取扱いについて、⑤福祉用具および住宅改修の取扱いについて、⑥介護報酬の設定のあり方について、⑦新介護システムの対外調整（メモ）、⑧介護手当の取扱いについて（試案）

老健審では、第17回会合（1995年12月13日）において三つの分科会の報告の説明が行われたので、第6回の勉強会では、介護保険制度の具体的な内容というよりは、若年障害者の取扱いや医療と介護の区分など、制度の周辺部分に関する考え方の整理が中心とされた。その上で、年が明けてからの対外調整方法について意思統一が図られた(34)。

若年障害者問題は、第1回勉強会時点から検討課題であったが、この頃は担当の社会・援護局でも検討が進んでいた。第6回勉強会には、障害福祉課長や更生課長も出席した。若年障害者については、基本的に障害者福祉の体系で対応すること、初老期痴呆・全身老衰については介護保険で対応するという方針が示された。介護手当については、現物給付を受けない場合に限って支給することとされた。

以上、6回にわたる省内勉強会の概要をみてきたが、その意義として次のような点があげることができる。

・事務局内の検討状況を資料としてまとめることにより、その時点での検討結果や考え方の整理が行われた上で、フリーディスカッションを通じてその内容のバージョンアップが図られた。
・事務局員をはじめ省内の関係者がその時点での検討結果を共有できるとともに、一体となって介護保険制度案づくりに取り組むという連帯感の醸成に役立った。

・介護保険の創設検討に当たって、事務局と関係局・課との間の意思疎通が図られた。
・並行して進んでいた老健審や与党福祉プロジェクトの資料作りに役立った。
・老健審の議論にかかわらず実質的に制度案が作成された。

説明してきたとおり、省内勉強会の開催や勉強会後の検討の推進に当たっては、岡光序治保険局長（当時）のリーダーシップが不可欠であって、介護保険制度創設時の功労者であった(35)と言える。

付記

本論文は、『介護保険の検証』（法律文化社、2016）に所収。前半部分は、日本加除出版株式会社「住民行政の窓」2015年3月号掲載の原稿を一部修正したものであり、後半は、その続編として2015年に書き下ろしたものである。

政府の役所内の仕事は組織で進めていくので、個人名を出すことは遠慮するのが一般的である。筆者の単著『介護保険見直しの争点』（法律文化社、2003）に本書第2章を掲載したところ、ある知人から「役所の中の動きは匿名の世界ですね」と言われた。制度検討時から20年以上を経過したこともあり、歴史的事実を記録するために、当時の厚生官僚の実名をあげて政策過程を解説することにした。「体験的政策過程論」と題したゆえんである。役所内の政策過程において、個々人の能力や経験、意欲等が政策立案・推進に大きな影響を及ぼすことを浮き彫りにすることを目的の一つとして執筆した。

（引用・参考文献）
大熊由紀子『物語介護保険（上）―命の尊厳のための70のドラマ』岩波書店、２０１０
大熊由紀子『物語介護保険（下）―命の尊厳のための70のドラマ』岩波書店、２０１０
介護保険制度史研究会編著『介護保険制度史―基本構想から法施行まで―』社会保険研究所、２０１６
古川貞二郎『霞が関半世紀―５人の総理を支えて』佐賀新聞社、２００５
省内勉強会資料（「新システム検討会」等の名称の資料ファイル６冊。個人資料）

注

（１）　１９６０（昭和35）年厚生省入省。内閣官房首席内閣参事官、児童家庭局長等を経て、１９９３（平成５）年６月から１９９４（平成６）年６月まで厚生省の事務次官を務めた。その後、１９９５（平成７）年２月から２００３（平成15）年９月まで、内閣官房副長官を務めた。

（２）　橋本内閣が行った中央省庁の再編により、２００１（平成13）年１月、厚生省は、労働省と統合されて、厚生労働省となった。本書では、厚生省時代の出来事については、厚生省と旧来の名称で記述する。

（３）　民社党の衆議院議員として政治活動を行い、１９９０（平成２）年４月民社党の委員長に就任。１９９３（平成３）年８月に成立した細川内閣において厚生大臣として初入閣、翌年６月退任した。

（４）　地方自治体等に出向して東京（霞が関）に戻る場合、引っ越しや前任地での事務引継や挨拶等があることから、霞が関の新たなポストで仕事を始めるまで１週間程度の猶予が認められることが当時は通例であった。

（５）　介護保険制度の厚生省内における政策過程を解説した著述としては、本文中の筆者の著作以外に、日本医師会総合政策研究機構「介護保険導入の政策形成過程」（２００７）や、大熊由紀子著『物語　介護保険』上・下（岩波書店、２０１０。以下「大熊本」という。）、介護保険制度史研究会『介護保険制度史』（社会保険研究所、２０１６）などがある。

（６）　高齢社会福祉ビジョン懇談会は、大内啓伍厚生大臣（当時）の私的懇談会として１９９３年10月から開催。当初は、国民福祉税構想とは無縁であったが、１９９４年２月の「国民福祉税騒動」を踏まえて、社会保障の給付と負担の将来ビジョンを示すことに力点を置いた報告書を同年３月に取りまとめた。報告書の原案は、厚生省大臣官房政策課の担当官僚が作成した。

（７）　「高齢者介護問題に関する省内検討プロジェクトチーム」という名称で、１９９３年11月25日に設置された。事務次官を長に、大臣官房審議官（老人保健福祉担当）が総括し、企画官や課長補佐等が参加したものであった。

（８）　厚生省１９６６（昭和41）年入省。高齢者介護対策本部の初代事務局長を務めた。その後、老人保健福祉部長等を経て、政界に入り、参議院議員を２期務めた。

(9) 厚生省1975(昭和50)年入省。厚生労働省年金局長を務めた後、スウェーデン大使を務めた。

(10) 厚生省1978(昭和53)年入省。高齢者介護対策本部事務局の事実上のトップであった。その後、老健局総務課長として、2005(平成17)年の制度改正も担当。大熊本では、「ミスター介護保険」と称されたことが記されている。

(11) 筆者であるが、厚生省1981(昭和56)年入省。大卒後、出版社に3年間勤務後、米国留学1年を経て役人になったというユニークな経歴をもつ。

(12) 厚生省1984(昭和59)年入省。高齢者介護対策本部事務局勤務の年の夏に、鹿児島県警察本部に出向した。

(13) 厚生省1991(平成3)年入省。

(14) 厚生省1992(平成4)年入省。

(15) 高齢者介護対策本部事務局作成のパンフレット「高齢者介護問題を考える」8頁に、岡山市におけるサービス提供機関・施設配置の概念図が掲載されている。

(16) 介護保険制度の政策形成過程のスタートを、1989年に厚生省事務次官の私的研究会として開催された介護対策検討会とする見解(佐藤満「介護保険法の成立過程」『立命館法學』2010年5・6号)がある。確かに介護対策検討会の報告書は、高齢者保健福祉推進十か年戦略(ゴールドプラン)の策定(1989年12月)に結びついてはいるが、ゴールドプランの財源は税に負っており、社会保険料を財源とする介護保険制度とは発想が異なるものであった。厚生省内の介護保険制度の政策形成過程のスタートは、1993年11月に省内にプロジェクトチームがつくられたとき(注7)参照)とすることが妥当である。

(17) 作家・評論家。2007年から東京都副知事を務め、2012年12月の選挙を経て都知事に就任。1年後辞任した。

(18) 厚生省1963(昭和38)年入省。官房長の後、保険局長を務め、1996(平成8)年7月には厚生事務次官となった。しかし、同年11月、特別養護老人ホームの設置等に関連した贈収賄事件、いわゆる彩《あや》福祉グループ贈収賄事件の発覚により、辞職、退官した。

(19) 厚生省1969(昭和44)年入省。その後、大臣官房審議官(医療保険、老人保健福祉担当)となり、阿部の後任として高齢者介護対策本部事務局長を務めた。

(20) 厚生省1980(昭和55)年入省。1995(平成7)年7月には高齢者介護対策本部事務局の補佐となり、介護保険制度の創設に尽力したほか、2005(平成17)年介護保険法改正においては、老健局振興課長として取り組んだ。大熊本では、「介護保険の鉄人」と称されている。

(21) 家族ケアのコストについては、家族による介護時間を基に、当時の家事援助型ホームヘルパーの補助基準額により算定したものである。

(22) 黒澤明監督、三船敏郎主演。1956年作。7人の浪人が農民を守るために野武士の軍団と戦う物語。黒澤明監督の代表作であり、世界の映画や映画監督に大きな影響を与えた。影響を受けた外国の作品として「荒野の7人」や「スターウォーズ」がある。

(23) 村山富市氏を総理とする村山内閣は、自民党と社会党、新党さきがけによる連立政権であり、「自社さ政権」と呼ばれた。

(24) 「介護保障の確立」として、「今後増大する介護サービスのニーズに対し安定的に適切な介護サービスを供給していくためには、当面の基盤整備は一般財源に依存するにしても、将来的には、財源を主として保険料に依存する公的介護保険を導入する必要がある」と記述された。

(25) 高齢者介護・自立支援システム研究会が1994年12月にまとめた報告書「新しい高齢者介護システムの構築を目指して」を指す。その中で、「今後の高齢者介護の基本理念は、高齢者が自らの意思に基づき、自立した質の高い生活を送ることができるように支援すること、つまり「高齢者の自立支援」である」と記述された。

(26) 北海道で行われた研究会には、岡光官房長(当時)、和田総務課長(当時)、香取補佐(当時)も参加した。

(27) ドイツからはマイデル教授(マックス・ブランク海外・国際社会研究所長)、アメリカからはバトラー博士(国際長寿社会米国リーダーシップセンター理事長)、ストーン博士(米国厚生省次官補代理)を招待した。なお、大熊本では、和田事務局長の言葉として、事務局はドイツの介護保険制度は視野に入れていなかった旨の記述があるが、これは事実と反すると言わざるを得ない。高齢者介護対策本部を設置しても介護保険制度の検討を対外的に表明できなかったことや、新たな社会保険制度に対する拒否感が強い中で、介護保険制度の検討が容認され、最終的には創設に至ったことの要因の一つに、ドイツにおける介護保険制度の創設・実施があった。事務局では、ドイツの介護保険制度の政策過程や仕組みについて、情報収集し、参考にした。高齢者介護対策本部事務局作成のパンフレット「高齢者問題を考える」の中でも、ドイツの介護保険について触れている。また当時、ドイツから専門家を招いた説明会やシンポジウム等がよく開かれた。

(28) 中央省庁のいわゆるキャリアの人事異動は、通常国会が閉会となったのちに行われることが通例であり、国会延長がなければ6月に国会が閉会となるので、7月に人事異動が行われることが多い。

(29) 本書の第6章で説明するとおり、高齢者介護・自立支援システム研究会報告の頃は、介護手当を制度化する方向で高齢者介護対策本部事務局内部の検討が進められた。しかし、1995年7月の老人保健福祉審議会の中間報告の頃以降から、制度化に対して消極論が大勢を占めるようになった。

(30) 筆者は、社会保険の普遍性と利点を考慮する立場から、生活保護の被保護者に対する医療保険制度の対応についても、現行制度のように除外するのではなく、医療保険の被保険者として対象にすべきではないかという意見である。

(31) 1995年10月12日、岡光保険局長室において、老人保健福祉局長や社会・援護局企画課長、事務局メンバー等を交えた会議において方向性が決定された。

(32) 介護保険施設については、一つの類型に一元化すべきという意見もあったが、福祉・医療分野にまたがる関係者の合意を得るため、療養型病床群、老人保健施設、特別養護老人ホームのそれぞれの設置根拠や法規制の内容は変えずに介護保険の保険給付を受けることができるように検討することとされた。この考え方を高齢者介護対策本部事務局では「三大陸方式」と呼んだ。

(33) 老人保健福祉審議会の第15回会合(1997年9月29日)で三つの分科会の設置が正式決定された。

(34) この時の資料によると、対外調整の相手方として、与党福祉プロジェクト、大蔵・自治の関係省庁、老人保健福祉審議会に委員を出している関係団体、都道府県・市町村の地方団体、マスコミ、一般国民であった。地方自治体との調整が課題の一つであり、ブロック会議の開催や主要市町村長への厚生省幹部による出張説明等が提案された。市町村・一般国民等向けのPRとして、わかりやすいパンフレットやビデオ作成等が提案された。インターネットの普及前であり、ホームページの活用等のアイデアはなかった。

(35) 大熊本でも岡光序治について触れられているが、特に大熊本(下)の第48話、第49話に、岡光の大学生時代の活動や厚生省入省後の仕事ぶり、エピソード等が記述されている。

第4章
与党における介護保険制度の政策過程

I　はじめに

介護保険制度の創設に当たっては、厚生官僚ばかりでなく、与党の国会議員が大きな役割を果たした。介護保険法案がまとまり、国会に上程され、審議されていたときの与党は、自社さ（自由民主党・日本社会党・新党さきがけ）連立政権であった。いわゆる「55年体制」の両極として長い間、政治的に対立してきた自民党と社会党が、非自民8党・会派の連立政権であった細川・羽田内閣に続いて連立政権をつくり上げていた。

介護保険制度の創設は、本格的な制度としては、世界的に見てドイツに続くという先駆的な試みであり、国民に新たに保険料負担を義務づけ、介護サービスを保険給付として提供するという戦後30数年ぶりの新しい社会保険制度であった。老人保健福祉審議会（以下「老健審」という。）で検討が進められていたときに、新聞・テレビ等では、介護保険制度に対する課題や不安が大きく報道されていた。関係団体の間でも、さまざまな意見が出されて、老健審でも統一した見解をまとめることが困難であった。このように、活発な賛否両論が交わされた介護保険制度が、法案として取りまとめられ、国会に上程され、1年間余の国会審議を経て成立したのは、政治力学的には、村山内閣・橋本内閣という「自社さ連立政権」の存在によるものである。もし、介護保険制度の法案化を検討していたときの政権が、以前の自民党単独政権下やその後の連立政権下であったならば、その創設は困難だったかもしれない。

第2章では、介護保険制度の創設において厚生官僚を中心とした官僚組織の行動について分析した。

図表-7 連立政権（1993年７月）以降の政権状況

1993年　7月 ～ 94年　4月	非自民連立政権	（細川内閣）
1994年　4月 ～ 94年　6月	同　上	（羽田内閣）
1994年　6月 ～ 96年　1月	自・社・さ（自民党・社会党・さきがけ）連立政権	（村山内閣）
1996年　1月 ～ 96年 10月	同　上	（橋本内閣）
1996年 10月 ～ 97年　9月	自・社・さ連合政権（社民党・さきがけは閣外協力）	（第2次橋本内閣）
1997年　9月 ～ 98年　7月	自民党単独政権	（第2次橋本内閣）
1998年　7月 ～ 98年 12月	同　上	（小渕内閣）
1999年　1月 ～ 99年 10月	自・自（自民党・自由党）連立政権	（小渕内閣）
1999年 10月 ～ 00年　4月	自・自・公（自民党・自由党・公明党）連立政権	（小渕内閣）
2000年　4月 ～ 01年　4月	自・公・保（自民党・公明党・保守党）連立政権	（森内閣）
2001年　4月 ～ 02年 12月	同　上	（小泉内閣）
2003年　1月 ～ 03年 11月	自・公・保（自民党・公明党・保守新党）連立政権	（小泉内閣）

介護保険制度という新たな高齢者介護システムの必要性や具体的な構想は、官僚組織で内部的に検討され、省庁の審議会（老健審）で議論されたが、制度の構想を政策として実現するためには、法律（介護保険法）を制定しなければならない。法律の制定過程を通じて、内閣と国会、官僚組織と政権与党、官僚と国会議員などの間で、さまざまな議論・質疑、説明・説得、合意形成等の手続が行われることになる。まさしく「法律は政治の具体的表現」[1]であり、法律制定に当たっては、政権与党や国会議員はもちろんのこと、法案作成等を担当する官僚たちは文字どおり心血を注ぐことになる。

本章では、介護保険制度の創設に当たって、政治サイドの動きを分析、解説する。介護保険制度が具体的に検討された90年代半ばの政治情勢は、わが国の戦後政治史において特別な時期にあたっている。すなわち、1955（昭和30）年11月の保守合同による自由民主党結成以来続いていた自民党政権が、1993（平成5）年7月の総選挙によって、細川護熙氏を首相とする「非自民8党・会派連立政権」に取って代わられたことである。(2) 以後、羽田内閣(1994(平成6)年4月から同年6月)、村山内閣(1994年6月から1996(平成8)年1月)、橋本内閣(1996年1月から1998(平成10)年7月)と連立政権が続いた。介護保険制度は、それまでの自民党単独政権下の社会保障制度の制定とは異なり、連立政権下での制度創設という特徴を持っている。しかも、介護保険制度の検討が具体化を帯びてきた時期は、社会党の村山富市氏を首相とする3党の連立政権であり、その後の自民党党首を首相とする自民党中心の連立政権とも異なるものであった。

厚生省主導型で進められた介護保険制度の創設は、老健審での意見統一が困難な状態となった頃から、自社さ3党の連立与党がイニシアチブ(主導権)をとるようになった。そして、介護保険法案は、自社さ連立政権の橋本内閣において国会に上程され、国会審議を経て、1997(平成9)年12月に成立した。介護保険制度の政策過程を具体的に分析することにより、自民党単独政権とは異なる村山・橋本内閣という自社さ連立政権が果たした役割を明らかにする。

II 自民党政権下と自社さ連立政権下での政策過程の相違

1 自民党政権下における政策過程

1955(昭和30)年以来、わが国は自民党が政権与党で、社会党を野党第1党とする「55年体制」が続いてきた。自民党政権が長期にわたる中で、政策過程も標準的なシステムが構築された。政策は、法律の制定や予算の成立をもって初めて実施可能となることから、政策過程の中核として法律案の制定過程をみてみよう。

法律案の国会提出は、内閣ばかりでなく、衆参両院の国会議員も行うことができるが、わが国では、内閣提出法律案（閣法）が、提出数でも成立数でも、議員提出法律案よりも圧倒的に上回って今日に至っている。[3] 内閣提出法律案の原案は、関係省庁で作成するものであるが、自民党単独政権下においてそれが国会に提出されるまでの過程は、おおむね**図表―8**のとおりであった。

各省庁は、まず省内の担当部局が中心となって政策案を構想し、審議会等の審議を経ながら政策案の改善や関係団体との合意形成を図る。この間に、自民党の有力議員や、省庁と関係する自民党政務調査会部会の議員等に事前に説明し、あらかじめ了承を得ておく。審議会の答申を得た後、政策案を法律の条文とする作業を行い、法律案の原案を作成する。省庁内で法律案作成作業を行う職員は、法令担当の若手職員で、いわゆる法律職のキャリア（国家公務員一種試験合格者）が担当することが一般的である。法律案を内閣提出法案として国会に提出するためには、閣議請議と呼ばれる手続を行う必要があり、事務次官等会議の了解を経て、閣議において国会提出の閣議決定が行われ、衆議院または参議院に提出される。

法律案の国会提出に至る過程では、閣議請議書の作成、関係機関への資料持込みと説明等、細々とした手続が決められていることに加え、各省庁が、法案作成に当たって実質的に多大なエネルギーを投入せざるを得ない手続が、①内閣法制局審査、②各省協議、③与党審査である。

内閣法制局は、主として、閣議に付される法律案、政令案および条約案の審査を行う審査事務と、法律問題に関しての内閣、内閣総理大臣および各省大臣に対する意見の陳述を行う意見事務の業務を所管している。各省庁が作成する法案は、閣議決定の前に必ず内閣法制局の審査を受けて、その承認を得なければならない。内閣法制局の法案審査の内容は、第1に、法案の内容が適法かつ適当であるかどうかという観点からの審査である。具体的には、憲法との関係はもちろん、その法案の他の条項や他の法令の条項と矛盾がないかどうか、法的な整合性が図られているかどうか、法案の条文が意味する内容が法的妥当性を有しているか等の審査である。第2には、法案の形式が適正であるかどうかという観点からの審査である。具体的には、法令の改正・廃止等の場合の形式、用字や用語の使い方、題名や目次、章・節の区分、条・項・号等の形式といった法文の構成および形式に関する審査である。

内閣法制局の審査は、あくまでも法律技術上の観点からの審査であり、法案条文の意味する政策内容の審査ではない。しかしながら、大抵の場合、各省庁が作成する原案は元をとどめないほど修正されることになるほか、法的妥当性を欠いているために条文化できないと判断される箇所も生じて、各省庁ではその内容の変更を余儀なくされる場合もしばしば起こりうる。審査を担当する内閣法制局参事官の立場からは、自らの審査により、国民の権利・義務関係等に大きな影響を及ぼす法案を世の中に送り出すことになるという重大性がある。一方、審査を受ける各省庁の法令担当者の立場からは、重要な政策を実現するための法案を作成するという責務がある。したがって、内閣法制局の審査は、1日10数時間も行われ、かつ、最終案がまとまるまで連日連夜行われるという激務になることが一般的である。(4)

各省協議は、事務次官等会議や閣議に付議する案件がその場でスムーズに了承されるように、事前に省庁間で協議し、了解を得ておくものである。閣議決定は全会一致が前提であることから、国

図表-8 内閣提出法律案の作成過程

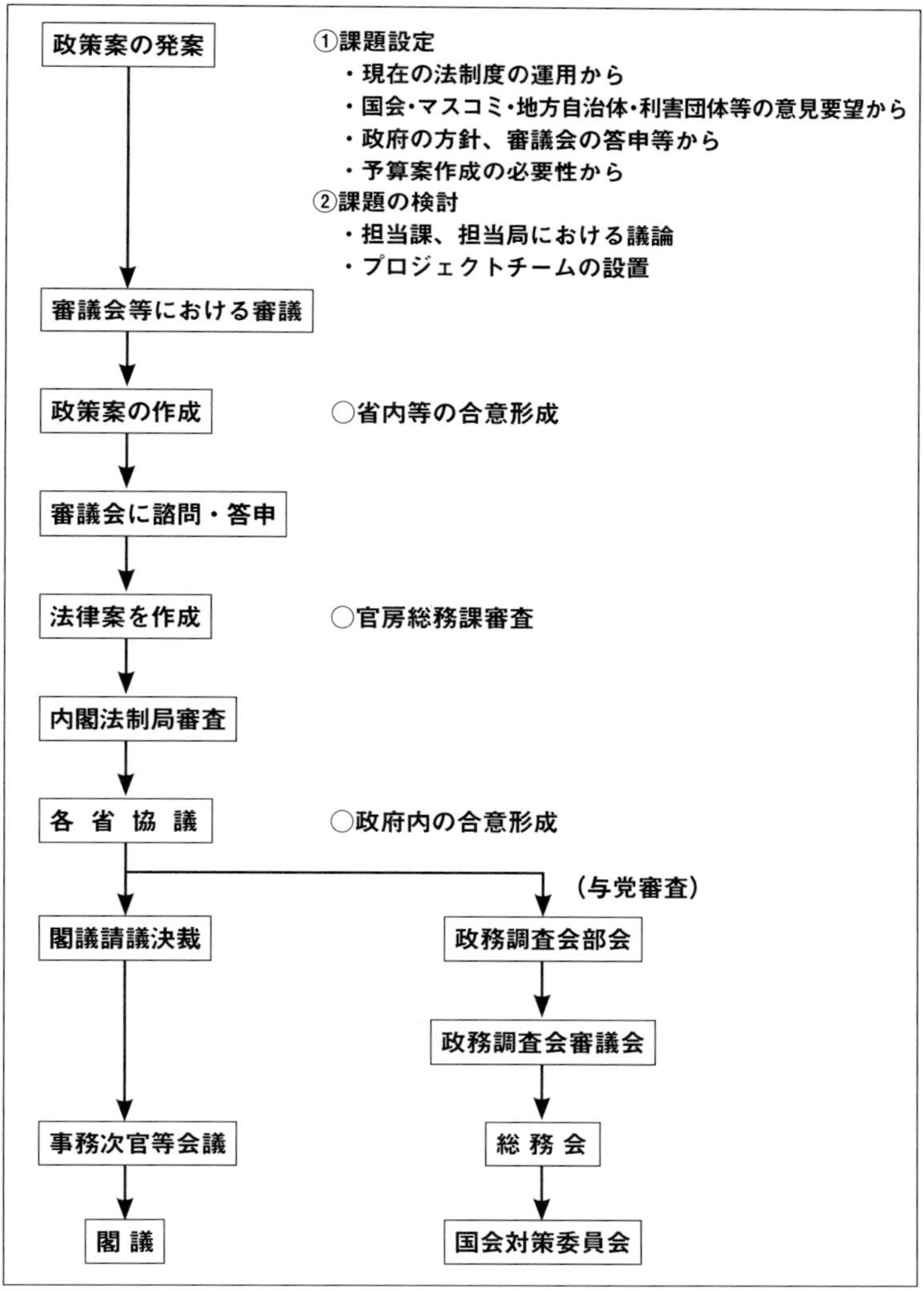

著者作成

会提出法案であれば全省庁が了解していなければならない。そこで、法案の原案作成省庁は、原案がまとまった段階で、全省庁に対して法令協議を行う。協議を受けた省庁では、事務次官等会議や閣議の案件になることから、法案の内容の理解に努めるとともに、各省庁の所掌事務と接触しないかどうか、さらには所掌事務にまで侵害していないかどうか、等の観点から、法案原案に対して検討し、場合によっては、原案作成省庁に対して条文の修正等を求める。

原案作成省庁にとっては、この各省協議が大変に骨の折れる業務である。まず、協議を始めた段階で、各省庁からの説明会の依頼に答える必要がある。次いで、法案の内容について各省庁からさまざまな質問事項が出され、それにすべて答える必要がある。質疑応答は、正確を期すために文書で行うので、文章表現にも細心の注意を払わなければならない。質問に答えた後、続いて、各省庁から問題とも思われる箇所については修正要求が出されるので、それに対応しなければならない。修正を求める省庁からは、もし修正要求に応じなければ、事務次官等会議や閣議で自省庁の大臣や事務次官が異論を唱えるということを「ブラフ（脅し）」として用いる。閣議は全会一致が原則であるので、閣議で大臣が一人でも異議を唱えると、法案の国会提出が不可能となる。(5) しかしながら、他省庁からの修正要求にすべて応じていると、本来行おうとしていた政策の実現が難しくなる場合が多いので、基本的には他省庁の担当者を説得し、了承を得ることに全力を尽くすことが、原案作成省庁の基本戦略となる。特に、他省庁の所管業務と競合しそうな内容の法案のときには、その省庁との調整が暗礁に乗り上げることになる。その場合には、まず、協議のレベルを上げるという対応がとられる。すなわち課長補佐間の協議から課長間、局長間の協議と、協議者の格を上げることによって合意を得るようにする。それでも困難な場合には、他省庁の所管業務を侵害しないこと等、法案の運用上の留意事項を文書にまとめた「覚書」を交わして決着をつける場合もある(6)。

与党審査は、原則として、事務次官等会議の前までに、自民党政務調査会審議会（政審）および総務会の了承を得ることが必要とされているものである（**図表―9参照**）。

政務調査会は、自民党の政策の調査・研究、立案のために設けられた機関であり、政務調査会審議会（政審）は、部会等で審議した政策事項を審議するために設けられている。また、総務会は、自民党の党務を総括する最高機関として位置づけられている。与党審査の手続は、まず政務調査会の部会（旧厚生省関係であれば社会部会）において、省庁局長が法案について説明する。部会長は部会員に質疑を求め、それが終了すると部会了承として閉会になる。次いで、政審においては、関係部会長が法案を説明し、質疑応答を経て了承となる。最後に、総務会において、関係部会長が説明し、質疑応答を経て了承となる。政審および総務会においては、部会長が法案の概要説明を行うが、関係省庁の局長等も出席をし、会員である自民党議員の質疑に対しては、部会長とともに適宜応答・説明をする。

与党審査に至るまでの間、関係議員に対しては、省庁担当者から事前の説明（根回し）が行われているので、与党審査の会議の場では形式的な議論で終わる場合が多い。しかし、法案の作成に至るまでに、随時開催される部会審議ではさまざまな意見が出され、調整に苦慮したりすることや、根回しの段階で議員の了解を得るために大きな労力がさかれたりすることが一般的である。さらに、与党審査の段階でも賛否両論がある法案の場合には、会議の席上で紛糾し、閣議決定を延期してさらに根回しを行うことや、法案の内容変更を余儀なくされる場合もありうる。したがって、省庁担当者としては、与党審査は心身両面にわたって負担が大きい(7)。

図表-9 自民党単独政権時代への政策決定システム

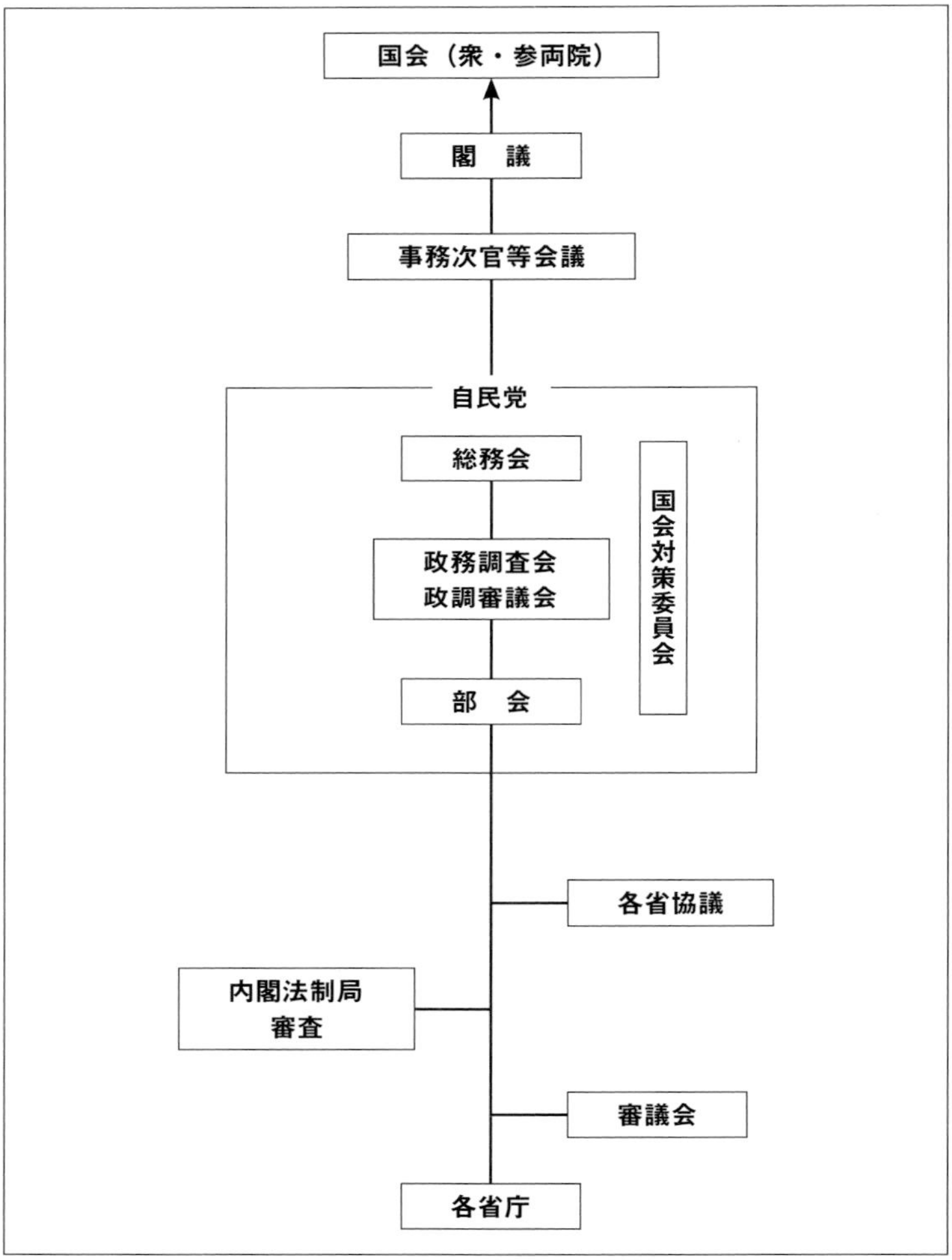

著者作成

2　自社さ連立政権下における政策過程

1993（平成5）年7月、社会党、新生党、公明党、民社党、社民連、日本新党、新党さきがけの非自民・非共産7党および参議院の会派である院内民主改革連合の計8党・会派による連立政権である細川内閣が誕生した。細川政権では、連立政党間の意思集約を図るために、新たな政策決定システムをつくった。すなわち、政府と連立与党の調整機関として、政府与党首脳会議および政府与党連絡会議を置いた。また、連立政権の運営に関する最高協議機関として与党各派代表者会議を設置し、その下に政務幹事会（国会対策委員長レベル）および政策幹事会（政務調査会レベル）を設置した。政策幹事会は、自民党の政務調査会審議会に対応するもので、連立各党および会派間の調整を行いながら、政策の調査・作成を担当した。政策幹事会の下に、省庁別チームと22の課題別チームが設置された。

このように形式的には連立8党派のそれぞれの意見を調整し、合意形成を図る仕組みがつくられた。しかし、実際には、しばしば意見が対立するテーマがみられ、政策幹事会レベルでは調整がつかず、与党各派代表者会議が、政策決定に関する事実上の最高意思決定機関として機能することとなった。いわば「トップダウン」型の意思決定方式であった。さらに、細川政権後半においては、小沢一郎新生党代表幹事と市川雄一公明党書記長のリーダーシップが強くなる一方で、選挙制度改革や国民福祉税問題などで社会党が新生党などと対立し距離を置くようになるなど、連立政権内部で不調和が顕著に見られるようになった。このことが、細川総理退陣後の羽田内閣誕生直後に、統一会派の設立をめぐって社会党が連立与党から離脱する原因の一つとなった。

1994（平成6）年6月に誕生した自社さ連立政権である村山内閣では、細川内閣および羽田内閣の政策過程が非民主的であり、政策決定の手続が不透明であったことを批判し、「政策決定の民主制、公開制を確保し、政党間の民主的な討論を通じて、政策決定過程の透明度をより高め、国民にわかりやすい政治の実現に努める」[8]ことを目標とした。自民党は悲願の政権復帰のために、長年の仇敵であった社会党と組んで、社会党委員長である村山氏を首相にかついでの連立政権であったので、自民党が第1党でありながら、社会党や新党さきがけに譲歩して、3党の合議制の意思決定機構をつくった。

図表—10が、村山連立政権の意思決定機構である。与党の最高意思決定機関として与党責任者会議（3党の幹事長、書記長または代表幹事、総務会座長団、政調会長または政審会長、参議院与党代表の計13人で構成）を置き、政務全般にわたる事項に関する協議と承認を行う機関として与党院内総務会（各会派議席数を基準にして計20人で構成）を設置した。与党院内総務会は定例で週2回開催、与党責任者会議は定例で週1回開催された。政策事項に関する協議と決定を行う機関として与党政策調整会議（3党の政調会長または政審会長等計8人で構成。会議は定例週2回開催）を設けた。

政策調整会議の運営に当たっては、連立与党が一体となって政策協議にあたることや民主的な運営を行うことが配慮された。たとえば、政策調整会議の運営に当たっては、各省庁に対する意見は調整会議の合意をもってあたること（連立与党各党は個別に各省庁に申入れをしないこと）や意思決定は全会一致とすることとされた。また、政策調整会議の座長は、3党で2か月ごとの持ち回り交代とされた。

図表-10 自社さ連立政権（村山内閣）の意思決定機構（1994年7月）

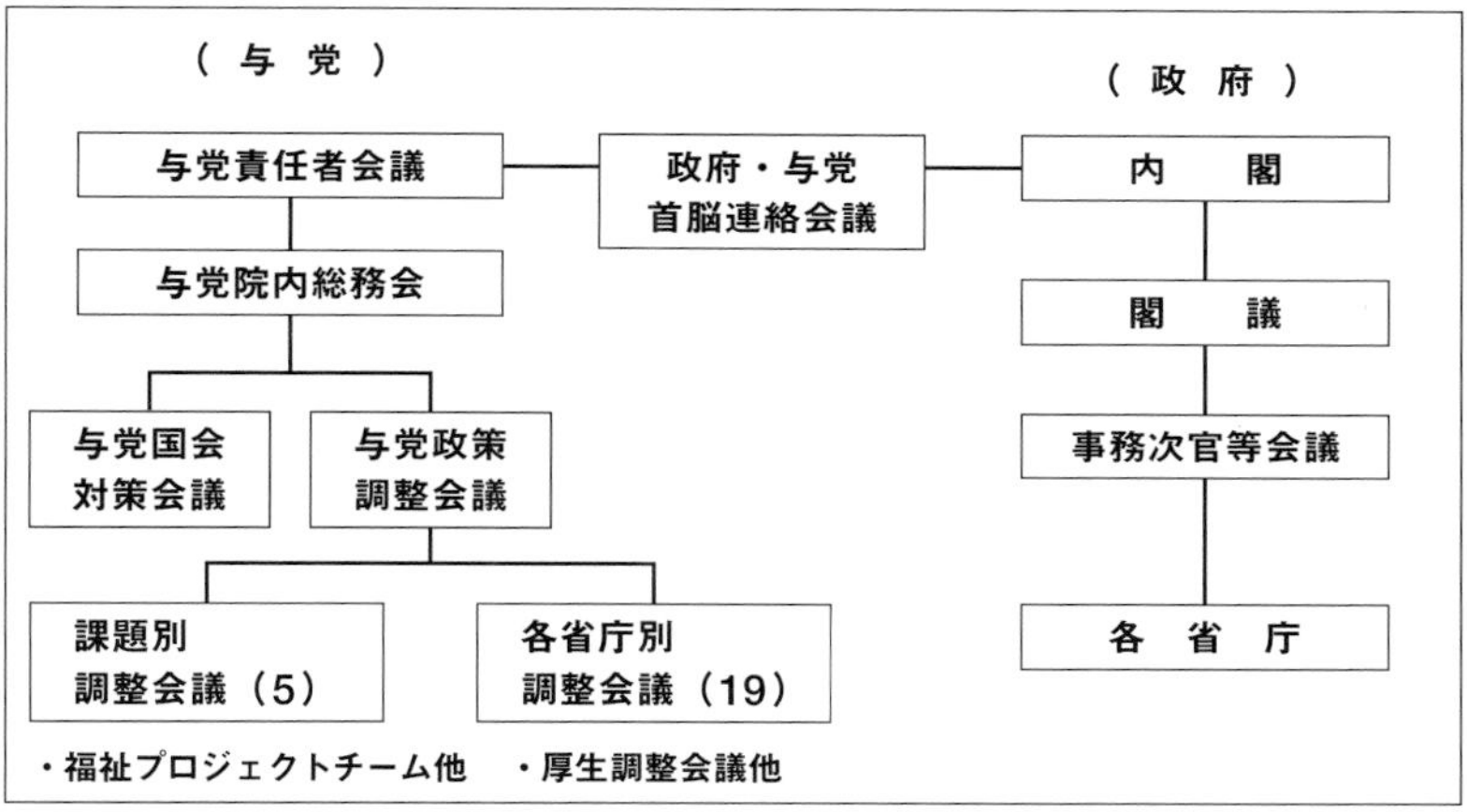

厚生省資料を基に著者作成

さらに、政策調整会議のもとに、各省庁別調整会議（略称は省庁別会議）と課題別調整会議（略称はプロジェクト）を設置した。省庁別会議は実際の省庁とあわせて19設けられた。課題別調整会議は、当初は、「福祉プロジェクト」、「行革プロジェクト」、「与党税制改革プロジェクト」等5チームが設けられたが、村山政権後半には20近くに拡大した。自社さ連立政権の特徴としては、省庁別会議および課題別調整会議とも、自民3人、社会２人、新党さきがけ1人を基準に構成することとし、座長についても2か月ごとの持ち回りとしたことである。村山政権発足時の国会議員数は、衆議院の場合、自民２００人、社会74人、新党さきがけ21人であったのであるから、自民党の譲歩ぶりがうかがえる。また、団体等からの陳情、要請等についても、原則として省庁別会議またはプロジェクトが対応することと取り決めており、いわゆる族議員を排除す

図表-11 連立与党（自社さ）における法律案等の国会提出に至手順

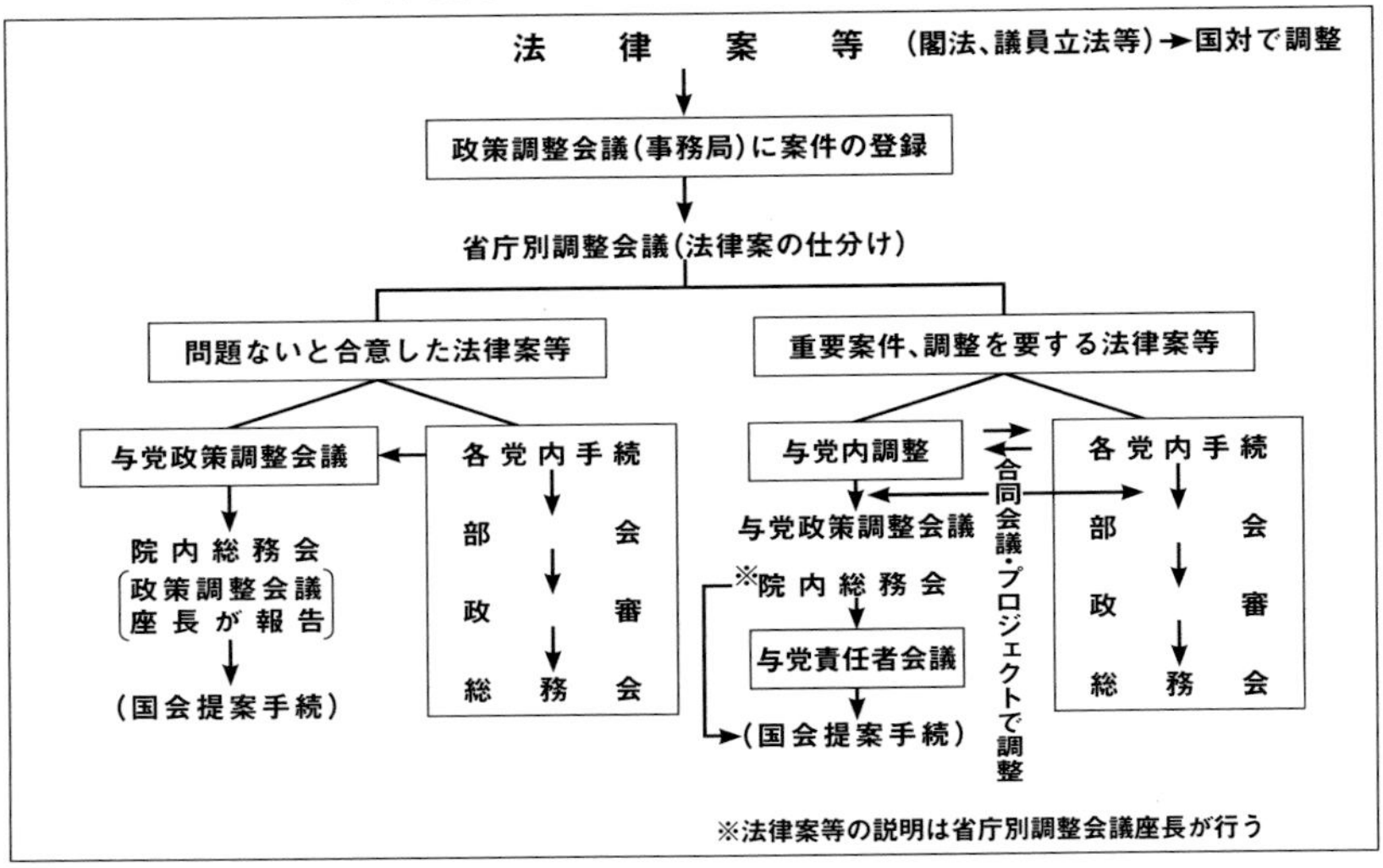

厚生省資料を基に著者作成

る姿勢もうかがえた。

こうした仕組みの中で、自社さ連立与党は、**図表—11**のとおり、法律案の国会提出に関する手続も整理した。前述のとおり、自社さ連立政権は、細川・羽田内閣時の連立政権における小沢一郎新政党代表を中心とした非民主的な政策過程の批判の上に新たな仕組みを構築しているので、3党の協議が十分行われ、合意を得た上での意思決定ができる仕組みとしている。いわば「ボトムアップ」型の意思決定方式である。課題別調整会議にはやがて、戦後50年問題やアイヌ問題に関するプロジェクトも設けられた[9]。村山内閣は、こうした仕組みを活用して3党間の協議・合意を得て、戦後50年問題の総括や、北海道旧土人法の廃止と新たな対策、水俣病問題の解決、被爆者援護法の制定など、それまでの自民党政権ではなし得なかった長年の懸案事項に対応したという実績を残した。ただし、こうした政策過程は煩雑で時間がかかる、あるいは第1党でありながら少数議席の他党に配慮しすぎるという批判もありうる。実際、自社さ連立政権でありながら、社会党、新党さきがけが閣外協力に転じた第2次橋本内閣では、各省庁別調整会議は廃止、課題別調整会議の数も減少するなど、自社さ3党が十分に協議を行いながら政策課題の検討を行う政策過程はなくなり、その後の自自公（自民党、自由党および公明党）や自公保（自民党、公明党、保守党）連立政権でも、村山政権時と比べてはるかに簡素化された協議機関の設置により政権を運営していた。

Ⅲ　与党福祉プロジェクトチームの検討

1　与党福祉プロジェクト

介護保険制度の政策過程において、与党福祉プロジェクトは極めて重要な役割を果たすこととなった。まず、与党福祉プロジェクトの運営方法であるが、次のとおり定められた。

構成メンバー：メンバー総数は20人で、各党比は自民党10人、社会党7人、新党さきがけ3人。

座長：自民、新党さきがけ、社会の順で各党2か月の持ち回り交代。(10)

幹事会：会議の運営等にあたる幹事会を、自民3人、社会2人、新党さきがけ1人の6人で構成。

会議の持ち方：週2回開催を基本とする。定例日は火曜日、木曜日の15時から16時。(11) 会議は、委員のみによって進めるが、委員本人が出席できない時は委員を差し替えることができる。会議は非公開。
省庁の出席：厚生省は随時出席。他省庁は必要に応じて出席を求める。
検討課題：年金、医療、福祉、子育てなど少子・高齢社会に対応する諸政策を検討し結論を得る。

このように、プロジェクトの運営に当たっては自社さ3党で応分の役割分担をしており、前述のとおり、自社さ3党による民主的な運営に配慮した姿となっていた。

与党福祉プロジェクトの検討課題の中で、介護問題について言及されていないのは不思議な感がするかもしれないが、これは、村山政権発足時にはまだ介護保険制度の議論が政策課題としてあがっていなかったことを示している。プロジェクトチームが、高齢者介護問題について、「通年プロジェクト」として継続的に検討を深めるべき課題として、最初に議論を行ったのは1994（平成6）年9月27日であった。

1995（平成7）年6月に、与党福祉プロジェクトチームは、前年9月以来8回の検討を経て「高齢者介護問題に関する中間まとめ」を取りまとめた。この中で、まず、「急速な高齢化、家族形態の変化、家族にかかる過重な介護負担などを踏まえ、「看取りの介護」から「生活支援の介護」への転換を図り、高齢者が自立した質の高い生活を保障されるよう、新たな高齢者介護システムの確立が求められている」として、新たな高齢者介護システムの導入の必然性を強調している。新たなシステムの基本理念として「高齢者の自立支援」をあげ、在宅介護の重視、ケアマネジメントの考え方の導入、高齢者介護施設の利用手続の一元化、利用者負担の公平化等を指摘している。これらはその後の介護保険制度の基本的考え方と一致しているが、介護費用の負担方式については、「社会保険方式と公費方式について基本的な整理を行う」として、判断を保留している。また、利用者負担の問題や、若年障害者の取扱いの問題についても、引き続き検討課題としている。

当時、厚生省の老健審では、新たな高齢者介護システムのあり方を検討課題として議論が進められていたが、65歳未満の障害者（これを「若年障害者」と呼んでいた。）の介護問題について介護保険の対象とするか否か等の課題についてはは、老健審の所掌範囲外であったため議論がなされていなかった。[12] この問題については福祉プロジェクトでは論点の一つとなり、別途、検討テーマとなっていた総合的な障害者施策のあり方に関する議論とあいまって、政府が1995年12月に障害者プランを作成する牽引力の一つとなった。

与党福祉プロジェクトチームは、「中間まとめ」に続いて、1995年12月には「第2次中間まとめ」を取りまとめた。ここでは社会保険方式の導入を前提に、介護サービスのあり方やサービス基盤の整備、サービスの内容、サービス基盤整備の推進、予防・リハビリテーションの充実、家族介護に対する現金給付、制度のあり方等について考え方をまとめているが、「これまでの議論の整理」という形式の報告で、介護保険制度の具体的な姿は提案されていない。

2　与党福祉プロジェクトのリーダーシップ

介護保険制度の検討過程において、与党福祉プロジェクトのリーダーシップが強くなってきたのは、老健審における審議が介護保険制度の具体的な内容に移ってきて、老健審委員の間の意見対立が鮮明になってきた1996（平成8）年1月頃からである。

老健審において高齢者介護システムの検討が始まった1995年2月時点では、厚生省高齢者介護対策本部事務局（以下「介護対策本部事務局」という。）は、1995年中に老健審の報告書を取りまとめ、翌1996年1月後半から始まる通常国会に法案を提出することを予定していた。そして、1997（平成9）年度からの法律施行を目標としていた。

老健審の審議は、1995年7月の中間報告（第1次報告）までは予定どおりに進み、同年10月から審議を促進するために、三つの分科会（介護給付分科会、制度分科会および基盤整備分科会）を設けて、介護保険制度の具体的な内容を検討することになった。この頃から、特に、保険制度のあり方や財政負担をめぐって、老健審委員の間の意見対立が鮮明になってきた。保険制度のあり方については、制度の建て方から始まり、保険者、被保険者の範囲、保険料負担・徴収方法、事業主負担の是非等をめぐって、地方団体（全国市長会、全国町村会）、保険者（健康保険組合連合会、国民健康保険中央会）[13]、経済界（日本経済団体連盟）、労働界（連合、自治労）のそれぞれの代表や大学教授等の有識者の間で、さまざまに意見が食い違うこととなった。

老健審では、1996年1月末に、委員の意見がほぼ一致している介護サービスの内容や保険給付を受けるための手続等について、とりあえず第2次報告（「新たな高齢者介護制度について」）としてまとめた。

介護対策本部事務局としては、残る課題の介護保険制度のあり方について老健審で集中的に議論を進めることとし、なるべく早い報告書の取りまとめを意図した。厚生省では、1996年1月22日から開会された第136回通常国会に、老人介護保険法案（仮称）を国会に提出することを登録していた。内閣提出法案の場合、新年度の予算と直接関係がない予算非関連法案は、通常３月上旬までに国会に提出する手続を完了することが慣例となっていた。仮に遅れるとしても、第１３６回通常国会の会期末の6月19日までに国会に上程し、継続審議法案として、秋に行われる臨時国会で成立を図るということが、当時の介護対策本部事務局の計画であった。

介護保険制度のあり方に関して、まず介護保険制度の建て方から論点となった。保険者を市町村とする地域保険方式とするか、保険者を国とする国営保険方式とするか、市町村が事業主体で医療保険者が拠出する老人保健方式とするか、という3案があった。介護対策本部事務局としては地域保険方式で意見集約を図りたかったが、地方団体代表の委員からは、「第２の国保」になるため反対、国営保険方式が適当だ、という強い異論が出された。国民健康保険制度は、市町村が保険者となっているが、保険料徴収率が被用者保険に比べて低率であることや、市町村の一般会計からの繰入れが多い等の財政問題、あるいは保険料引上げのための条例改正が政治問題となる等の多くの課題を抱えていた。介護保険制度は「第２の国保」になりかねないというおそれは、地方行政関係者の多くが持っていた。また、経済界代表の委員からは、保険料の事業主負担の有無や法定化が問題視された。すなわち、65歳未満の若年世代の保険料の事業主負担については、事業主負担はないか、あっても定率の法定化ではなく、各企業の裁量にするという意見が出された。保険者団体代表の委員からは、新しい制度の財政規模や保険料負担の水準に強い関心が示された。

このように老健審における議論がまとまりにくくなったことと平行して、与党福祉プロジェクトが介護保険制度創設に果たす役割が大きくなっていった。

また、１９９６年１月に政権交代があり、総理大臣が社会党の村山富市氏から自民党の橋本龍太郎氏に代わったが、自社さ連立政権という枠組みや、政権の意思決定機構が変わらなかったことが、与党福祉プロジェクトの活動を支えることとなった。さらに、橋本内閣において、厚生大臣として新党さきがけの菅直人衆議院議員が入閣したことも、その後の介護保険制度の政策過程に影響を与えることとなった。

政権交代に当たって、自民・社会・新党さきがけの3党は、1996年1月8日の党首会談で、「新しい政権に向けての3党政策合意」を取り決めた。この新政策合意の中の「新たな重点施策」に、「少子・高齢社会に備えて、介護保険制度の創設による新しい介護システムの確立を目指すとともに、医療保険制度の運営の安定化のための改革に取り組む」と明示され、介護保険制度の創設が橋本内閣の政策目標として明確に位置づけられた。橋本首相は、同年1月22日、第136回国会の冒頭の施政方針演説において、次のように述べている。

――特に、国民の老後生活の最大の不安要因である介護の問題については、高齢者や障害者が生きがいをもって幸せに暮らしていけるよう、新ゴールドプランや障害者プランを着実に推進し、介護サービスの基盤整備に進めるとともに、保健・医療・福祉にわたる高齢者介護サービスを総合的・一体的に提供する社会保険方式による新たな高齢者介護システムの制度化に向けて全力で取り組んでまいります――

当時、与党福祉プロジェクトは、ほぼ毎週介護保険制度についての検討を行うようになっていた。介護対策本部事務局では、老健審で用いた資料を、与党福祉プロジェクトにおいても利用し、与党福祉プロジェクトチームでは、それに基づきさまざまな議論が行われた。介護対策本部事務局の厚生官僚と福祉プロジェクトチームの国会議員との間で、介護保険制度創設に関する種々の論点の問題認識や対応方策についての考え方が近づいてくるような状況になりつつあった。

その頃、その後の介護保険制度の検討に大きな影響を与えたものが、１９９６年３月13日の与党福祉プロジェクトチームに提案された丹羽雄哉衆議院議員による「介護保障確立に向けての基本的な考え方」（以下「丹羽私案」という。）である。

その内容は、介護保険の建て方は、保険者を市町村とした地域保険方式とし、被保険者は40歳以上、公費負担割合は50％とする。実施方法は、平成10（１９９８）年度以降、まず在宅サービスの給付から実施し、施設サービスは、新ゴールドプランによる整備が進んだ平成11（１９９９）年度以降実施するという「２段階実施」とする。サービスに対する費用の９割程度は保険給付とし、残りは利用者負担とする。施設サービスの利用者負担については、特別養護老人ホーム、老人保健施設、療養型病床群の従来の負担格差を是正して、食費と定率１割負担で月６万円程度とする。[14]

丹羽私案は、介護保険制度の政策過程において、さまざまな点で意義深いものであった。

第１に、プロジェクトチームの検討過程で、初めて介護保険制度の具体的な内容が示されたという点である。老健審では、厚生省が地域保険方式、国営保険方式、老人保健制度方式による３案を「事務局試案」として提示し、ようやく具体的な議論が始まったという状況であった。第２に、介護保険法案の国会提出に慎重論が強まってきたときに示されたという点である。与党３党の姿勢をみると、社民党は既に１９９５年12月時点で、保険者を市町村とする社会保険方式の創設を提言しているが、自民党では社会保険方式の導入自体にまだ合意が得られていない状況にあった。与党福祉プロジェクトチームの委員の中でも、意見集約には時間がかかるため法案の国会提出にこだわるべきでないという意見が強まっていた。丹羽私案は、全ての論点について国民的合意を得ることは困難であるため、当面は整備が立ち遅れている在宅サービスから始めるという現実的な案の提示であった。第3に、丹羽議員は、元厚生大臣であり、自民党の医療基本問題調査会会長を務めていたことから、与党福祉プロジェクトの意見集約のみならず、その後の厚生省における制度試案づくりや、自民党における介護保険制度議論にも影響を与えた点である。

IV 政治主導における介護保険制度試案作成

1 老健審における両論併記の最終報告

老健審では、1996（平成8）年2月15日から、介護対策本部事務局が提示した高齢者介護保険制度に関する事務局試案をもとに、高齢者介護制度に対する審議が始まった。しかし、前述したとおり、事務局試案は3案併記の内容であり、そもそも保険制度の建て方からして委員の間で意見が対立した。全国市長会および全国町村会は、市町村保険者論に対して反対の姿勢をとるとともに、基盤整備のスケジュールや財政負担の具体的内容等が明らかでない等の理由から慎重審議を求めた。介護保険制度の財政規模や被保険者の保険料負担等が不明確という点は、健康保険団体連合会や日経連の委員から問題点として指摘された。また、現金給付についても意見がまとまっていなかった。

老健審は、2月に2回、3月に4回も会議を開催したが、委員の間の意見は収れんしなかった。既に、予算非関連法案を国会に提出するための閣議決定の期限は過ぎてしまっていた。(15) そこで、菅厚生大臣は、3月中旬の参議院厚生委員会では「4月に入った段階で老健審からの最終報告を受け、与党福祉プロジェクトなど関係方面と議論し、5月の連休前後か、会期内に法案提出したい」という考えを表明した。厚生省では、老健審の意見集約を図るために、3月末から4月にかけて、老健審会長および会長代理とグループ別にした老健審委員との間の個別ヒアリングを実施したり、地方自治体関係者の理解を促進する観点から、厚生大臣と地方自治体首長による高齢者介護に関する自由討論会を行ったりするなど、根回しに努めた。

老健審の最終報告は、1996（平成8）年4月22日の会議において、老健審としては前年2月に高齢者介護問題の議論を始めて以来、30回目の会議で取りまとめられた。しかし、介護保険制度の内容について、委員の間の意見の溝はうまらず、制度案の骨格の部分で両論または数論併記の報告とならざるを得なかった。たとえば、保険制度を組み立てる上での肝心な要素である保険者について、全体的には市町村保険者論が多数であったが、地方団体（全国市長会および全国町村会）からの委員は、強く反対し、国営保険論を主張したので、その意見も盛り込まれた。被保険者の範囲についても、65歳以上の高齢者は全員が被保険者という点では意見が一致したが、さらに40歳以上とするか、あるいは20歳以上とするのかについては意見が分かれた。保険料負担については、経営者団体（日経連）の委員が、事業主負担の義務づけについて異論を唱えた。家族介護を評価する介護手当については、地方団体は制度化を強く主張したが、大学教授等の有識者からは消極論が主張され、両論併記となった。介護手当の制度化については、有識者の中では反対論が強い一方で、地方団体からは賛成論が唱えられた。

結局、老健審では、厚生省に対して、この最終報告を踏まえて介護保険制度の具体的な試案を作成することを要望し、それについて老健審でさらに検討を加えた上で、厚生省案の諮問を待って審議会としての答申を取りまとめるということとなった。

2　与党福祉プロジェクトの活動

ここに至って、与党福祉プロジェクトのリーダシップと、厚生省との間の「二人三脚」ぶりが前面に出てくるようになった。まず、与党福祉プロジェクトは、1996年4月26日、老健審会長と意見交換を行うとともに、厚生省に対して介護保険制度試案の作成を要請した。介護対策本部事務局では、連休期間中に試案の作成に全力を傾注した。次いで、連休明けの5月10日開催の与党福祉プロジェクトチーム会議において、重要な事項が決められた。チームの結論としては、①会期内の法案提出を目指すこと、②制度試案については、3座長による「介護保険制度の試案作成に当たっての基本的指針」を踏まえて3座長と厚生省で一体となって協議の上、作成すること[16]、③試案は5月14日の与党福祉プロジェクトチームおよび15日の老健審に示すこと、④各党は5月22日までに党内手続を終えるように努めることという内容であった。

このように、厚生省が作成する試案は、厚生省が単独で作成するものではなく3座長との合作と位置づけることや、当面のスケジュールについてまで言及していることが、注目すべき点であり、従来の社会保障関係の政策過程では見られないものであった。

厚生省では、5月15日の老健審に「介護保険制度試案」を提示した。その内容は、市町村を保険者とする地域保険型で、被保険者は40歳以上とし、第1種（65歳以上）と、第2種（40歳以上65歳未満）とに区分した。現金給付は行わずに、施行は在宅サービス先行で1999（平成11）年4月からとしている（**図表―12**参照）。前述の丹羽私案と、ほとんど類似した制度骨格、施行方法となっていた。この時点で、会期末までに1か月余りとなっており、法案を国会提出するためには、ほとんど時間的余裕がない状況になっていた。けれども、地方団体側から異論が出て、制度試案の修正を余儀なくされるほか、法案の閣議決定に至るまでの与党の事前審査においても議論が百出するなど、会期末までの間に「疾風怒涛」の時期に突入することとなった。

4月22日の老健審最終報告から国会の会期末までの状況を、与党福祉プロジェクト、自社さ3党の動向、老健審等の審議会の開催状況等を中心に、時系列的にまとめると、次のとおりである。(17)

4月22日（月）老健審（13時―15時）「高齢者介護保険制度の創設について（最終報告）」
23日（火）自民党政調 社会部会・医療基本問題調査会合同部会（14時―16時）（新介護システムについて）
4月26日（金）与党福祉プロジェクトから厚生省に対して試案の作成指示
5月10日（金）与党福祉プロジェクト（8時―9時半）（関係団体からのヒアリング等）
・「介護保険制度の試案作成に当たっての基本指針」提示
14日（火）与党福祉プロジェクト（8時）（厚生省試案について）
15日（水）老健審（18時半―20時半）（介護保険制度試案について）

社民党拡大厚生部会（8時）（厚生省試案について）
与党福祉プロジェクト3座長会議（14時）（新介護システムについて）
16日（木）自民党政調 社会部会・医療基本問題調査会合同会議（8時半）（新介護システムについて）
17日（金）新進党介護問題プロジェクト（9時）（厚生省試案について）
与党福祉プロジェクト（8時—9時半）（厚生省試案について）
21日（火）社民党厚生部会（8時）（全国市長会・町村会から意見聴取）
22日（水）自民党社会部会・医療基本問題調査会合同会議（12時）（厚生省試案について）
老健審（介護保険制度試案に対する審議）
23日（木）自民党政調 社会部会・医療基本問題調査会合同会議（12時）
24日（金）与党福祉プロジェクト（8時—9時）（厚生省試案について）
28日（火）与党福祉プロジェクト（8時）（厚生省試案について）
自民党政調 地方行政部会・地方制度調査会合同部会（8時半）（厚生省試案について）
29日（水）社民党拡大厚生部会（8時）（介護保険について）
30日（木）与党福祉プロジェクト（8時）（修正試案について）
自民党政調 社会部会・医療基本問題調査会合同会議（15時半）
老健審（10時—12時）（介護保険制度修正試案について）
31日（金）から6月2日（日）介護対策本部事務局では、全国市長会・町村会の会長等に対して、市町村に出向いて説明するなど個別に根回し

図表-12 介護保険制度案の内容の変遷

	老人保健福祉審議会最終報告　(96.4.22)	介護保険制度試案 (96.5.14)	介護保険制度修正試案 (96.5.30)	介護保険制度案大綱 (96.6.6)	与党合意による修正事項 (96.9.19)
事業主体	給付主体＝市町村 財政主体＝市町村あるいは国等	市町村・特別区	市町村・特別区とし都道府県ごとに介護保険者連合会を設置し事業主体を支援	市町村・特別区とし都道府県ごとに連合組織（連合会）が事業主体を支援	市町村・特別区とし、基金の設置、認定審査事務の受託等による都道府県の役割の増大と市町村支援の強化
被保険者	65歳以上を被保険者 若年者も費用負担（若年者は特例的な給付） 20歳以上あるいは40歳以上を被保険者とする案 年金方式の案	40歳以上を被保険者 65歳以上＝第１種被保険者 40～64歳＝第２種被保険者	40歳以上を被保険者 65歳以上＝第１号被保険者 40～64歳＝第２号被保険者	同左	同左
保険料	地域ごとの設定、全国一律という案 応益保険料と応能保険料の組み合わせ	1種＝市町村のサービス水準に応じた保険料額、年金からの特別徴収を検討 2種＝医療保険者が医療保険料と一体的に徴収	1号＝所得段階別定額、3年ごとに定める、年金からの特別徴収 2号＝医療保険者が医療保険料と一体的に徴収	同左	同左
利用者負担	定率（1割のほかに2割等の意見）	介護給付費の1割 食費等は利用者負担	同左	同左	同左
公費負担	介護給付費の1/2が多数。総介護費用の1/2の意見	介護給付費の1/2	介護給付費の1/2 国と地方団体は各1/4を負担	介護給付費の1/2 国は1/4、都道府県及び市町村は各1/8を負担	同左。市町村認定事務費の1/2を国が市町村に交付
事業主負担	医療保険料と同様の負担、企業内福利として労使協議に委ねる、法定化等の意見	医療保険料と同様（被用者保険には事業主負担、国保には国庫負担）	同左	同左	同左
家族介護の評価	現金支給に消極的な意見と積極的な意見を併記	現金支給は原則として当面行わない	保険福祉事業として家族支援事業を実施し、現金給付は当面行わない	同左	現金給付は当面行わないが、ショートステイ利用枠の拡大等の支援策の実施
実施時期	円滑化かつ早期実施 段階的施行も検討	在宅サービスは11年4月、施設サービスは13年目途 ＊2段階案 （当初　月500円）	同左	同左	12年度から在宅・施設サービス同時実施

6月4日（火）与党福祉プロジェクト（8時）（厚生省試案について）
・審議会への諮問・答申の日程の調整
5日（水）全国市長会会議（決議）
社民党拡大厚生会議（8時）（厚生省試案について）
与党福祉プロジェクト（19時）
・法案要綱に自民党議員から異論が出る。
・22時半に再開して「制度案大綱」とする。
6日（木）老健審（10時―12時）（介護保険制度案大綱の諮問）
社会保障制度審議会（14時―16時）（同右）
中央社会福祉審議会（10時―12時）（生活保護法等の改正についての諮問）
7日（金）医療審議会（医療法の改正要綱の諮問）
自民党政調 社会部会・医療基本問題調査会合同会議（8時半）（介護保険制度試案について）
・制度の発足を求める声があがったが、市町村や経済界から不満の声が出されていることから、国民の理解を求める一方、さらに議論を行うべきだといった慎重論が相次ぐ。
参議院自民党介護問題プロジェクト（14時半）
10日（月）老健審（14時―15時半 1時間中断 16時40分―17時）
・答申まとまる。

中央社会福祉審議会、医療審議会　答申
夕方、全国市長会・町村会会長と与党福祉プロジェクト3座長会議
11日（火）社会保障制度審議会の答申
与党厚生調整会議・福祉プロジェクト合同会議（8時）（老人介護保険法案（仮称）等について）
社民党拡大厚生部会（10時）（老人介護保険法案（仮称）等について）
新党さきがけ拡大政調役員会（11時）（老人介護保険法案（仮称）等について）
自民党政調 社会部会（15時—17時）（老人介護保険法案（仮称）等について）
12日（水）自民党政調 社会部会（8時半—10時15分）
自民党政調 社会部会（19時半—21時）
・議論がまとまらず、政調会長一任
13日（木）自民党政調 地方行政部会幹部会（9時）（介護保険制度について）
与党政策調整会議（11時半）（老人介護保険法案（仮称）等について）
・本日17時に再度会議を開き、厚生・大蔵・自治各省から報告を聞いた上で問題点を整理する。
社民党政審役員会（16時—16時40分）（法案について了承）
14日（金）与党福祉プロジェクト3座長打ち合わせ（10時）
17日（月）与党合意（法案の会期内国会提出は見送り、懸案事項の解決を図り、次期国会に提出）

18日（火）社民党拡大厚生部会（8時）（介護保険法案についての報告）
自民党政審（10時半）（介護保険法案についての報告）
自民党総務会（11時）介護保険法案についての報告）
与党政策調整会議（14時半）（介護保険法案の経過について）
19日（水）第136回国会閉会

3　与党事前審査から会期内提出見送り、そして与党合意

厚生省試案に対しては、地方団体からの反対が強かった。5月15日の老健審では、全国市長会および全国町村会は連名で、市町村態様別の財政試算が示されることなく、市町村を保険者とする案は遺憾であること、政府の責任で安定した保険運営ができる制度を構築するよう要望した。特に財政力が弱い町村の代表である全国町村会では、保険者を国とすることや要介護認定を都道府県が行うこと、保険料水準が市町村間で格差が生じないようにすること、在宅・施設サービスの同時実施、現金給付の制度化など、具体的な要望を明確にした。

政府内でも、介護保険法案の国会提出をめぐって意見が分かれるような状況が現れ、新聞紙上ではしばしば「提出見送り」の記事が現れるようになった。たとえば、梶山静六官房長官は、5月16日に菅直人厚生大臣に対して、介護保険制度は国民の理解が得られていないとして、「結論を急ぐべきでない」という慎重論を示した。一方で、橋本首相は、5月17日の衆議院厚生委員会では、報

道された見送り論を否定し、介護保険制度の必要性を強調した。

老健審の審議に一応の結論をつけて、法案の国会提出を図るためには、地方団体の理解を得ることが最重要課題となった。こうした中で、与党福祉プロジェクトの3座長は、全国市長会や全国町村会の代表と会談し、意見調整に努めた。厚生省では、5月15日に提示した制度試案を地方団体からの意見を踏まえて修正することとし、市町村保険者の負担を緩和する観点から、都道府県ごとに「介護保険者連合会（仮称）」を設置することや、要介護認定を市町村から都道府県に委託できること、現金給付の代わりに家族支援事業の実施等を盛り込んだ介護保険制度修正試案を、5月30日の老健審に提示した。介護対策本部事務局では、老健審の会議の場だけではなく、個別に老健審委員に説明をし、理解を求めるという努力を別途を行っていたが、こうした努力がようやく功を奏して、6月上旬には介護保険制度案大綱を老健審と社会保障制度審議会に諮問すること、さらには他の関係審議会に関連法案についても諮問できる運びとなった[18]。

6月6日に老健審への諮問が行われ、答申は6月10日に行われた。答申の日の老健審では少数意見を答申書にどのように書き込むか等で、審議の一時中断があったが、全体としては了承する旨の答申が行われた。他の審議会の答申も得られて、法案を国会に提出するための閣議請議の手続としては、与党3党の事前審査を終えることのみとなった。6月11日に与党審査の日程が決められた。自民党の場合、6月11日と12日に社会部会、13日に政審と総務会、社民党の場合には13日に政審役員会（厚生部会は既に了承済み）、新党さきがけは12日に総務会、これらを経て、14日に与党政調会議および院内総務会に諮るということになった。このスケジュールで、会期末ぎりぎりの18日（火）の閣議に介護保険法等の国会提出の閣議請議を行うことができる見通しとなった。

与党3党の事前審査のうち、社民党と新党さきがけの場合は問題がなかった。紛糾したのは、自民党であった。自民党では、与党審査に入る以前から、社会部会と医療基本問題調査会の合同会議を開いて、厚生省から介護保険制度試案についての説明を求め、議論を重ねていたが、制度の発足を求める声もあがったものの、市町村や経済界から不満の声が出されていることから、国民の理解を求める一方、さらに議論を行うべきだといった慎重論が相次いでいた。

与党審査の手続に入った6月11日の社会部会でも、さまざまな反対論や慎重論が噴出することとなった。社会部会長は与党福祉プロジェクトの自民党の座長である衛藤晟一議員であり、他のプロジェクトメンバーも加わっていたが、集まったメンバーの40数人中、大多数はプロジェクトに参加していない国会議員たちであった。与党福祉プロジェクトは、途中から、厚生省と「二人三脚」で介護保険制度案を作り上げてきたので、そのメンバーは、当然のことながら法案の国会提出に賛成であったが、メンバー以外の国会議員の中には介護保険法案要綱も初めて見るといった具合で、介護保険制度は全く新しい社会保険制度であり、部会においてすぐに了承するわけにはいかないという姿勢であった。問題点として指摘されたのは、市町村保険者論に対して選挙区の自治体の首長たちは完全には納得していないことや、社会保険として財政上安定的に運営できるのか、全ての高齢者から保険料を徴収できるのか、新たな増税案ではないか、定率（1割）の自己負担を全ての高齢者が負担できるのか、新たな社会保険の創設としては議論が不足しているのではないか、会期末に提出することは拙速ではないか、といった点であった。結局、この日の社会部会ではまとまらず、翌日さらに議論することとなった。

6月12日早朝の社会部会でも40人ほどの国会議員が集まり議論が行われたが、慎重論が多数のため「了承」という結論が出ず、その日の夜に再度部会を開催するという異例の事態となった。19時半から再開された部会でも、国民の理解が得られていない、関連法案も一緒に審査する必要がある、会期末に提出する理由が不明等の慎重論が多数を占めた。結局、社会部会は、「新たな介護制度を創設するという点で、意見の一致をみた。しかし、老健審の答申に基づく介護保険制度については、市町村をはじめ、関係団体や国民に十分理解されていないという声もあり、その取扱いについては、政調会長に委ねる。引き続き、内容については、社会部会で慎重な検討を重ねる」という結論で、部会を終えることとなった。

自民党社会部会で了承されなかったために、政審、総務会という次へのステップに進むことができなくなった。13日に行われた与党政策調整会議では、厚生省、大蔵省、自治省の担当責任者から意見を聞いた上で、最終的に結論を出そうということになった。当日夕方開かれた会議では、自治省からの意見は、地方団体の主張を踏まえて、介護保険制度案は市町村の理解を十分得ていない、さらに協議を続けるべきではないかという慎重論であった。こうした一連の経緯から、与党福祉プロジェクト3座長および厚生省では、介護保険法案の会期内国会提出を見送り、その代わり与党合意をまとめることにより、与党3党内での合意形成および次期国会への法案提出の確約を得るという方針に切り替えた。

6月17日、与党合意がまとめられた(19)。介護保険法案の会期内国会提出を見送るが、市町村の不安解消など5項目の懸案事項の解決を図り、法案作成作業を行い、次期国会に法案を提出するというものであった。

V　まとめ――連立与党の政策過程からみえてくるもの

6月17日の与党合意後、与党政策調整会議（当時、座長は山崎拓自民党政調会長）は、「介護保険制度の創設に関するワーキングチーム」（以下「与党ワーキングチーム」という。）を設置し、与党合意に基づき、介護保険制度の創設に向けて、懸案事項の解決に向けての調整・検討を行うこととなった。主たる課題は、市町村保険者論に反発する地方団体との調整であった。与党ワーキングチームでは、7月12日から9月2日にかけて、福岡市、横浜市、札幌市、神戸市、高知市および山形市の全国6か所で公聴会を開いた。公聴会では、各地域の市町村長、医師会や看護協会、福祉団体、経営者団体、労働組合、学者、要介護高齢者の家族の会等が出席し、介護保険制度に対する意見を述べた。公聴会では、制度案の細かな内容ではさまざまな意見が出されたが、全体としては、介護保険制度の創設に賛成する意見が多数であった。家族介護を評価する現金給付に対する賛成意見も多かった。市町村長からは、市町村保険者論に対して財政的、事務的負担増に対する不安の提起や、在宅サービスと施設サービスの2段階実施論に対して同時実施の意見が出された。

与党ワーキングチームでは、9月10日に、6回の公聴会で出された意見を6月の与党合意の5項目に沿って整理した論点メモを作成し、その後会議を重ねて、9月17日、与党ワーキングチーム3座長による「介護保険法案要綱に係る修正事項（案）（3座長試案）」を提示し、最終的に座長一任となった。与党3党は、9月18日に3党の幹事長・政審会長レベルによる6者協議を行い、「3座長試案」を一部修正した「介護保険法案要綱案に係る修正事項（案）」の内容を確認し、別途「公的介護保険制度の実施時期について（案）」と題する文書で合意した。さらに、９月19日、与党責任者会議が開催され、前日の文書とほぼ同じ内容の「介護保険法要綱案に係る修正事項」と「公的介護保険制度の実施時期について」の内容を了承し、引き続き開かれた政府・与党首脳連絡会議で最終決定した。

与党修正の主な内容は、市町村の財政的・事務的負担の軽減措置と施行時期の調整であった。市町村が行う要介護認定事務にかかる経費の２分の１を国が負担することや、都道府県は財政安定化基金を設置すること、市町村の事務運営を支援し、保険者事務の広域化を促進すること等が盛り込まれた。施行時期は、２段階実施ではなく、在宅サービス、施設サービスとも２０００（平成12）年度からと、同時実施とされた。公聴会で賛成論が多かった家族介護に対する現金給付については、「当面行わないこととし、介護基盤整備への資金投入を優先することとするが、家族介護に対する適切な評価と支援を行う観点から、ショートステイ利用枠の拡大等家族介護に対する在宅サービスの重点的提供を行う」こととされた。

ここに至って、ようやく介護保険法案の国会提出の道が開かれた。菅厚生大臣は９月20日の閣議で「厚生省としては、与党合意の内容を十分尊重し、関連法案の国会提出に向けて早急に必要な法案作業を進めていく」と発言し、この厚生大臣発言を受けて、橋本首相は「他の閣僚も協力して進めてもらいたい」と要請した。しかし、９月27日に召集された第１３７回臨時国会では、冒頭で衆議院が解散されたので、介護保険法案は、衆議院選挙後の第２次橋本内閣が成立したあと召集された第１３９回臨時国会において、11月29日提出されることとなった。

その後、介護保険法案は第１４０回通常国会に継続審議となり、衆議院厚生委員会において約36

時間の質疑と地方公聴会、参考人意見聴取等を経て、法案提出の翌年である1997（平成9）年5月22日、衆議院本会議において賛成多数で可決された。次いで、参議院に送付されたが、通常国会が閉会となったので、継続審議となり、次の第141回臨時国会において、参議院厚生委員会で約34時間半の質疑と地方公聴会、参考人意見聴取等を経て、12月3日、参議院本会議で修正法案が賛成多数で可決。続いて、12月9日、衆議院本会議で修正法案が賛成多数で可決し、ここに約1年1か月の国会審議を経て介護保険法案が成立した。[20]

以上、与党を中心とした政治の場の動きを中心に、介護保険制度の政策過程について分析したが、その特徴としては、次の3点を指摘できる。

第1に、従来、厚生省主導型であった社会保障関係法律の政策過程において、初めて本格的に与党国会議員のイニシアチブが発揮されたことである。連立政権以前の自民党単独政権下においては、社会保障関係の法律の制定に当たっては、厚生省が審議会における審議、諮問・答申等を経て原案を作成し、自民党の事前審査を経て閣議決定、国会提出というパターンが一般的であった。自民党社会部会の国会議員や「厚生族」と言われる有力議員には、原案作成過程において適宜説明し、了承を求めるという事前の「根回し」はあるとしても、組織的に協議をし、時間をかけて調整を行うということはなかった。介護保険法案の場合には、老健審の審議と並行して、与党福祉プロジェクトが検討を行い、老健審では制度案がまとまらなくなった状況を補う形で、成案作成に向けてのイニシアチブをとり、1996（平成8）年4月末頃からは、与党福祉プロジェクト主導という形で介護保険法案大綱が作られることとなった。

介護保険法制定以降の社会保障関係の重要法案の政策過程をみると、2000年の年金制度改正や2002（平成14）年の医療保険制度の改正のように、厚生官僚のイニシアチブから与党あるいは官邸（首相）のイニシアチブが大変強くなってきている。介護保険制度は、省庁主導型の政策過程から与党あるいは官邸主導型の政策過程へ移行する分水嶺であったといえよう。

第2に、自社さ連立政権の存在により初めて介護保険制度が法制度として結実できたという点である。1996年6月の自民党社会部会の事前審査の状況をみれば分かるように、おそらく自民党単独政権であったとすると、介護保険制度の法案化についてはもっと時間を要したものと考えられる。介護の社会化や社会保険制度の導入に肯定的であった社会党（途中から社民党）や新党さきがけの存在と、与党福祉プロジェクトに参画した自社さ3党の国会議員が、介護保険制度創設の推進に当たって重要な役割を果たした。

1996年6月に介護保険法案の国会会期内提出をめぐって与党3党の足並みが乱れた時には、新党さきがけから内閣に入った菅厚生大臣の辞任報道もなされたほどで、6月19日の与党合意により、自社さ3党の連立が再確認された。つまり、介護保険法案をめぐる取扱いが、自社さ3党を結びつける「接着剤」の効果を果たしたといえる。1996年10月20日の総選挙後に行われた3党の政策合意においても、「懸案重点事項4項目」の一番目に介護保険制度が取り上げられ、「選挙前に取りまとめた内容で次期臨時国会に法案を提出し、成立を期す」という意思統一が図られた。このとき、社民党と新党さきがけは閣外協力に転じたのであるが、介護保険法案の成立に当たっては最後まで推進力となった。

村山内閣、橋本内閣という自社さ連立政権においては、連立内閣を構成する与党3党の間で、具体的な政策課題に対して政策の不一致を解消するために可能な限り協議を行い、合意形成を図るという意識が共有され、そのために3党が対等な関係での意思決定機構をつくり、実際に与党福祉プロジェクトの例のように、3党で歩調を合わせながら政策形成・政策決定に努めていた。

その後、第2次橋本改造内閣、小渕内閣という自民党単独政権を経て、1999（平成11）年1月からは自民党・自由党の連立、同年10月からは自民党・自由党・公明党の連立、2000年4月からは自民党・公明党・保守党の連立となっている。自社さ連立政権とその後の連立政権の政策決定のあり方を比較すると、前者の方が政党間においてほど良い緊張関係があり、それがさまざまな課題を解決することに貢献したものと考えられる。「3党連立政権は2年余りの間に、55年体制下では成し得なかった多くのことを成し遂げた。自民党単独政権下では全く違う結果がもたらされたであろうことを考えるならば、いずれ歴史的に大きな評価を得ると確信する」(21)（96年10月31日自民・社民・新党さきがけの政策合意）という成果の一つが、介護保険法の制定であったといえる。

ただし、問題点は、与党福祉プロジェクトの決定よりも、各党特に自民党の事前審査の結果の方が重みがあったことである。その後の連立政権では、政府提出の法案の検討・作成等の政策過程において、連立与党間の議論よりも、自民党内の各部会の決定や法案の事前審査が、単独政権時代と変わらぬ位置を占めているように感じられる。(22)

第3に、政治主導型の政策過程といっても、与党福祉プロジェクトや与党ワーキングチームの取りまとめに当たっては、介護対策本部事務局からの説明、意見調整等が十分行われたものであり、実態的には与党福祉プロジェクト等の与党3党と厚生官僚との「二人三脚」でもあった。与党福祉プロジェクトのような検討方法は、行政実務を所管し、法令作成やデータ分析等のスタッフを要して政策立案機能を持つ省庁担当者と、国民の代表として、世論や関係団体等の意見も反映しながら政策立案に当たる国会議員の意見を調整し、より国民から合意を得やすい政策を立案するためには、望ましい方法の一つではないかと考えられる。最近の連立政権下では、再び自民党などの個々の政党単独での政策形成が目につくが、連立政権としての政策形成のための協議や内閣との政策調整を行う場が必要であろう。

付　記

本論文は、『介護保険見直しの争点』（法律文化社、２００３）に所収。第2章が厚生省内部の政策過程分析であるのに対し、与党における政策過程を分析するものとして、この本を作成するに当たって書き下ろした論文である。

本論文では、介護保険制度の政策過程は、従来の省庁主導型から官邸主導型へ移行する分水嶺であったことを示した。また、１９９０年代に介護保険法が制定された政治的推進力として、①自民・社会・新党さきがけの連立政権（自社さ連立政権）の存在が大きかったこと、②自社さ3党による与党福祉プロジェクトの活躍、厚生官僚との二人三脚ぶりが功を奏したこと、を示した。

（引用・参考文献）
岩井泰信（１９８８）『立法過程』東京大学出版会
伊藤茂（２０００）『動乱連立』中央公論社
伊藤光利・田中愛治・真渕勝（２０００）『政治過程論』有斐閣
遠藤浩・神田裕二（２０００）「介護保険法案の作成をめぐって」九州大学法学部『法政研究会』第66巻第4号
梅澤昇平（１９９８）『現代福祉政策の形成過程』中央法規出版
梅澤昇平（２０００）『野党の政策過程』芦書房
衛藤幹子（１９９８）「連立政権における日本型福祉の展開―介護保険制度創設の政策形成過程」『レヴァイアサン１９９８年夏号』木鐸社
加藤淳子（１９９７）『税制改革と官僚制』東京大学出版会
菅直人（１９９８）『大臣』岩波新書
草野厚（１９９９）『連立政権』文春新書
小島信夫（１９７９）『法律ができるまで』ぎょうせい
田丸太（２０００）『法案作成と省庁官僚制』信山社
西川伸一（２０００）『知られざる官庁・内閣法制局』五月書房
中村明雄（１９９６）『日本政治の政策過程』芦書房
中野実（１９９２）『日本政治の政策過程』東京大学出版会
中野実（１９９３）『日本の政治力学』日本放送出版会
中邨章編著（２００１）『新版・官僚制と日本政治』北樹出版
西尾勝（１９９３）『行政学』有斐閣
日本医師会総合政策研究機構（１９９７）『介護保険導入の政策形成過程』
村川一郎・石上泰州（１９９５）『日本の政党』丸善
村川一郎（２０００）『政策決定過程』信山社

注

（1）村川（２０００）第6編

（2）保守合同以降、連立政権としては、１９８３年の第2次中曽根内閣が自民党と新自由クラブの連立政権であった。しかし、細川内閣以降の連立政権は、細川、羽田内閣のように政権の枠組み自体が非自民であったり、村山内閣のように自民党以外の政党から首相が選出されたりしたほか、連立政権のスタイルが一般化したという点で、それ以前とは大きく異なっている。

（3）第2回国会（１９４７年）から第１４１回国会（１９９７年）までの間で、内閣提出法律案数の累計は７６６６本で、全提出法律案数の約67％を占める。成立件数でみると６７０３本と、全成立法律案数の約85％を占める。

（4）内閣法制局のしくみや具体的な仕事の内容については、西川（２０００）が詳しい。また、介護保険法案の審査の状況については、担当参事官であった遠藤浩氏と、厚生省の行政官として介護保険制度を担当していた神田裕二氏による遠藤・神田（２０００）が参考になる。

（5）通常は、本文で述べたとおり、内閣提出法案の閣議請議に当たっては、事前に政府部内の調整を終えているので、閣議の当日になって異議が出ることはないが、まれに例外もある。たとえば、２０００年7月に、閣議に提案された年金法改正法案は、当時の自由党からの大臣の異議により、法案の国会提出の閣議決定が遅れたことがある。

（6）こうした手段を活用しても調整がつかない場合に、80年代の環境アセスメント法案のように、省庁間（この場合には環境庁（当時）と通産省（当時））の協議未了で法案の国会提出が断念されることになる。各省協議の詳細については、田丸（2000）を参照。

（7）与党審査をはじめ自民党の政策決定過程については、村川（2000）が詳しい。なお、この与党審査という内閣提出法案に対する与党の「事前審査制」については、内閣主導型政策決定を損なうものではないかという観点からの見直し論がある。

（8）1994年6月、村山内閣発足に当たっての自民・社会・さきがけの「新しい連立政権の樹立に関する合意事項」による。

（9）1996年2月1日段階では、課題別調整会議の数は16プロジェクトに増加した。

（10）座長については、介護保険制度の議論が本格化した1996年1月以降は、自民党が衛藤晟一衆議院議員、社民党（社会党は、1996年1月に社会民主党に党名変更した）が五島正規衆議院議員、新党さきがけが荒井聡衆議院議員となり、3座長として合同して行動することも多くなった。なお、プロジェクト発足後、3党とも構成メンバーには入れ替えがあり、変化した。

（11）実際には朝8時から1時間ないし1時間半程度開催されることが多かった。会議のスタイルは、テーマに即して、最初厚生省等の役所側からの説明を求め、それに対してチームメンバーからの質問や意見があり、さらにメンバー間でフリートーキングを行うというものであった。

（12）老人保健福祉審議会の3回の報告書のタイトルが、いずれも「高齢者介護制度」と高齢者のための介護システムという限定をつけていた点が、このことを物語っている。

（13）国民健康保険中央会とは、各都道府県ごとに設置されている国民健康保険団体連合会（国保連）により組織されている社団法人である。国民健康保険制度の市町村保険者の意見を代表する。

（14）「丹羽私案」については、「週刊国保実務」第1990号（社会保険実務研究所）参照。

（15）内閣提出法律案の閣議決定の期限については、「予算年内閣議決定と国会の常会における予算及び法律案の早期提出について」（昭和36年7月閣議申合せ）に定められており、予算関連法案（その法律案の制定がなければ予算に掲げられた事項の実施が不可能となるもの）の場合には、予算の国会提出後3週間以内、その他の法律案（予算非関連法案）の場合には、予算関連法案の期限後さらに4週間以内とされている。したがって、一般的には、予算関連法案の場合には2月上旬、予算非関連法案の場合には3月上旬が閣議決定の締切期限となっている。

（16）「基本的指針」は7項目からなり、利用者本位の制度とすること、制度構成は地方分権という時代の流れを踏まえたものとすること、介護サービスは現物給付を原則とすること、多様な民間事業者の参入を促すものであること、段階的な施行を検討すること等、基本的な考え方を列挙したのであるが、言外に市町村保険者による地域保険、現金給付の否定、2段階施行などを示唆したものであった。

(17) この時系列は、会議の開催、開催時刻、議題等について、筆者が勤務する厚生省の国会情報等の記録を基に整理した。

(18) 社会保障制度審議会が存在していたときには、社会保障関係の法律を国会に提出する際、予算関連の法案や重要な法案については、必ず社会保障制度審議会に諮問し、答申を得ることが必要であった。

(19) この与党合意は、与党責任者会議座長(自社さの3党)および与党政策調整会議座長(同)による合意であった。

(20) 1997年5月22日の衆議院本会議の採決では、賛成が自民党、社民党、新党さきがけ、民主党、太陽党、反対が新進党、共産党であった。また、12月3日の参議院本会議の採決では、賛成が自民党、社民党、新党さきがけ、民主党、太陽党、反対が平成会、共産党、自由の会、新社会党、12月9日の衆議院本会議の採決では、賛成が自民党、社民党、新党さきがけ、反対が共産党であった。なお、民主党や平成会は、住専問題に対する政府の取組を批判して、採決には加わらなかった。

(21) 1996年10月31日の自民党、社民党および新党さきがけの政策合意の要旨から(1996年10月31日朝日新聞夕刊)。

(22) 小泉内閣において、小泉総理は、内閣主導型の政策決定のために、自民党の事前審査制の廃止等を提案したところ、党内で大議論となった。郵便事業への民間参入を認める郵政公社関連法案については、自民党総務会の了承を得ていないにもかかわらず、政府は国会提出を決定した。ただし、その後、事前審査制のあり方等について検討した自民党改革本部は、最終的には現状維持の結論を出したので、その後は従来どおりの事前審査が行われることとなった。

第5章

連立政権と介護保険法

―介護保険法の政策過程における連立与党の役割―

Ⅰ　介護保険法の立法過程

2000（平成12）年4月に介護保険制度が実施されてから、2022（令和4）年4月で22年間が経過する。

介護保険制度は、1960年代の国民年金制度に次いで30数年ぶりの新しい社会保険制度であり、その検討・創設に当たっては、政治的にも社会的にも大きな話題を集めた。

介護保険制度創設の意義は、介護サービスの提供システムとして社会保険の仕組みを利用したばかりではない。介護保険制度は、①高齢者一人ひとりを被保険者として位置づけ、高齢者も制度を支える者として社会保険制度を構築したこと、(1)②これまでのわが国の社会福祉分野で普遍的なサービス提供方法であった措置制度、すなわち行政機関が利用者の福祉サービスの必要性を判断してサービス提供を決定するというシステムを変更して、行政本位から利用者本位へと発想を切り替え、利用者とサービス提供機関の契約に基づく利用システムに改めたこと、③在宅介護サービス分野に民間企業の参入を認めることにより新たな民間ビジネスの市場を開拓したこと、④老齢年金から社会保険料を源泉徴収（天引き）することとしたことなど、これまでの社会保険や社会福祉分野ではみられなかった新しい考え方や仕組みを導入している。

さらに、介護保険法が制定された後、社会福祉分野において社会福祉基礎構造改革(2)が行われ、障害者分野においても、障害者福祉サービスが措置制度から利用方式である支援費制度に改められたことや、社会福祉分野における民間企業参入のための規制改革が進んだこと、介護保険制度の基本理念である「自立支援」が、２００５（平成17）年制定の障害者自立支援法でも中心概念の一つとなるなど、介護保険制度は、他の社会福祉制度や社会保障行政に対しても大きな影響を与えた。介護保険制度は、わが国の社会保障制度の歴史の中で、エポックメーキングとなる制度創設であったといえる。

また、介護保険法は、その立法過程をみても、１９９０年代までの社会保障関係の法制度の立法過程とは異なる特徴を有している。それは、第１に、自民党単独政権時代の社会保障法の立法から連立政権下での立法となって、法案の作成から国会提出に至るまで、それまでとは異なる複雑な過程を経たこと、第２に、従来の社会保障関係の法案は、社会保障制度を所管する厚生省（現・厚生労働省）(3)主導により原案が作成され、国会提出が行われるのが一般的であったのに対して、連立与党が制度の企画立案の段階で関与し、大きな影響を及ぼしたこと、第3に、こうした政治主導型立法過程の背景として、審議会の審議を通じて関係団体の合意形成を図るという従来の手法が限界に達していたこと、である。現在の視点から振り返ると、１９９９（平成11）年から２０００年にかけての年金制度改正、２００２（平成14）年の健康保険制度の改正に当たって、審議会の役割の限界(4)、政府と連立与党との間の意見の対立等の状況を、介護保険法の立法過程は先取りをしていたことがうかがえる。また、小泉内閣のときに、政府（内閣）主導型の政策過程をとる上で焦点となった「与党の事前審査制」(5)がもたらす問題点とその対応についても、介護保険法の立法過程が示唆する点がある。

Ⅱ　介護保険法の検討経緯

1　介護保険法の制定に至る経緯

最初に介護保険法の検討経緯について、簡潔に説明する。

人口の高齢化の急速な進行から、要介護状態になるリスク（危険性）が一般化し、高齢期の介護問題が国民の大きな不安要因となる一方で、従来の老人福祉制度や老人医療分野で種々の問題点を抱えていた。そこで、厚生省では、介護に対する国民の不安を解消し、利用しやすい介護システムを構築するために、1994（平成6）年4月、省内に事務次官を本部長とする高齢者介護対策本部を設置した。1994年7月からは、本部長の私的な研究会である「高齢者介護・自立支援システム研究会」を開催し、同年12月、研究会は社会保険方式に基盤を置いた新介護システムの構想を報告書にまとめた。

次いで、1995（平成7）年2月から、老人保健福祉審議会（以下「老健審」という。）において審議が開催された。老健審では、中間報告（1995年7月）、第2次報告（1996（平成8）年1月）および最終報告（1996年4月）を取りまとめ、ほぼ介護保険制度の全体像が明らかになったが、特に介護保険の仕組み方をめぐって、関係者間の合意形成が難航した。[6]最終報告では、市町村保険者の是非をはじめ、被保険者の範囲、保険料の賦課・徴収方法など、介護保険の主要な論点については両論併記の形となり、具体的な合意形成ができなかったのである。

そのため、厚生省が制度案をまとめた上で老健審の審議に図ることとなり、１９９６年４月から５月の短期間に審議・修正が行われた後、１９９６年６月に、厚生省案についての諮問・答申がなされた。続いて、法案の国会提出の手続に移ったが、自民党内の事前審査の段階で反対または慎重論が続出し、結局、法案の国会提出は見送りとなった。(7) 次いで、与党（自民党、社会党および新党さきがけ）主導で調整を図ることとなった。与党では、ワーキングチームをつくって、地方公聴会を開催するなど、特に異論が強かった地方公共団体との意見調整を進め、１９９６年９月に与党合意そして地方公共団体との合意等を経て、１９９６年11月に介護保険法案の国会提出に至った。国会審議では、３回の国会にわたって、相当の時間を割いて審議が行われ、１９９７（平成９）年５月衆議院で修正可決、１９９７年12月参議院で修正可決、同月９日、衆議院で可決・成立となった。１９９７年12月17日、介護保険法をはじめ、関連３法が公布された。

介護保険法案は、国会提出に至るまでに２度の大きなピンチに直面した。最初は、老健審の審議が関係者間の意見の相違からまとまらなかった１９９６年４月から５月にかけてであり、２度目が、法案が完成し国会に提出するための与党（自民党）の事前審査において了承を得ることができなかった１９９６年６月であった。前者のピンチを救ったのが、連立与党のメンバーで構成された「与党福祉プロジェクトチーム」の活動であった。後者のピンチは、与党の事前審査制の問題に起因するものであるが、当時の与党３党の政権を維持しようとする政治的力学が解決することとなった。

2　従来型の政策過程

以上の経緯のうち、老健審の審議を経て最終報告を得るところまでは、従来型の政策過程と同一である。従来型の政策過程とは、法制度の所管省庁が内部で検討し、その案について審議会に諮問し、審議会の答申を踏まえて関係法案を作成し、内閣法制局の審査および各省協議を経て、与党である自民党の事前審査・了解を得た後、事務次官会議および閣議決定により、国会に法案を提出するという過程である(8)。

介護保険制度の政策過程に即していえば、新制度の企画・立案省庁である厚生省が、内部にプロジェクトチーム（高齢者介護対策本部事務局）を組織して、重点的に職員を投入し、さまざまな観点から検討を進める。次いで、省庁にとって柔軟な対応をすることができる私的研究会（高齢者介護・自立支援システム研究会）を開催し、その報告によって新制度立案の方向性を提示し、あわせて世論を喚起する。続いて法律に基づく審議会（老人保健福祉審議会）の審議に移り、答申を取りまとめ、それに基づき法案を作成し、国会に提出する。審議会の役割には、論点に関して議論を深めるとともに、審議会を構成する関係団体の合意形成を図り、さらには省庁が考える政策をオーソライズするという点もある。

国会提出の閣議決定の前には、与党の事前審査が必要である。これは、自民党単独政権下において、１９６０年代から始められた慣行が制度化されたものである。法案を所管する省庁側からみれば、与党の了解を得るために時間とエネルギーを要するものであるが、法案の国会審議を円滑に進め、早期成立が可能となる効果があると認識されている。

事前審査制とは、内閣作成の法律案（閣法）を国会に提出する前にあらかじめ与党の審査を受け、了承を得なければならないというものである。事前審査実施の発端は、池田隼人内閣時代の１９６２（昭和37）年２月に、自民党総務会が赤城宗徳総務会長名で大平正芳官房長にあてた文書であり、それによると、「各法律案提出の場合は、閣議決定に先立って総務会にご連絡を願い度い。尚政府提出の各法案については総務会に於いて修正することもあり得るにつきご了承を願い度い」となっている。この文書の提出は、政府から事前に相談のない法案提出により自民党内の混乱が重なったことによるもので、１９７０年代以降、与党（自民党）の事前審査制は定着したという。

自民党単独政権時代の与党審査の手続は、まず自民党の政務調査会の部会（介護保険法案では、厚生省関係の社会部会）において省庁の局長が法案について説明する。部会長は、部会員に質疑を求め、それが終了すると部会了承として閉会となる。次に、政務調査会審議会（政審）においては、関係部会長が法案を説明し、質疑応答を経て了承となる。最後に、総務会において、関係部会長が説明し、質疑応答を経て了承となる。

3　厚生省の意図と審議会の限界

介護保険制度は、これまでの老人福祉制度と老人医療分野における介護制度を再編成し、新たな社会保険制度を導入するという、全く新しい制度であるが、老健審の審議が始まった１９９５年２月時点では、ほぼ厚生省が予定するスケジュールで検討が進められた。その頃は、１９９５年中に老健審報告書を取りまとめ、1996年1月から始まる通常国会に法案を提出し、1997年度からの法律施行を想定していたのである。

ところが、介護保険制度の具体的な内容の検討が始まった1995年秋頃から、老健審委員の間の意見対立が鮮明になってきた。介護保険のあり方については、制度の建て方（老人保健制度を活用する案や独立保険方式の案など）から始まり、保険者（市町村とするか、国とするかなど）、被保険者の範囲（20歳以上とするか、40歳以上とするかなど）、保険料負担・徴収方法（地域ごとの設定か、全国一律かなど）、事業主負担の是非（労使折半とするか、労使協議に委ねるかなど）、介護手当の是非（現金給付を制度化するか否か）等をめぐって、地方団体（全国市長会、全国町村会）、保険者（健康保険組合連合会、全国国民健康保険中央会）、経済界（日本経営者団体連盟）、労働界（連合、自治労）のそれぞれの代表や大学教授等の有識者の間で、さまざまに意見が食い違うこととなった。

老健審では、1996年1月末に、とりあえず委員の意見がほぼ一致している介護サービスの内容や保険給付を受けるための手続等について、第2次報告を取りまとめた。続いて、介護保険制度の具体的な内容をまとめようとしたが、制度案の骨格の部分で委員の間の意見の溝は埋まらなかった。たとえば、介護保険を組み立てる上での肝心な要素である保険者について、全体的には市町村保険者論が多数であったが、地方団体からの委員は強く反対し、国営保険者論を主張した。被保険者の範囲についても、65歳以上の高齢者は全員を被保険者にするにしても、さらに40歳以上に拡大するのか、それとも20歳以上までに拡大するのかについては意見が分かれた。保険料負担については、経営者団体（日経連）の委員が、事業主負担の義務づけについて異論を唱えた。法律上で労使折半と決めるのではなく、労使協議により企業が決めればよいという意見であった。家族介護を評価する介護手当については、地方団体は制度化を強く主張したが、大学教授等の有識者からは消極論が主張された。1996年4月の老健審の最終報告では、これらの制度化に関する重要事項は、いずれも両論または多論併記となった。

結局、老健審では、厚生省に対して、最終報告を踏まえて具体的な試案を作成することを要望し、試案に対して老健審でさらに検討を加えた上で審議会としての答申をまとめるということになった。通常国会の会期末は、1996年度の場合6月19日であり、法案を国会提出するためには、限られた時間しか残されていないという状況になったのである。

4　与党福祉プロジェクトチームの活躍

介護保険制度の政策過程において、与党福祉プロジェクトのチームが果たした役割は大きい。与党福祉プロジェクトは、1994年6月に誕生した村山連立政権の意思決定機構の中で、連立与党間の政策調整機関として位置づけられた組織である。

村山内閣は、自社さ（自民党、社会党および新党さきがけ）3党の連立政権であった(9)。与党の最高意思決定機関として、与党責任者会議（3党の幹事長、書記長または代表幹事、総務会座長団、政調会長または政審会長、参議院与党代表の計13人で構成）を置き、政務全般にわたる事項に関する協議と承認を行う機関として与党院内総務会（各会派議席数を基準にして計20人で構成）を設置した。政策事項に関する協議と決定を行う機関としては、与党政策調整会議（3党の政調会長または政審会長等計8人で構成）を設けた。さらに、政策調整会議のもとに、各省庁別調整会議（略称は、省庁別会議）と課題別調整会議（略称は、プロジェクト）を設置した。省庁別会議は、実際の省庁とあわせて19設けられた。プロジェクトは、当初は、「福祉プロジェクト」、「行革プロジェクト」、「与党税制改革プロジェクト」等5チームが設けられたが、村山内閣後半には20近くに拡大した。自社さ連立政権の特徴としては、省庁別会議およびプロジェクトとも、自民3人、社会2人、新党さきがけ1人を基準に構成することとし、座長についても2か月ごとの持ち回りとしたことである。このように、政策決定に当たっては、3党間で民主的に協議を行うという基本原則の下に、与党の意思決定機構が整備された（第4章**図表―10**参照）。

与党福祉プロジェクトについては、メンバー総数は20人とし、各党比は自民10人、社会7人、新党さきがけ3人とされた。座長は、各党2か月持ち回り交代とし、自民、新党さきがけ、社会の順とされた。幹事会を設け会議の運営に当たることとし、幹事会の総数は6人とし、自民3人、社会2人、新党さきがけ1人とされた。会議は週2回開催を基本とし、非公開。事務局は、座長を務める党の事務局が担当し、厚生省は常時出席、他省庁は必要に応じて出席を求めることとされた。

発足（1994年7月）当初のメンバーは、次のとおりであった。当選回数は当時のもの。なお、適宜、メンバーの入れ替えもあったので、1995年10月時点で変更があった議員も記載した。○印をつけた議員が座長である。

（自由民主党）

安倍　晋三　（衆議院、当選1回、山口県）

○衛藤　晟一　（衆議院、当選2回、大分県）
木村　義雄　（衆議院、当選3回、香川県）
古賀　誠　（衆議院、当選5回、福岡県）⇓河村　健夫　（衆議院、当選2回、山口県）
住　博　（衆議院、当選2回、富山県）
戸井田三郎　（衆議院、当選7回、兵庫県）
丹羽　雄哉　（衆議院、当選6回、茨城県）
佐々木　満　（参議院、当選4回、秋田県）⇓塩崎　恭久　（参議院、当選1回、愛媛県）
前島英三郎　（参議院、当選3回、東京都）⇓清水　嘉代子　（参議院、当選2回、比例）
宮崎　秀樹　（参議院、当選2回、愛知県）
（日本社会党）
池端　清一　（衆議院、当選6回、北海道）⇓岩垂　寿喜男　（衆議院、当選8回、神奈川県）
網岡　雄　（衆議院、当選3回、愛知県）⇓横光　克彦　（衆議院、当選1回、大分県）
五島　正規　（衆議院、当選2回、高知県）
土肥　隆一　（衆議院、当選2回、兵庫県）⇓朝日　俊弘　（参議院、当選1回、比例）
○今井　澄　（参議院、当選1回、長野県）
日下部禧代子　（参議院、当選1回、神奈川県）
堀　利和　（参議院、当選1回、静岡県）⇓栗原　君子　（参議院、当選1回、広島県）
（新党さきがけ）
○三原　朝彦　（衆議院、当選3回、福岡県）

渡海紀三郎　（衆議院、当選3回、兵庫県）⇒奥村　展三　（参議院、当選1回、滋賀県）
高見　裕一　（衆議院、当選1回、兵庫県）⇒堂本　暁子　（参議院、当選2回、比例）

このようにプロジェクトメンバーは、当選回数が少ない議員、すなわち「若手」と呼ばれる議員が多かった。

与党福祉プロジェクトが、高齢者介護問題について最初に議論を行ったのは、1994年12月27日であった。その後、政府の審議会である老健審と並行して議論を進めた。翌1995年6月に、与党福祉プロジェクトは、「高齢者介護問題に関する中間まとめ」を取りまとめ、さらに、1995年12月には「第2次中間まとめ」を取りまとめた。

与党福祉プロジェクトのリーダーシップが強くなってきたのは、老健審における審議が介護保険制度の具体的な内容に移ってきて、老健審委員の間の意見対立が鮮明になってきた1996年1月頃からである。1996年1月に政権交代があり、総理大臣が社会党の村山富市氏から自民党の橋本龍太郎氏に変わったが、自社さ連立政権という枠組みや、政権の意思決定機構は変わらなかったので、与党福祉プロジェクトの活動は続くこととなった。また、この政権交代に当たって、3党は、「政策合意」の中で、「新たな重点施策」として「介護保険制度の創設による新しい介護システムの構築を目指す」とした。

当時、与党福祉プロジェクトは、ほぼ毎週、介護保険制度についての検討を行うようになっていた。厚生省の高齢者介護対策本部事務局では、老健審で用いた資料を、与党福祉プロジェクトの会議においても利用し、与党福祉プロジェクトでは、それに基づきさまざまな議論を行った。高齢者介護対策本部事務局の厚生官僚と福祉プロジェクトチームの国会議員との間で、介護保険制度創設に関する種々の論点の問題認識や対応方策についての考え方が近づいてくるような状況になりつつあった。

その頃、その後の介護保険制度の検討に大きな影響を与えたものが、1996年3月13日の与党福祉プロジェクトに提案された丹羽雄哉衆議院議員による「介護保障確立に向けての基本的な考え方」（以下「丹羽私案」という。）であった[10]。丹羽私案は、その後の厚生省試案の骨格と類似しているほか、与党福祉プロジェクトチームの検討過程で初めて介護保険制度の具体的な内容を示したこと、老健審で議論が対立していた具体的な制度案に関して一定の方向性を示したことなど、介護保険制度の政策過程において意義深いものであった[11]。

1996年4月の老健審最終報告が、制度案の肝心な事項については、両論ないしは多論併記となってしまった事態に至って、与党福祉プロジェクトのリーダーシップと、厚生省と間の「二人三脚」ぶりが前面に出てくるようになった。

まず、与党福祉プロジェクトは、1996年4月26日、厚生省に対して介護保険制度試案の作成を要請した。高齢者介護対策本部では、ゴールデンウィークの連休期間中に試案の作成に全力を傾注した。次いで、連休明けの5月10日開催の与党福祉プロジェクトの会議において、重要な事項が決められた。チームの結論としては、①会期内の法案提出を目指すこと、②制度試案については、3座長による「介護保険制度の試案作成に当たっての基本的指針」を踏まえて、3座長と厚生省で一体となって協議の上、作成すること、③試案は5月14日の与党福祉プロジェクトチームおよび15日の老健審に示すこと、④各党は5月22日までに党内手続を終えるように努めること、という内容であった。

このように、厚生省が単独で作成するものではなくて3座長との合作と位置づけることや、当面のスケジュールについてまで言及していることが注目すべき点であり、従来の社会保障関係の政策過程では見られないものであった。

厚生省では、与党福祉プロジェクトの指示のとおり、作成した厚生省試案についてまず、与党福祉プロジェクトの会議で説明をしてから、老健審に諮った。厚生省の高齢者介護対策本部の担当者は、与党福祉プロジェクトチーム、特に自社さ3党の3座長と入念に打合せをしてから、老健審に臨んだり、関係団体への説明、与党3党の関係者への説明を行ったりすることとなった。厚生省試案に対しては、地方団体からの反対が強かったが、与党福祉プロジェクトの3座長は、全国市長会や全国町村会の代表と会談し、意見調整に努めた。担当省庁が行うような「根回し」を、与党3党の3座長が行ったのである。

こうした与党福祉プロジェクトの厚生省に対する指示と支援により、厚生省が作成した介護保険制度案大綱が、ようやく老健審等の関係審議会への諮問・答申にこぎつけることができた。

5　与党の事前審査制の「壁」

このように、村山連立政権では、与党3党の協議体制が整い、介護保険の制度化に向けて実効性をあげていたが、内閣提出法案の国会提出の手続では、与党各党の事前審査制が、従来の自民党単独政権下と同様の位置づけにあった。このことが、介護保険法案の国会提出が見送られるという事態の原因となった。

老健審等の答申を得て、１９９６年６月11日に与党審査の日程が、決められた。自民党の場合、6月11日と12日に社会部会、13日に政審と総務会、社民党の場合には13日に政審役員会（厚生部会はすでに了承済み）、新党さきがけの場合は12日に総務会、これらを経て、14日に与党政調会議および院内総務会に諮るということになった。このスケジュールで、会期末ぎりぎりの18日（火）の閣議に介護保険法案の国会提出の手続を行うことができる見通しとなった。

与党3党の事前審査のうち、社民党と新党さきがけの場合は問題がなかったが、自民党の場合は、紛糾した。自民党では、与党審査に入る以前から、社会部会と医療基本問題調査会の合同会議を開いて、厚生省から介護保険制度試案の説明を求め、議論を重ねていたが、制度の発足を求める声もあがったものの、市町村や経済界から不満の声が出されていることから、国民の理解を求める一方、さらに議論を行うべきだといった慎重論が相次いで出された。

与党審査の手続に入った6月11日の社会部会でも、さまざまな反対論や慎重論が噴出することとなった。社会部会長は与党福祉プロジェクトの自民党の座長であり、社会部会にはプロジェクトメンバーも加わっていたが、部会に集まったメンバーの40数人中、大多数はプロジェクトに参加していない国会議員たちであった。与党福祉プロジェクトは、途中から、厚生省と「二人三脚」で介護保険制度案を作り上げてきたので、プロジェクトメンバーは、当然のことながら法案の国会提出に賛成であった。しかし、メンバー以外の国会議員の中には介護保険法案要綱も初めて見るといった具合で、介護保険制度は全く新しい社会保険制度であり、部会においてすぐに了承するわけにはいかない、という姿勢であった。新たな社会保険の創設としては議論が不足しているのではないか、会期末に提出することは拙速ではないか、といった点が指摘された。結局、この日の社会部会では了承が得られなかった。翌6月12日は、早朝と夜の2回、社会部会が開催されたがまとまらなかった。最終的には、介護保険制度の創設という点では意見の一致をみたが、市町村をはじめ、関係団体や国民に十分理解されていないという声もあることから、法案の取扱いは政調会長に一任、内容については引き続き社会部会で慎重な検討を重ねる、という結論で部会を終えることとなった。(12)

自民党社会部会で了承されなかったために、政審、総務会という次のステップに進むことができなくなった。こうした一連の経緯から、与党福祉プロジェクト3座長および厚生省では、介護保険法案の会期内国会提出を見送り、その代わり与党合意をまとめることにより、与党3党内での合意形成および次期国会への法案提出の確約を得るという方針に切り替えることとなった。

Ⅲ　自社さ連立政権と介護保険法

1996(平成8)年6月17日の与党合意後、与党政策調整会議は、「介護保険制度の創設に関するワーキングチーム」(以下「与党ワーキングチーム」という。)を設置し、介護保険制度の創設のために、懸案事項の解決に向けての調整・検討を行うこととなった。(13)

主たる課題は、市町村保険者論に反発する地方団体との調整であった。与党ワーキングチームでは、7月から全国6か所で公聴会を開き、9月に公聴会で出された意見を6月の与党合意の項目に沿って整理した論点メモを作成し、その後会議を重ねて、9月17日、与党ワーキングチーム3座長による「介護保険法案要綱に係る修正事項(案)(3座長試案)」を提示した。こうして、9月19日、

図表-13 介護保険法制定の経緯

1994（平成6）年	
3月	高齢社会福祉ビジョン懇談会報告「21世紀福祉ビジョン」
4月	厚生省が高齢者介護対策本部を設置（本部長：厚生事務次官） ドイツにおいて公的介護保険法が成立（1996年1月から施行）
7月	村山内閣発足（社会党、自民党および新党さきがけの連立政権）
12月	高齢者介護・自立支援システム研究会報告 新ゴールドプランの策定
1995（平成7）年	
2月	老人保健福祉審議会（老健審）が、高齢者介護問題に関する審議を開始
7月	社会保障制度審議会（制度審）が「社会保障体制の再構築」を総理に勧告。新たな公的介護保険制度の創設を提言 老健審が中間報告
12月	障害者プランの策定
1996（平成8）年	
1月	橋本内閣発足（自民党、社会党および新党さきがけの連立政権）
2月	老健審が第2次報告
4月	老健審が最終報告
5月	厚生省試案をめぐって与党福祉プロジェクト、老健審等で活発な議論
6月	厚生省が、老健審、制度審等に介護保険制度案大綱を諮問・答申 厚生省は、法案の事前審査で了承が得られず、法案の国会提出を断念 介護保険制度に関する与党合意、与党・介護保険制度の創設に関するワーキングチームを設置
9月	介護保険法案修正事項に関する与党合意
10月	第41回衆議院議員選挙 第2次橋本内閣発足
11月	介護保険法案（関連3法案）を、第139回臨時国会に提出
1997（平成9）年	
5月	第140回通常国会の衆議院本会議において法案可決
9月	第2次橋本改造内閣発足（自民党の単独政権）
12月	第141回臨時国会の参議院本会議において、修正可決 衆議院本会議において、修正法案の可決・成立 介護保険法の公布（17日）
2000（平成12）年	
4月	介護保険法の施行

与党責任者会議が開催され、「介護保険法要綱案に係る修正事項」と「公的介護保険制度の実施時期について」の内容を了承し、引き続き開かれた政府・与党首脳連絡会議で最終決定した。

与党修正の内容は詳細であるが、力点が置かれたのは、市町村に対する財政支援の強化や事務負担の軽減のための措置であった。実施時期については、2段階実施ではなく、地方団体の主張のとおり2000（平成12）年4月から在宅・施設サービスの同時実施とされた。

ここに至って、ようやく介護保険法案の国会提出の道が開かれた。介護保険法案は、衆議院選挙後の第2次橋本内閣が成立したあと召集された第139回臨時国会において、11月29日提出されることとなった。その後、介護保険法案は第140回通常国会に継続審議となり、法案提出の翌年である1997（平成9）年5月22日、衆議院本会議において賛成多数で可決された。次いで、参議院に送付されたが、通常国会が閉会となったので、継続審議となり、次の第141回臨時国会において、12月3日、参議院本会議で修正法案が賛成多数で可決、続いて、12月9日、衆議院本会議で修正法案が賛成多数で可決し、ここに約1年1か月の国会審議を経て、介護保険法案が成立した。

以上、連立与党や福祉プロジェクトチームの動きを中心に、介護保険法の立法過程について分析した。

1990年代に介護保険法が制定されたのは、高齢者介護問題について真正面から取り組んだ厚生省の官僚たちの尽力があったことは言うまでもないが、政治サイドにおいては、「自社さ連立政権」であったことが大きく貢献した。

自民党、社会党および新党さきがけの3党で連立内閣を構成した自社さ政権であるが、村山富市首相（当時）の社会党（途中から社民党）は、「介護の社会化」に共鳴し、介護保険制度の導入に積極的であった。新党さきがけも同様であった。おそらく自民党単独政権であったならば、第4章および本章で当時の自民党社会部会の事前審査の状況を説明したが、多くの異論がでて、なかなかまとまらなかったであろう。たとえ介護保険法が成立するにしても、もっと時間がかかったことだろう。あるいは、新たな社会保険の創設は不要だとして、介護保険制度の創設そのものが困難だったかもしれない。

老人保健福祉審議会で介護保険制度に関する議論が本格化した頃から、介護保険法が制定されるまでの間の4年間、自社さ連立政権の首相と厚生大臣は次のとおりである。

①　村山富市内閣（1994（平成6）年6月～96年1月）、厚生大臣は、井出正一（新党さきがけ、1994年6月～95（平成7）年8月）、森井忠良（社会党、1995年8月～96年1月）

②　橋本龍太郎内閣（1996年1月～98（平成10）年7月）、厚生大臣は、菅直人（新党さきがけ、1996年1月～96年11月）、小泉純一郎（自民党、1996年11月～98年7月）

村山内閣を引き継いだ橋本龍太郎氏は、初めて入閣したのが第1次大平内閣の厚生大臣であった（1978（昭和53）年12月）。41歳という若さと、父親も厚生大臣を務めたことがあったので「親子二代の厚相」として注目された。以後、社会福祉や社会保障政策といった厚生行政に詳しくなり、厚生官僚や日本医師会等の関係団体とも深い関係を持ち、自民党内で「厚生族」の代表的議員といわれるようになった。したがって、橋本内閣において、新しい社会保険法である介護保険法案の国会審議を行ったことは、時機を得ていたものであった。

厚生大臣については、自社さ連立政権らしく、4年間に社会党、新党さきがけ、自民党から1人ずつ就任した。菅直人氏と小泉純一郎氏は、のちに首相にまで昇りつめた。

連立政権を構成する3党は、第4章および本章で解説したとおり、対等な関係での意思決定機構をつくり、与党福祉プロジェクトの例のように、3党で歩調を合わせつつ、政策形成・政策決定に努めた。

介護保険法の立法過程においては、重要な局面になると、随時、3党合意を文書で確認した。たとえば、介護保険法案の国会提出を延期することとした1996年6月17日には、3党で「与党合意事項」をまとめ、「1 介護保険制度の創設に向け、政府・与党一致して積極的に取り組んでいく。2 同制度の創設に当たっては、関係者の意見を踏まえつつ、要綱案を基本として、懸案事項についての解決を図りながら、必要な法案作成作業を行い、次期国会に法案を提出する」と、今後の方向をはっきりと示した。1996年9月19日には、「介護保険法要綱案に対する修正事項」に関して3党合意の文書を取り交わした。

1996年10月に総選挙が行われ、選挙結果により、自民党は社会民主党・新党さきがけとの連立を解消して単独で政権を担うことになった。同年10月31日、自社さ3党は連立解消・閣外協力を前提に新たな3党政策合意を交わした。その中の「懸案合意事項4項目」の第1が介護保険制度であり、「介護保険制度については、3党において選挙前に取りまとめた内容で次期臨時国会に法案を提出し、成立を期す」と明記された。こうして橋本内閣において、1年後の1997年12月9日、介護保険法は国会で可決成立した。

自社さ政権は、戦後長い間わが国の政治体制として続いた「55年体制」(自民党が政権与党であり社会党が野党第1党である体制）を根底からくつがえしたが、この新たな連立政権が作り上げた第1の成果物が、介護保険法であり、介護保険制度であったということができる。

なお、自社さ連立政権以降、現在（2022（令和4）年）の自民党と公明党の連立政権（自公政権）に至るまで、いろいろな組み合わせの連立政権が誕生したが、自社さ連立政権のような組織化された与党間の調整機関（たとえば、政策調整会議や各省庁別調整会議、課題別調整会議（プロジェクト）など）を設けた政権はない。この観点からも、自社さ連立政権の特徴がうかがえるし、介護保険制度の政策過程とこの連立政権の存在が一致していたことは、介護保険制度の創設にとって僥倖であったといえる。

付記

本論文は、『介護保険の検証』（法律文化社、2016）に所収。原論文は、日本加除出版株式会社「法の華」2003年春号（第41号）に掲載したものである。本論文は、連立政権と介護保険法の関係について分析したものだが、第4章の与党内における介護保険の政策過程分析と重複するところが多い。最終節については、重複を避けるため大幅に修正した。

自社さ連立政権は、連立政権を構成する3党が対等の関係で政策過程に関与しており、それを保証するための意思決定機構を整備した（第4章参照）という点で、連立政権の望ましい姿を示したものとして評価したい。

（引用・参考文献）
岩井泰信（1988）『立法過程』東京大学出版会
伊藤茂（2000）『動乱連立』中央公論社
伊藤光利・田中愛治・真渕勝（2000）『政治過程論』有斐閣
遠藤浩・神田裕二（2000）「介護保険法案の作成をめぐって」九州大学法学部『法政研究会』第66巻第4号
梅澤昇平（1998）『現代福祉政策の形成過程』中央法規出版
梅澤昇平（2000）『野党の政策過程』芦書房
衛藤幹子（1998）「連立政権における日本型福祉の展開―介護保険制度創設の政策形成過程」『レヴァイアサン1998年夏号』木鐸社
加藤淳子（1997）『税制改革と官僚制』東京大学出版会
菅直人（1998）『大臣』岩波新書
草野厚（1999）『連立政権』文春新書
小島信夫（1979）『法律ができるまで』ぎょうせい
田丸太（2000）『法案作成と省庁官僚制』信山社
西川伸一（2000）『知られざる官庁・内閣法制局』五月書房
中村明雄（1996）『日本政治の政策過程』芦書房
中野実（1992）『日本政治の政策過程』東京大学出版会
中野実（1993）『日本の政治力学』日本放送出版会
中邨章編著（2001）『新版・官僚制と日本政治』北樹出版
西尾勝（1993）『行政学』有斐閣
日本医師会総合政策研究機構（1997）『介護保険導入の政策形成過程』
村川一郎・石川泰州（1995）『日本の政党』丸善
村川一郎（2000）『政策決定過程』信山社

注

（1）医療保険制度の場合、世帯員に被保険者がいれば、年間の収入が130万円以下の場合には、その世帯員の被扶養者の扱いとなり、保険料負担は不要となる。高齢者の場合、働く子どもの被扶養者となることが多い。介護保険制度では、被扶養者の制度はなく、高齢者一人ひとりが被保険者として保険料を負担することとなった。2008年から実施されている後期高齢者医療制度でも、介護保険制度と同様に、被扶養者の制度はなく、75歳以上の高齢者一人ひとりを被保険者としている。

（2）社会福祉基礎構造改革とは、2000年に行われた社会福祉事業法を社会福祉法に改正する等、社会福祉関係各法の改正をいう。社会福祉法において新たな社会福祉の概念を整理したり、サービスの質の確保等の施策を盛り込んだりしたほか、本文で述べたとおり、身体障害者福祉法等の改正により、障害者福祉分野における措置制度を利用契約制度に改めた。

（3）厚生省は、中央省庁再編により、労働省と統合されて、2001年1月から厚生労働省となっている。なお、本稿では、介護保険法の制定時の政策過程をテーマとしているので、当時の名称である厚生省を用いることとする。

（4）たとえば、2002年の健康保険制度の改正の場合、関係審議会では委員間で意見が対立した。被用者保険サイドの委員は意見取りまとめのときに審議会から退席した。

（5）小泉純一郎首相の最大の政治課題であった「郵政民営化」の関連法案について、政府は、与党自民党の事前審査の最終了承を得られないにもかかわらず、国会に提出した。

（6）老人保健福祉審議会において、全国町村会等の地方行政関係の委員は、介護保険の市町村保険者論に対して強く反対し、国の保険者論を主張した。しかし、学識経験者たちは、市町村保険者が適当である旨を主張し、厚生省も市町村保険者論であった。

（7）自民党の政策決定システムとして、内閣が法案を国会提出する前に、担当省庁は、自民党政務調査会の部会、政務調査会審議会（政審）、総務会の3段階の会議の了承を得ることが必要とされていた。ここでは、これらを「事前審査」という。

（8）ここでいう「従来型の政策過程」とは、介護保険法案が作成された1990年代半ば頃の時点からみたものである。その後も政府提出法案の政策過程はほぼ同じ内容であったが、事務次官会議については、2009年からの民主党政権時代においては、政治主導のスローガンのもとに廃止された。

（9）村山内閣は、社会党委員長である村山富市衆議院議員を総理として、社会党、自民党および新党さきがけの3党による連立政権であった。村山内閣誕生の前年の1993年夏の衆議院選挙において自民党は過半数の議席を得ることができず、下野することとなった。1994年6月に羽田内閣総辞職後の首相指名選挙において自民党は政権復帰を図るために、長年対立関係にあった社会党と組んで、与党に戻ることができた。これにより、いわゆる「55年体制」（1955年の日本社会党の統一や自由民主党の結成を契機に、自民党が政権を維持し、社会党が野党第一党であった政治体制）は、名実ともに終焉を迎えた。なお、社会党は、1996年に社民党と名称を変えた。また、新党さきがけは、1997年に結成された民主党に合流した。

（10）丹羽雄哉氏は、自民党の衆議院議員であり、小渕内閣において厚生大臣に任命され、介護保険制度の施行時（2000年4月）に厚生大臣を務めた。

（11）丹羽私案は、①市町村を中心とした地域保険方式の採用、②介護費用は、高齢者（65歳以上）、現役世代（40歳以上65歳未満）、公費（50％）で負担、③在宅サービスの対象者は、65歳以上の寝たきり・認知症者であり、65歳未満の場合は初老期痴呆など障害者福祉サービスの適用を受けない者とする、④在宅給付は、要介護度に応じて給付上限を設定し、費用の9割程度をカバー、⑤在宅サービスの提供者は、地方自治体や社会福祉法人、医療法人のほか、民間企業や住民参加の非営利組織も対象とする、⑥民間介護保険の適切な育成を図り、公的介護を補完する、⑦当面、在宅介護保険を施設介護よりも先に実施し、1998年度以降在宅サービスの給付を行い、施設サービスは1999年度以降実施する、在宅介護保険は、現物給付を原則とする、といった内容であった。

（12）1996年6月12日の夜に行われた自民党社会部会に

おける意見は、次のようなものであった。「65歳以上の高齢者は自民党の大事な支持基盤、そこから保険料をとるというのはどういうことか」、「国民の理解を得てからやるべきだ」、「保険料が掛け捨てになることを国民は知らない。国民は誤解のもとで賛成している」、「会期末にこの重要な法案を認める理由がどこにあるのか」、「国会対策的な形で結論をだすのは絶対反対」、「逐条審議をやるべきだ」、「自民党が止めてブラックボックスにとどめてよいのか。国民の目に見える形で議論することが必要だ」、「総理は自ら責任をとってやる気があるのか」など。

(13) 与党ワーキングチームは、政策調整会議3座長、福祉プロジェクト3座長以下18人で構成。山崎拓自民党政調会長(当時)が中心的役割を果たした。

第6章

被保険者・受給者の範囲の拡大

I　現行制度での取扱いと制度創設前の議論

現行の介護保険制度では、被保険者は40歳以上の者とされている。そのうち、第1号被保険者（65歳以上の者）は、原因を問わずに要支援・要介護状態となれば保険給付を受けることができる。第2号被保険者（40歳以上65歳未満の者）の場合は、初老期認知症など老化に伴う疾病（特定疾病。15の疾病が指定されている）に起因する要支援・要介護状態のときに初めて保険給付の対象となる。このように保険給付の前提である要介護状態等の条件が限定されているため、介護サービス受給者の約97%は第1号被保険者であり、第2号被保険者は約3%と極めて少ない。日本の介護保険が事実上、高齢者介護保険といわれるゆえんである。しかし、第2号被保険者は、第1号被保険者と同等の水準の保険料を負担しなければならない。第2号被保険者は、給付と負担の関係がアンバランス（不一致）であり、保険給付がほとんどない「負担者」として位置づけられており、社会保険の設計上も問題がある。[1]

第2号被保険者が特定疾病以外の原因により要支援・要介護状態となったときは、障害者福祉制度で対応することとなる。たとえば、交通事故が原因で要介護状態になったとき、第1号被保険者であれば介護保険が適用されるが、第2号被保険者の場合は介護保険ではなく、障害者福祉制度が適用される（**図表―14**参照）。

介護保険の検討を進めた厚生省内の組織名が「高齢者介護対策本部」であることからもわかるように、高齢者介護対策本部事務局（以下「本部事務局」という。）では、当初から高齢者をターゲッ

図表-14 介護保険と障害者福祉の適用関係

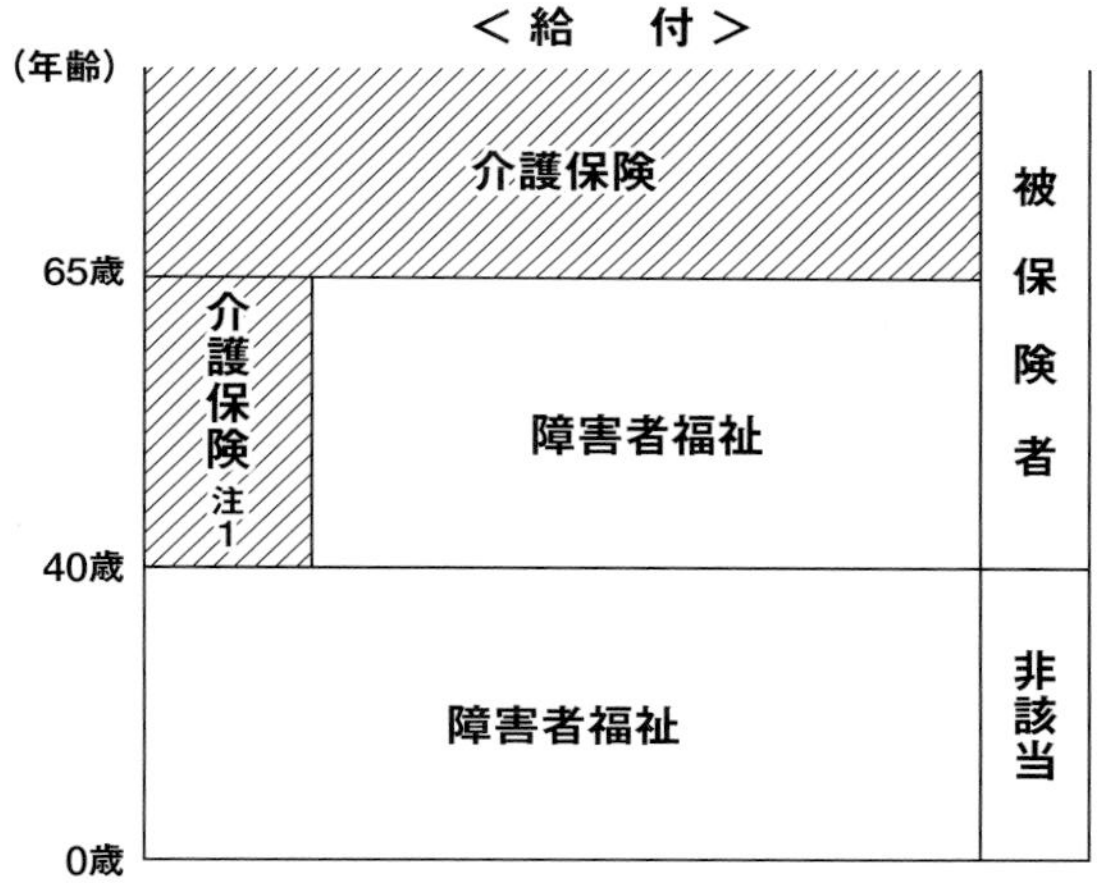

（注1）特定疾病に起因する要支援・要介護状態の場合、介護保険の適用となる。
（注2）要支援・要介護状態となった場合に介護サービスを提供する制度の適用関係の概念図。

トにした制度を検討していた。高齢者介護・自立支援システム研究会報告（１９９４（平成6）年12月）では、新介護システムのあり方として、「介護のリスクが高まる65歳以上の高齢者を被保険者かつ受給者とすることが基本と考えられるが、現役世代についても、世代間連帯や将来における受給者になるための資格取得要件として、被保険者として位置づけられることも考えられる」としていた。すなわち、現役世代（65歳未満の人）は、被保険者として保険料負担はするものの、保険給付の対象にはしないという考え方であった。

老人保健福祉審議会の最終報告（１９９６（平成8）年4月）では、被保険者の範囲については、40歳以上または20歳以上という両論併記であったが、受給者の範囲については65歳以上の者としていた。老人保健福祉審議会の最終報告に先立ち、省内勉強会（第3章参照）では、第6回勉強会（１９９５（平成

7）年12月27日）において、若年障害者（65歳未満の障害者）に対しては介護保険の給付は行わず、基本的に障害者福祉の体系で対応する、ただし、初老期認知症や全身老衰については例外的に介護保険で対応、という結論を出していた。

そもそも老人保健福祉審議会を介護保険の審議の場としたことから、若年障害者に対する介護保険の適用問題は審議の対象外とされた、ともいえる。老人保健福祉審議会（以下「老健審」という。）の第4回会合（1995年4月5日）において、「障害者の介護についてどのように対応するのか」ということが議論となったが、本部事務局からは、老健審では高齢者を中心とした介護問題の検討を考えている旨の回答があり、各委員からも高齢者介護に絞って議論することが現実的であるといった意見が相次いだ。そこで、会長から「本会はあくまでも高齢者を対象とする介護について考える場であり、権限上も限定がある」旨の発言がなされた。(2) 以後、老健審において若年障害者問題が取り上げられることはなかった。

若年障害者に対して介護保険制度の適用を図るべきではないかという意見は、一つは厚生省内で障害者福祉を担当する社会局更生課（当時）から出された。もう一つは、障害者団体や障害者福祉に詳しい国会議員から出された。(3) いずれも、高齢者福祉に比べてサービスの基盤整備が遅れていた障害者福祉を充実する手段として介護保険の適用が考えられ、介護保険制度に入らなければ、障害者福祉が取り残されるのではないか、という危機感からであった。介護保険制度の検討が進むにつれ、介護保険の利点、たとえば措置制度から利用契約制への変更、利用者本位の仕組み、サービスの選択などが強調されたので、若年障害者に対しても高齢者と同様の対応を取り、同じようにこれらの利点を享受すべきではないか、という意見であった。

これに対して、本部事務局は、理論的には正しい意見であるが、1990年代半ばの検討時点においては、高齢者の介護保険制度の創設だけでも難しい課題が山積しているのに、これに加えて若年障害者も受給者にすると、制度創設に時間がかかりすぎるので将来の検討課題として先送りしたい、というのが結論であった。たとえば、障害者の要介護認定の方法、ケアマネジメントの方法、サービスの基盤整備など、高齢者福祉分野に比べて遅れているため、これらの検討・整備が先決と考えられた。

そのための対応策として、①障害者の福祉サービス基盤の整備を図るための障害者プランの策定（1995年12月）と、障害者福祉行政を充実させるため厚生省大臣官房に障害保健福祉部の設置（1996年4月）、②中央社会福祉審議会において介護保険制度について審議し結論を出すこと、の2方策が講じられた。

①については、高齢者向けの介護保険が高齢者保健福祉十か年戦略（ゴールドプラン）に基づく基盤整備が前提となって検討されたように、障害者福祉分野においても、介護保険を検討するためにはサービスの基盤整備を図る計画の策定が不可欠という考えから講じられたものであった。

②については、1996年6月10日、身体障害者福祉審議会から厚生大臣あて「介護保険制度の創設に際して」と題する意見具申が行われた。意見具申の中で、「障害者施策のうち、介護ニーズへの対応について介護保険制度に移行することについては、①障害者施策が公の責任として公費で実施すべきとの関係者の認識が強い点　②身体障害者以外の障害者施策が一元的に市町村で行われていない点　③障害者の介護サービスの内容は高齢者に比べて多様であり、これに対応したサービス類型を確立するには十分な検討が必要であること　④保険移行に当たっては、障害者の介護サー

ビスをはじめとして現行施策との調整が必要と思われる点　等なお検討すべき点も少なくなく、また、これらの点についての関係者の認識も必ずしも一致していない」とした。

このように、同審議会では、介護保険制度への移行については見送る旨の判断を示したが、今後検討を進めること、将来の介護保険制度の見直しにおいてこの検討結果が適切に反映されること、障害者プランについてさらに充実させる方向で見直しを行うべき、との意見を付け加えた。

同じ日に、老健審において、厚生省から示された「介護保険制度大綱案」が了承された。被保険者の範囲は、40歳以上の者とした。40歳以上の者としたことについて、介護保険制度大綱案では、「介護保険が対象とする老化に伴う介護ニーズは、高齢期のみならず中高年期においても生じ得ること、また、40歳以降になると一般に老親の介護が必要となり、家族という立場から介護保険による社会的支援という利益を受ける可能性が高まることから、40歳以上の者を被保険者とし、社会連帯によって介護負担を支え合うものとする」と説明された。なお、「20歳以上」としなかったことについて、保険料負担に理解が得られるかということが懸念され、見送られた。受給者の範囲は、第1号被保険者（65歳以上の者）の場合は原因を問わずに要支援・要介護状態とし、第2号被保険者（40歳以上65歳未満の者）については、老化に伴う介護という観点から具体的な対象範囲を定め、それ以外のケースは障害者福祉施策による介護サービスの対象とする、という内容であった。

このように、関係審議会どうしで歩調を合わせた結論となった。

被保険者を40歳以上としたことについて一応の説明がされたものの、暫定的な色彩が濃いものだった。老健審でも両論併記だったこと等から、介護保険法附則第2条において実施後5年を目途とする制度改正のテーマに盛り込むこととなった。厚生省が作成した「介護保険法案想定問答集」（内部資料）によれば、「若年障害者への介護保険の給付の適用については、今後、障害者プランの実施状況や、障害者関係審議会における検討の状況を踏まえながら、介護保険制度の将来の見直しの際に、改めて検討することとしたい」とされており、次の制度改正時における検討事項に先送りしたことがうかがえる。

介護保険制度の創設に厚生省内部で関わった筆者としては、被保険者40歳以上でスタートするが、5年後の制度見直しの際に、被保険者および受給者の範囲は拡大する方向で検討が進むものと予想していた。

II　2005年改正時における議論

実施後5年目を目途とする制度改正という介護保険法附則第2条の規定等を踏まえ、2003（平成15）年5月から社会保障審議会介護保険部会で審議が始まった。2004（平成16）年7月30日、介護保険部会は「介護保険制度の見直しに関する意見」を取りまとめた。この意見書では、介護予防システムの構築や地域密着型サービスの創設、地域包括支援センターの整備など、2005（平成17）年制度改正の主要事項を明記した。ただし、被保険者・受給者の範囲については、これまでの経緯と問題の所在を整理した上で、拡大に積極的な考え方と消極的な考え方を併記して、引き続き検討することとされた。

上記意見書の取りまとめ後、介護保険部会では審議を重ね、2004年12月10日、『「被保険者・受給者の範囲』の拡大に関する意見」を取りまとめた。この中で、被保険者や受給者の範囲の拡大について「介護保険制度を普遍的な制度へと見直すこと」であるとした上で、「介護保険制度の将来的なあり方としては、要介護となった理由や年齢のいかんに関わらず介護を必要とする全ての人にサービスの給付を行い、併せて保険料を負担する層を拡大していくことにより、制度の普遍化の方向を目指すべきであるという意見が多数であった」とした。

普遍化の方向を目指すべきとする理由として、①介護ニーズの普遍性を考慮すると年齢で制度を区分する合理性や必然性は見出しがたいこと　②特に、第2号被保険者は保険料負担をしていながら保険給付が限定されていること、介護保険と障害者福祉のどちらも適用されない「制度の谷間」にあるケースが存在すること　③介護保険財政の安定性を向上させる効果があること、があげられた。

他方、慎重に対処すべきという理由として、①40歳未満の若年者から介護保険の負担の納得感を得ることが難しく、保険料の未納・滞納が増えるおそれがある　②出生時からの障害者に対する福祉は税財源で行われるべきであることや、適正化・効率化など障害者福祉施策の改革を優先すべきこと　③「制度の普遍化」の具体的内容に関する十分な検討がなされていないこと、があげられた。

結局、今後政府が進める社会保障制度の一体的見直しの中で検討を進め、結論を得ることとされ、被保険者・受給者の範囲の見直しは、先送りされることとなった。

こうした状況を踏まえ、2005年改正法の附則第2条において、「政府は、介護保険制度の被保険者及び保険給付を受けられる者の範囲について、社会保障に関する制度全般についての一体的な見直しと併せて検討を行い、その結果に基づいて、平成21年度を目途として所要の措置を講ずるものとする」と規定された。2005年改正法案の国会審議において、政府は、検討会を設置して平成18（2006）年度末までに結論を得るように努める旨の答弁をした。

これらを受けて、２００６（平成18）年3月、厚生労働省に「介護保険制度の被保険者・受給者範囲に関する有識者会議」が設置され、専門的な見地から検討が始まった。２００６年5月には、社会保障に関する制度全般についての一体的な見直しを検討した「社会保障の在り方に関する懇談会」（官房長官主催の懇談会）の報告書「今後の社会保障の在り方について」が取りまとめられた。介護保険制度の普遍化については、「個別の論点を精査し、プロセスと期限を明確化しつつ、関係者による更なる検討を進める必要がある」として結論は示されなかった。

有識者会議では、障害者関係団体へのヒアリングや有識者調査結果等を踏まえて、２００７（平成19）年5月21日、「介護保険制度の被保険者・受給者範囲に関する中間報告」を取りまとめた。それによれば、介護保険部会での議論当時は定義が不明確とされた「介護保険制度の普遍化」について、「介護を必要とするすべての人が、年齢や要介護となった理由、障害種別の如何等を問わず、公平に介護サービスを利用できるような制度（普遍的な制度）に発展させること」を意味するとした。給付と負担のそれぞれの面に着目すると、全国民の社会連帯によって支え合うという「負担面の普遍化」と、いつでも誰でもどこでも一定の質が確保されたサービスを利用できるという「給付面の普遍化」があるとした。

有識者会議の結論としては、「今後の社会保障制度全体（介護保険制度を含む）の動向を考慮しつつ、将来の拡大を視野に入れ、その見直しを検討していくべきである」というものであった。拡大する場合の考え方としては「介護保険制度の普遍化」の方向性を目指すべきであるとの意見が多数であった。しかし、拡大には慎重であるべきとする意見も依然として強いことや、当事者である障害者団体の十分な理解が得られていない状況から、制度の普遍化に関してさらに議論を深める必要があるとした。端的にいえば、最終結論は先送りされた。有識者会議は、この中間報告を取りまとめたまま休会状態となった。

このように２００４年から２００７年にかけて検討が行われたものの、被保険者・受給者の範囲の拡大は図られなかった。その背景には、介護保険実施後の障害者福祉分野における変化が大きく影響したといえる。

介護保険実施後の障害者福祉制度の変遷は、後述「(参考) 被保険者・受給者の拡大および障害者福祉制度の改正に関する経緯」のとおりである。

２０００(平成12) 年に行われた社会福祉法の制定等の社会福祉基礎構造改革において、障害者福祉サービスの措置制度についても利用契約制に変更することとなった。その具体的な制度が、２００３年4月から実施された「障害者支援費制度」である。この制度は、公費を財源としながら、障害者福祉サービスを従来の措置制度から利用契約制に切り替えたものであった。しかし、障害者支援費制度は、サービスの急激な増加に対して財源確保が不十分、サービスの地域格差、就労支援が不十分等の問題が生じた。支援費制度の運用に不安を感じた大勢の障害者たちが、厚生労働省前で座り込みのデモを行う事態に至った。

そこで、支援費制度の改善と、障害者福祉制度を全面的に改正する障害者自立支援法が、２００５年10月に制定され、２００６年4月から実施された。この法律に基づく障害者自立支援制度は、従来別々のサービス体系であった身体障害、知的障害、精神障害の3障害に対して一つの制度で対応する、市町村を中心とする一元的なサービス提供体制を確立する、サービス体系の全面見直しを行う、というものであった。

障害者自立支援制度が厚生労働省において検討されたのは、２００４年度であった。厚生労働省の社会保障審議会障害者部会で検討が進められたが、途中、委員有志から支援費制度を改革する方法として、介護保険制度を活用する案が提示された。２００４年７月の同部会の中間的な取りまとめ「今後の障害保健福祉施策について」では、介護保険の活用案について、障害者、医療保険関係者の意見聴取や介護保険の保険者である市町村との協議が必要であるとされた。しかし、全国市長会や全国町村会の地方団体は、介護保険と障害者施策の統合に慎重な態度であった。２００４年12月の社会保障審議会介護保険部会において介護保険の被保険者範囲の拡大は決まらず、２００５年の介護保険法の一部改正法案にも被保険者範囲の拡大が盛り込まれなかった。そのため、障害者自立支援制度でも、介護保険の被保険者範囲は広がらないものとして設計された(4)。

ただし、障害者自立支援制度におけるサービスの利用手続をみると、障害者は、市町村から障害程度区分の認定を受ける、認定に当たってはコンピュータ判定の一次判定と審査会による２次判定がある、サービス利用に当たっては、利用者負担として１割の定率負担が課される、というように、介護保険制度に類似したものとなった。そこで、将来的には障害者福祉と介護保険とを統合することをねらいとしたものではないかともいわれた。

しかし、この定率負担の仕組みが、障害者団体から大きな反発を受けることとなった。サービスを利用すればするほど負担額が増えることや、授産施設では負担が公費を上回るといった問題点が生じた。障害程度区分の設定により従来のサービスを受けられなくなるケースが生じた。また、定率負担は「応益負担」という性質のものであるが、障害者に必要な支援を「益」と捉える見方に対する反発が生じた。こうしたことから、障害者自立支援制度は、憲法第25条が保障する生存権に反するものとして各地で違憲訴訟が提起された。

介護保険制度の被保険者・受給者範囲に関する有識者会議が中間報告をまとめた2007年5月時点では、こうした障害者自立支援制度をめぐる状況から、「介護保険の普遍化」すなわち介護保険の被保険者・受給者の範囲を拡大して障害者福祉サービスから介護保険の適用に切り替えることを実現できるような環境にはなかった、ということができる。

（参考） 被保険者・受給者の拡大および障害者福祉制度の改正に関する経緯

2000年4月　介護保険制度の実施・社会福祉基礎構造改革

2003年4月　障害者支援費制度の実施

2004年7月　社会保障審議会介護保険部会「介護保険制度の見直しに関する意見」

2004年12月　社会保障審議会介護保険部会『被保険者・受給者の範囲』の拡大に関する意見

2005年10月　障害者自立支援法が衆議院本会議で可決・成立

2006年4月　障害者自立支援法の施行

2007年5月　介護保険制度の被保険者・受給者範囲に関する有識者会議中間報告

2009年9月　民主党を中心とする連立政権（鳩山内閣）の誕生

2010年1月　厚生労働省と障害者自立支援法訴訟団の基本合意

2010年12月　障害者自立支援法の一部改正

2012年6月　障害者総合支援法が参議院本会議で可決・成立

2013年4月　障害者総合支援法の施行

Ⅲ　現状と今後の方向性

２００９（平成21）年9月に誕生した民主党政権（鳩山内閣）では、マニフェスト（選挙公約）に「障害者自立支援法の廃止と新法の制定」を掲げていたこともあり、２０１０（平成22）年1月、厚生労働省と障害者自立支援法違憲訴訟原告団・弁護団との間で、「速やかに応益負担（定率負担）制度を廃止し、遅くとも２０１３（平成25）年8月までには、障害者自立支援法を廃止し新たな総合的な福祉法制を実施する」等の内容の基本合意文書が取り交わされた。これに基づき、２０１１（平成23）年12月、障害者自立支援法の一部改正が行われ、利用者負担について、定率負担（応益負担）から家計の負担能力に応じた負担（応能負担）を原則とすることとされた[5]。

さらに、障害者自立支援法に替わる法律として、「障害者の日常生活及び社会生活を総合的に支援するための法律」（障害者総合支援法）が、２０１２（平成24）年6月に制定され、２０１３年4月から施行されている。

前述したとおり、２０００（平成12）年4月の介護保険の実施以降、障害者福祉分野においては、障害者支援費制度の実施（２００３（平成15）年4月）、障害者自立支援法の施行（２００６（平成18）年4月）、障害者総合支援法の施行（２０１３年4月）と、大きな変化を遂げてきた。障害者支援費制度以来、財源が税等の公費でありながら、障害者福祉サービスの利用方式は措置制度から利用契約制に変更された。さらに、介護保険を導入しなくても、「利用者本位」、「サービスの選択」、「自立支援」といった介護保険制度創設時のキーワードとなる概念が、障害者福祉分野にも導入されることとなった。これらにより、障害者福祉分野に介護保険を導入するインセンティブは極めて弱くなった。また、利用者負担について、介護保険制度で導入した定率負担（応益負担）が否定され、応能負担とされたことから、この面でも介護保険とは異なる制度となった。

このようなことから、現時点では、65歳未満の障害者（いわゆる若年障害者）に対して介護保険によるサービス提供システムを導入しようとする動きは見られなくなった。「介護保険の普遍化」に対して審議会・検討会では賛成者が多かったとしても、実現可能性は乏しい状況となった。

今後、介護保険の被保険者・受給者の範囲の拡大が再び議論の俎上に上がるとしたら、障害者福祉サイドではなく、介護保険サイドの事情によるだろう。介護保険の被保険者を40歳以上の者に限定していると、２０２５年に向けて、第1号被保険者（65歳以上の者）は増加する一方で、第2号被保険者（40歳以上65歳未満の者）は横ばいないし減少傾向となる。介護費用の増大に伴い、介護保険料が増加し、保険料負担が重くなってくる。保険料負担を軽減し、安定した介護保険財政のためには、介護保険の「支え手」を増やす必要が生じてくる。また、政策過程をみてもわかるように、わが国の介護保険制度の被保険者を40歳以上としたことは、あくまでも創設時点の「暫定的色彩が濃いもの」であった。ドイツの介護保険のように被保険者の年齢の区分を撤廃して、被保険者・受給者の範囲を拡大し、社会全体で介護を支えていくことが不可欠ではないかと考える。

仮に、被保険者の年齢を引き下げて、若年障害者まで介護保険を拡大する（介護保険の普遍化）とすれば現在の第2号被保険者に対する保険給付の制限の撤廃はもちろんのこと、被保険者の保険料負担と保険給付のバランス（たとえば、40歳未満の者の保険料を半額にすること等）を十分考慮しなければならない。さらに、介護保険に基づくサービスを基本とし、不足が生じる場合には障害者総合支援制度で上乗せを図ること、利用者負担については定率１割負担を基本としながら、利用者の所得水準に応じて減免を図り、事実上の「応能負担」として運営する等の調整が必要となるであろう。

付　記

本論文は、『介護保険の検証』（法律文化社、２０１６）に所収。この本を作成するに当たって書き下ろした論文である。２０１５年８月頃までの情報を基に執筆した。「今後の介護保険の論点」として、第７章の家族等介護者支援とともに掲載した。

被保険者・受給者の範囲の拡大については、２０１７年以降、社会保障審議会介護保険部会において議題の一つに取り上げられているが、深まった議論にはならず、「引き続き検討を行うことが適当である」とされている。

（引用・参考文献）
岡部耕典『障害者自立支援法とケアの自律―パーソナルアシスタントとダイレクトペイメント』明石書店、２００６
介護保険制度史研究会『介護保険制度史』社会保険研究所、２０１６
厚生省「介護保険法案想定問答集」（内部資料）
省内勉強会資料（「新システム検討会」等の名称の資料ファイル６冊。個人資料）
菅沼隆他編『戦後社会保障の証言』有斐閣、２０１８

注

（１）保険の原理として給付・反対給付均等の原則があり、被保険者の保険料負担は保険給付に見合うものとされているが、介護保険ではこの原則がくずれている。給付・反対給付均等の原則は民間保険では適用されても、社会保険では適用されない制度設計がしばしばみられる。たとえば、後期高齢者医療制度において、現役世代が保険料の中で負担する後期高齢者医療への支援金もこの原則がくずれている。こうした負担が過大になると、負担者と位置づけられる被保険者から社会保険に対する疑問が生じるおそれがある。

（２）介護保険制度史研究会「介護保険制度史」（社会保険研究所、２０１６年）１１０頁による。同書では、「審議の舞台が老健審である以上、議論が高齢者に限定されることは避けられないが、介護保険制度の大きな論点の一つであるはずの『対象者の年齢』の問題は、こうして事実上高齢者に絞った形で議論が進むことになり、その後の制度論に大きな影響と制約を与えていくこととなった」という。

（３）与党福祉プロジェクトチームのメンバーの一人、日本社会党（当時）の堀利和議員は、憲政史上初の視覚障害（強度の弱視）を持った参議院議員であった。筆者が介護保険の説明にお伺いしたとき、若年障害者への介護保険適用を主張された。また、高齢者介護対策本部の事務局長であった和田勝氏は、当時、介護保険適用に熱心な障害者のグループとして視覚障害者と授産施設・福祉工場の対象となっている人たちをあげている（『戦後社会保障の証言』（有斐閣、２０１８年）３５２頁）。

（４）障害者支援費制度の問題や介護保険との統合問題、障害者自立支援法の制定に至る経緯は、岡部耕典『障害者自立支援法とケアの自律』（明石書店、２００６年）参照。

（５）このときの障害者自立支援法の一部改正を行った法律名は、「障がい者制度改革推進本部等における検討を踏まえて障害保健福祉施策を見直すまでの間において障害者等の地域生活を支援するための関係法律の整備に関する法律」という。利用者負担の見直しの規定の施行は、２０１２年４月１日であった。なお、国会審議において、２０１３年８月までの実施を目指して、障がい者制度改革推進本部等における検討を踏まえて、障害者保健福祉施策を見直すなど検討すること、という附帯決議がなされた。

第7章

家族等の介護者支援と今後の課題

Ⅰ　はじめに

介護保険制度の創設過程において賛否両論が激しかったのが「介護手当問題」であった。高齢者介護対策本部事務局では、当初は、介護手当を制度化する方向で検討を進めていた（第3章参照）。しかし、老人保健福祉審議会において新しい高齢者介護システムに関する具体的な審議が行われたときには、賛成と反対の論者がはっきりと分かれ、最終報告では制度化に積極的な意見と消極的な意見との両論併記となった。厚生省では制度化を見送り、介護保険の保険給付は現物給付中心となった。このことは、現物給付と現金給付を併用しているドイツの介護保険との大きな相違点の一つとなった。

なぜ介護手当が制度化されなかったのか。その経緯については、増田雅暢『介護保険見直しの争点』（法律文化社、2003）の第6章「家族介護の評価と介護保険」の中で詳述したので、細かな点はそちらを参考にしていただきたい。

本章では、あらためて介護手当問題の経緯を概観した後、当時の議論で欠けていた視点・論点を明確にした上で、今後の方向性を展望したい。その際、後述するように、介護手当という政策の是非を検討するのではなく、家族等の介護者に対する支援策を充実することが必要であること、その介護者支援策の一つの手段として介護手当という方策がある、という観点から論じることとしたい。

Ⅱ　介護手当問題の経緯

1　高齢者介護・自立支援システム研究会報告書と内部勉強会

１９９４（平成６）年４月に発足した厚生省高齢者介護対策本部事務局（以下「事務局」という。）では、介護保険制度の保険給付の一つとして、介護手当を制度化する方向で検討を進めていた。そのことがよくわかるものが、高齢者介護・自立支援システム研究会の報告書（１９９４年12月）である。そこには次のように記述されている。[1]

（家族介護の評価）

・家族による介護に対しては、外部サービスを利用しているケースとの公平性の観点、介護に伴う支出増などといった経済面を考慮し、一定の現金支給が検討されるべきである。これは、介護に関する本人や家族の選択の幅を広げるという観点からも意義がある。

・ただし、現金の支給が、実際に家族による適切な介護サービスの提供に結びつくのかどうかという問題があるほか、場合によっては家族介護を固定させたり、高齢者の状態を悪化させかねないといった懸念もあるので、制度の検討は慎重に行わなければならない。

たとえば、①介護の経験や知識に乏しい家族には研修を受けてもらうとともに、②専門家がケアプランに基づき全体を管理し、③必要な場合には直ちに外部サービスへの切り換えが行えるようなバックアップ体制がとられていることなどに十分留意する必要がある。また、このような現金支給の対象者は、被保険者である介護の必要な高齢者本人なのか、それとも家族なのかといった点についても、さらに議論を進めていく必要がある。

このように現金給付（介護手当）の趣旨や問題点を簡潔に説明しながら、制度化に当たっての具体的な留意事項も述べている。このことは、事務局内部で介護手当に関する検討が進んでいたことを意味する。第3章で解説した省内勉強会において、第1回（1994年11月22日）から検討テーマの中で「在宅サービス（含む介護手当）」として介護手当に関する資料を事務局が作成し、検討を行っていた。1995（平成7）年10月には、事務局から省内関係課に対して「介護手当（仮称）の支給に関する影響について」と題する照会文書を発出している。これは、介護手当を導入した場合、各課で所管する既存の各種手当の水準や支給調整の是非を照会するものであった。

しかし、事務局は、介護手当の制度化に対して次第に消極的になっていった。この背景には、水面下で協議を行っていた大蔵省主計局が介護手当の制度化には否定的であったことが影響していた。第4回勉強会（1995年10月5日）では、「家族介護固定論」や「介護費用増大論」を強調することにより、できる限り消極的な取扱いまたは先送りを目指す、とする内容の資料が出された。仮に、導入するとした場合の案も示され、最終的には、第6回勉強会（1995年12月27日）では、次のような介護手当試案が説明された。

（位置づけ） 介護保険は、現物給付が基本。「現金給付」は極めて例外的なものとして位置づけることが適当。本来、現物給付が受けられる場合であって、現物給付を受けずに家族等の介護により対応することを本人が望むケースに限定して支給することが適当。支給対象範囲は、要介護高齢者本人のみ（虚弱高齢者は対象外）。

（支給水準） 特別障害者手当（１９９５（平成7）年度で2万６２３０円）の水準以下に抑えることが適当。算定ルールは、家族等が代替し得る介護に相当する介護サービスの費用を参考として定めることが適当。要介護者に対するサービスモデルにおける訪問介護と通所介護の費用の平均が月額20万円であるので、高齢者介護保険料の総給付費に占める割合が8分の1であることを踏まえ、手当額もこの費用の8分の1とする。

（現物給付との併給） 併給を認めると、当面すべての在宅の要介護高齢者が現物給付のほか現金給付を受けることとなり、相当の財政規模となることや、事務的に煩瑣であることから、現物給付との併給は認めない。ただし、他制度による手当との併給調整は行わない。

介護手当の水準は訪問介護等の費用の月額20万円の8分の1ということで、月額2万５０００円程度が想定されていた。介護手当給付費の規模として、１９９５年には５２２億円、２０００（平成12）年には５２９億円という試算も出されていた(2)。

介護手当については、支給対象者や目的・考え方等によりさまざまな形態がある。**図表―15**は、介護手当（現金給付）の類型について整理したものである。支給対象者が、要介護者本人か、それとも介護者かによって、目的や考え方が変わってくる。要介護者を対象とする場合には、①慰労・

激励、②自らの選択による介護者の確保、③介護費用の補塡、④外部サービスの受給者との均衡、といった目的がある。介護者を対象とする場合には、⑤慰労・激励、⑥介護労働に対する対価、⑦介護に伴う逸失利益（機会費用の補塡）、⑧介護費用の補塡、といった目的がある。

日本では、介護保険導入前には、多くの地方自治体（都道府県、市町村）が単独事業として、寝たきりや認知症の高齢者またはその介護者に対して一定額の現金を、介護手当、介護慰労金等の名称で支給する事業が行われていた。(3) 事務局が1994年に47都道府県に対して行った調査では、23都道府県において介護手当が支給され、支給対象者数は全国で約21万5000人であった。金額は、おおむね月額3000円から1万円程度であった。**図表―15**の具体例にあげたとおり、地方単独事業の介護手当は、要介護者または介護者に対する慰労・激励、介護費用の補塡という目的のものであった。後述する介護保険制度の創設に伴い導入された家族介護慰労金も、文字どおり慰労を目的とするものであった。

西欧諸国でも、現金給付の例は数多く見られる。ただし、その目的は、要介護者等に対する慰労・激励ではなく、②自らの選択による介護者の確保（後述するドイツ介護保険における現金給付（介護手当）、フランスの個別化自律手当（APA）、スウェーデンの介護手当、オーストリアの介護手当など、例が多い。）や、⑥介護労働に対する対価（スウェーデンの介護者手当）、⑦介護に伴う逸失利益（機会費用）の補塡（イギリスの障害者手当）、というものである。なお、前述の事務局の試案は、水準は低いものの④外部サービスの受給者との均衡を目的としたもの、とみることができる。

現金給付は、目的によって、支給額の水準が異なってくる。慰労・激励の場合は、低額である。

図表-15 現金給付（介護手当）の類型

受給者対象	要介護者（介護を受ける人）				介護者			
目的	①慰労・激励	②自らの選択による介護者の確保	③介護費用の補填	④外部サービスの受給者との均衡	⑤慰労・激励	⑥介護労働に対する対価	⑦介護に伴う逸失利益（機会費用）の補填	⑧介護費用の補填
考え方	要介護状態になった本人を慰労することにより精神的負担を軽減し、激励する	自ら家族・知人等をヘルパーとして選択し、介護サービスを受ける場合にヘルパーに支払う報酬	おむつの購入代等、保険給付以外の介護費用に対して援助する	外部（施設・在宅）サービスを利用せずに介護者から介護を受けていることから、外部サービスの受給者との均衡を図る	公的に慰労することによって、介護者の精神的負担を軽減し、介護者を激励する	介護者による無償労働を外部サービスと同様に労働として評価し、報酬を支払う	介護者が介護労働に従事することによって、退職・休職等をした場合に失われた経済的損失を補填する（所得保障の性格）	おむつの購入代等、保険給付以外の介護費用に対して援助する
支給額の水準	一定額（低額）	現物給付による支給水準との見合い	購入費等の一部	外部サービスの保険給付の相当額	一定額（低額）	訪問介護報酬との見合い	介護者の逸失利益（機会費用）相当分	購入費等の一部
具体例	（日）介護保険導入前の地方単独事業における介護手当	（ド）介護保険制度における現金給付 （フ）個別化自律手当（APA） （ス）介護手当 （オ）介護手当	（日）介護保険導入前の地方単独事業における介護手当	（日）高齢者介護対策本部事務局で検討していた介護手当案	（日）介護保険導入前の地方単独事業における介護手当 （日）家族介護慰労金	（ス）介護者手当（家族介護者を地方自治体が雇用し、給与として支払う）	（日）介護休業制度における介護休業給付金 （イ）障害者介護手当	（日）介護保険導入前の地方単独事業における介護手当

（注）増田雅暢『介護保険見直しの争点』（法律文化社）所収の表を基に筆者が一部修正。具体例の中で、（日）は日本、（ド）はドイツ、（フ）はフランス、（ス）はスウェーデン、（イ）はイギリス、（オ）はオーストリアを示す。

自らの選択による介護者の確保や、介護労働に対する対価、介護に伴う逸失利益（機会費用の補塡）の場合は、支給額の水準は高くなる。これらの場合は、外部の事業者による訪問介護の評価との見合いで決められることが多い。

現物給付との比較で現金給付の意義を整理すれば、従来、無償の労働（アンペイドワーク）とされてきた家庭内の介護を社会的に評価することでもある。特にその水準がドイツ介護保険の現金給付のようにある程度のレベルに到達しているのであれば、無償労働の社会的評価、ということができる。家庭内の無償労働のほとんどは女性が担ってきたことから、福祉国家におけるジェンダー研究の深澤和子は、介護に着目した現金給付は、「旧来のジェンダー関係の転換を導き出す潜在力」と評価する（深澤、２００３）。

もう一つの意義は、家族等が在宅で介護を行う動機づけまたはインセンティブ（誘因）となることである。後述するとおり、インフォーマルケアを推進する手段の一つとなる。

2　老人保健福祉審議会の議論から介護保険制度案確定まで

老人保健福祉審議会（以下「老健審」という。）では、介護手当の制度化をめぐって活発な意見交換がなされ、賛否両論の議論となった。このため老健審最終報告では両論併記となった。**図表―16**は、この最終報告に記述された現金給付に対する積極的な意見と消極的な意見の内容である。積極的な意見の①は高齢者介護・自立支援システム研究会報告の流れをくむ意見で主に学識経験者から、②も学識経験者から、③は全国市長会と全国町村会から主張された。消極的な意見の①および

図表-16　老人保健福祉審議会最終報告における現金給付に関する意見

現金給付に積極的な意見	現金給付に消極的な意見
①高齢者や家族の選択の重視、外部サービスを利用しているケースとの公平性の観点に立って、一定の現金支給を検討すべきである。制度として現物給付しかないというのは制限的過ぎる。 ②現状は、家族による介護を望む高齢者も多く、また、家族が介護しているケースが大半であり、介護に伴う家計の支出が増大している実態もある。こうした現実は無視できない。 ③介護保険制度の下で国民に負担を求める以上、現物給付を受けられないケースについては、保険料負担に対する見返りとして現金支給を行うべきである。保険料を徴収する立場からみても、現金支給の必要性がある。	①現金の支給は、必ずしも適切な介護に結びつくものではない。家族介護が固定化され、特に女性が家族介護に拘束されるおそれがある。 ②現金支給を受けられることから、かえって高齢者の自立支援を阻害するおそれがある。また、介護を家族だけに委ねると、身体的精神的負担が過重になり、介護の質も確保できないおそれがある。 ③今国民が求めていることはサービスの充実である。現金支給の制度化によってサービスの拡大が十分に図られなくなるおそれがある。 ④現金支給は新たな給付であり、費用増大につながるものである。財政的な面からみても、慎重に検討すべきである。

②は学識経験者から、特に①は樋口恵子委員が強く主張された。③は介護サービス提供の事業者側から主張された。④は財政当局の意見を反映したものであった。

事務局においても、消極論のスタンスに立つようになった。その理由としては、「現金給付は家族、とりわけ女性を介護に縛り付ける」、「現金給付は必ずしも介護サービスの利用に結びつくとは限らない」、「事業者によるサービスの拡大が図られなくなる」といった老健審委員等からの反対が強くなったこともあるが、実質的に影響を与えたのは財政当局(当時は大蔵省)の反対が強かったことである。前述した勉強会の試算のとおり、月額2万5000円という低額の給付にしても、年間で約500億円の支出増となる。当時の大蔵省の担当者は、介護保険制度の創設により従来の老人福祉制度における公費負担が軽減されることに制度創設の意義を見出していたので、新たな負担増となる介護手当の創設には反対していた。(4)

事務局では、財政当局の反対も踏まえ、限られた財源を基盤整備に振り向けることを優先することとし、介護手当の制度化を見送ることとした。したがって、老健審において対立する意見が事務局によって調整されることもなかった。(5)

当時の考え方は、介護保険法想定問答集(厚生省内部資料)において、現金給付の導入に関する質問に対する答弁案として、次のように整理された。

「介護保険の基本的なねらいは、高齢者等が実際に良質な介護サービスを受け、質の高い生活を送ることができること、また、実際に介護にあたっている家族を支援し、その負担を軽減することであると考えている。(略)以上のような介護保険制度のねらいにかんがみ、介護サービスの利用に結びつくとは限らない現金給付は当面行わず、まずは、限られた財源を基盤整備の充実に振り向ることとし、現金給付は将来の課題とすべきと考えている。」

1996（平成8）年6月6日に厚生省が老健審に諮問した介護保険制度案大綱では、「家族介護に対する現金給付は、原則として当面行わないものとする」とされた。家族介護については、「保険者は、要介護者を介護する家族を評価し、それを支援する観点から、保健福祉事業の一環として、自らの保険料財源により各種の家族支援事業を行い得る」とした。[(6)] 老健審では、地方団体選出の委員から介護手当の制度化に向けての意見が強く出されたので、6月10日の老健審の答申の中に、「家族介護の実態からみて、当分の間、現金給付を行うべきであるという少数意見があった」という一文が盛り込まれた。

同年6月の介護保険法案の国会提出が見送られた後の与党3党による「介護保険制度の創設に関するワーキングチーム」の調整結果が、同年9月19日「介護保険法案要綱に係る修正事項」として取りまとめられた。その中で、「家族介護の評価と支援」については、「現金給付については、当面は行わないこととし、介護基盤整備への資金投入を優先することとするが、家族介護に対する適切な評価と支援を行う観点から、ショートステイ利用枠の拡大等家族介護に対する在宅サービスの重点的提供を行う」とされた。

これにより、介護保険制度において家族介護を評価する介護手当の制度化は見送られることが決定した。ただし、地方団体からは引き続き介護手当の制度化に関する要望が出されことや、与党ワーキングチームが地方で開催した公聴会でも介護手当創設の意見が多く出されたことなどから、[(7)] 介護保険法案の国会審議でも現金給付の可否が論点の一つとなった。国会審議に出席していた厚生省の江利川審議官は、法律附則で施行後5年を目途に制度全体の見直しをするという規定があるので、その段階で十分検討させていただきたいという旨の答弁を行った。介護保険制度の実施時点では制度化しないものの、実施後の状況を踏まえて制度化の可能性もあるという含みをもたせた答弁であった。

現金給付に肯定的な世論[8]や、保険者である市町村の意向に反して、官庁および政治主導で介護手当の制度化を見送ったことから、1997（平成9）年12月の介護保険法成立後も、何度も家族介護の取扱いが論点として浮上してくることとなった。そうした経緯の中で、家族介護の評価の方法をめぐって、次のような取組が講じられることとなった。

（1）同居家族に対する訪問介護の取扱いについて

家族介護に対する現金給付は認めないという原則から、訪問介護の指定基準において、「同居家族に対するサービス提供の禁止」として、指定訪問介護事業者は、訪問介護員等にその同居の家族である利用者にサービス提供をしてはならない旨の規定が盛り込まれた[9]。その例外として、基準該当居宅サービスの場合には、一定の条件のもとに、同居家族に対する訪問介護が認められた[10]（1999（平成11）年9月20日医療保険福祉審議会老人保健福祉部会等）。

その条件とは、①離島、山間のへき地その他地域で、指定訪問介護のみでは必要な介護を確保することが困難であると市町村が認めた場合、②居宅介護支援事業者の作成する居宅サービス計画に基づいて提供される場合、③訪問介護事業所の責任者の具体的な指示に基づいて提供される場合、④身体介護を主とする場合、⑤訪問介護員の同居家族に対する介護時間の合計が従事時間全体のおおむね2分の1を超えない場合、とされた。

（2）家族介護慰労金制度の創設

１９９９年10月、政府に対して介護制度に対する与党3党の申入れがあった。介護保険制度の施行が翌年4月に迫った段階で、新たな保険料負担に対する高齢者の反発を懸念した上での政治サイドからの提案であった。その内容は、高齢者の保険料負担の軽減策がメインであったが、家族介護支援についても「介護者の物心両面にわたる負担を軽減するため、慰労金やリフレッシュ事業等の適切な措置を講ずる」と触れられていた。これを踏まえ、同年11月、厚生省は、介護保険制度に対する特別対策を取りまとめた(11)。

その中で、家族介護支援事業として、介護保険法とは別の予算措置により、市町村が家族介護支援事業を実施したときに国が助成することとなった。家族介護支援事業とは、市町村が選択するメニュー事業で、①家族介護教室や家族介護者ヘルパー受講支援事業等、②介護用品（紙おむつなど）の支給や家族介護者交流事業（一人当たり年額10万円まで）、③家族介護慰労事業、であった。家族介護慰労事業では、重度（要介護４・５）の低所得（住民税非課税世帯）高齢者の介護を行っている家族への慰労として、介護保険のサービスを1年間利用しなかった場合に年1回、年額10万円までの金品（家族介護慰労金）を市町村が支給する場合には国が助成することとなった。

Ⅲ　5年後の見直しにおいて

法附則第2条の規定等を踏まえ、社会保障審議会介護保険部会において、2003（平成15）年5月27日から制度見直しの審議が始まった。保険者のあり方、保険給付のあり方とその内容、サービスの質、要介護認定、保険料負担等財政のあり方、被保険者の範囲等がテーマに掲げられた。前述したとおり、制度創設時に大きな争点となり、結論が先延ばしされた現金給付問題も保険給付のあり方の中で審議されることが予想されたが、実際にはテーマにもあげられず、ほとんど審議されることがなかった。

介護保険部会が2004（平成16）年7月30日にまとめた「介護保険制度の見直しに関する意見」をみると、「家族支援と現金給付について」という項目がある。その中で、制度創設検討時における賛否両論の議論を紹介しながら、①制度施行後4年を経て、当初の予想以上にサービス利用が拡大したことから、保険料負担の見返りとしての現金給付の意義は薄らいだこと、②国民の意識で「家族だけに介護されたい」とする者の割合が大幅に減少していること、③現金給付を導入すると介護費用がさらに大きく増大するおそれがあること、から消極的な意見が強まっている、とした。これにより、意見書では明文化されていないが、現金給付の制度化は不可であることを示唆した。家族支援のあり方として、家族に対する相談・支援体制の強化、地域における「見守りサービス」、家族のレスパイトサービスの充実を図っていくことが必要である、とした。

施行後5年を目途とする改正となった介護保険制度の2005（平成17）年改正では、政府は、介護給付費の増大に対して危機感を抱き、介護予防の強化による要介護者の伸びの抑制、施設における食費・居住費の自己負担化等の対応策がとられた。こうした状況では、保険給付費増となる現金給付の創設という選択肢は、最初からなかったと言わざるを得ない。前述した消極的な意見の理由の中で、介護保険財政面に関する③が実質的に現金給付を見送ることとした理由であろう。現金給付（介護手当）の可否について、事務局（厚生労働省老健局）は審議会の主たるテーマから外し、このことについて審議会委員から異論が出されることもなく、ほとんど審議されることがない「無風状態」で取りまとめた結果が、前述の意見書の内容であった。

２００５年改正以降、２００８（平成20）年改正、２０１１（平成23）年改正、２０１４（平成26）年改正と続くのであるが、現金給付（介護手当）の制度化が審議の俎上に上がることはなくなった。[12]

Ⅳ　ドイツの介護保険制度における家族等介護者支援

わが国の社会保障制度は、欧米、とくに西欧の制度を参考にして創設することが多く、特に介護保険制度のように世界的に見ても先駆的な制度については、制度設計に当たってドイツの介護保険制度を参考にした。しかし、現時点で振り返ってみると、事務局や審議会委員の間でドイツの介護保険制度の理解が不十分であったことが、現金給付の制度化に当たって否定的な結論を導くことになった要因の一つになったと考えられる。

ドイツの介護保険制度における現金給付は、要介護者本人が選択する保険給付であり、その当時、日本の地方自治体が単独事業として行っていた介護手当とは目的、考え方が異なるものであったが、現金給付という点で類似したものと認識された。

さらに、ドイツでは実施後は、現金給付を選択する者が大半を占めたので、現金給付の制度化がサービス基盤の整備の障害になっているという「マイナス評価」をする人がみられた。確かに、在宅給付のうち現金給付の占める割合は71%（1997年、金額ベース）であり、受給者のうち現金給付のみを受けている者の割合は、実施当初の1995年では83%であった(13)。大多数の人が現金給付を選択した。一方で、在宅サービスを提供するソーシャル・ステーションも、1992年当時の約4000か所から、介護保険導入後の1997年には約1万1700か所に増加した(14)。決して、現金給付の利用者が多いことが、サービス基盤の整備に悪影響を与えることはなかった。現金給付のみを受けている者の割合は、2001年では50%と減少したように、徐々に外部サービス利用者が増加していった。

後述するとおり、ドイツの介護保険制度では要介護者の選択の自由を保障しており、現金給付を選ぶ者が多いからといって否定的にとられることはなく、また、そのことがサービス基盤整備に悪影響を与えたと問題視されることもなかった。逆に、現金給付の存在は国民に評価されており(15)、現物給付と並んで在宅介護給付の中核をなして、現在に至っている。現金給付の受給者が多いことをもって、ドイツ介護保険を問題視することは、誤った見方であった。さらに、後述するとおり、ドイツ介護保険では介護者による介護労働を社会的に評価し、社会保険の適用などさまざま施策が講じられている。在宅の介護者に低額の現金を支給するだけという日本の地方自治体による介護手当とは全く次元が異なるものである。

また、ドイツにおいては、現金給付の制度化が「家族、特に女性を介護に縛り付ける」といった批判は皆無であった。要介護者の選択の結果、現金給付が選択されたのであり、現金給付の受給者が多いことが問題視されることはなかった。[16]

ドイツの介護保険の保険給付の特徴を整理すると、次のとおりである。[17]

① 介護保険の基本理念の一つが「在宅介護の優先の原則」であり、家族などの介護が基本で保険給付はこれを補完するものという位置づけである。具体的には、インフォーマルケア（私的介護：家族や親族、ボランティア等が行う非制度的な介護）を前提にした上で、フォーマルケア（公的介護：介護保険制度に基づく外部の事業者による介護）と組み合わせて、要介護者の介護保障が行われる。インフォーマルケアを社会的に評価、推進する手段の一つとして現金給付がある。[18]

② 外部の事業者の介護サービスを利用するのか、家族等の介護サービスを利用するのかは、被保険者（要介護者）本人の選択に委ねており、本人の自己決定を尊重するための方法として、現金給付が制度化されている。なお、保険給付される現金給付に対して使途の制限はない。

③ 現金給付以外に、家族等の介護者に対して、社会保険の適用等、さまざまな介護者支援策が講じられている。[19]

図表—17は、ドイツ介護保険の給付内容の概要である。在宅介護においては、現物給付と現金給付がある。各介護等級における現物給付の金額は支給限度額を示すが、現金給付は定額である。要介護者は、現物給付と現金給付のどちらかを選択できるし、両者を組み合わせて利用することもできる（コンビネーション給付）。たとえば、現物給付を限度額の3分の1まで利用すると、現金給付は3分の2の支給となる。現金給付の水準は現物給付の4割から5割である。このことにより、前述したとおり在宅介護給付では現金給付を選択する人が多いので、結果的に介護保険の保険給付の増大を抑制する効果があり、保険料の上昇も抑えている[20]。

現金給付の受給に当たっては、要介護認定と併せて、保険者が設置した医療保険のメディカルサービス（ＭＤＫ）の審査を受ける。現金給付の受給開始後も、認可介護サービス事業の介護専門職などが定期的に家庭を訪問し、必要な介護が行われているかどうかを確認し、必要に応じて助言を行う。要介護者が、この助言を受けない場合には現金給付が減額され、それが繰り返される場合には支給が停止される。このように保険者による監視のシステムをつくっていることから、現金給付に対する日本での批判、たとえば現金が介護サービスの利用に結びつかないといった批判は当たらない。

さらに、家族等のインフォーマルケアの介護者に対する支援策が、次のとおりいろいろと講じられている。法律上の定義では、介護者とは、要介護者を職業的にではなく、週14時間以上在宅で介護している人のことである。

① 代替介護の給付：保険給付の中で、表にあるとおり、代替介護の給付がある。これは介護者が介護疲れをいやすために休暇をとったり、病気で介護ができなかったりした場合、介護サービス事業者の介護職員が介護者の代わりに行う介護（代替介護）のための費用を1暦年当たり6週間まで負担するものである。

② 年金保険の適用：年金保険では、介護者は被保険者と位置づけられ、保険料は、保険者の介護金庫が負担する。この年金保険料は、通常の就労に基づき賦課される年金保険料と同等に取り扱われる。また、介護金庫による年金保険料の負担は、就労していない介護者および就労を中止し

図表-17 ドイツ介護保険の給付内容の概要（単位：ユーロ）

給付の種類		要介護度 I	Ⅱ	Ⅲ	Ⅳ	Ⅴ
在宅介護	現金給付（月）	―	316	545	728	901
	現物給付（月）	―	689	1,298	1,612	1,995
	代替介護（年6週まで）	―	1,612			
	介護用品（消耗品）（月）	40				
	介護補助具	優先的に貸与。調達の場合は、自己負担10%、ただし最高でも25				
	住環境改善措置	1措置につき4,000。複数の要介護者が共同で請求するときは最高で16,000				
部分施設介護	デイケア・ナイトケア（月）	―	689	1,298	1,612	1,995
	ショートステイ（年4週まで）	―	1,612			
完全施設介護		125	770	1,262	1,775	2,005
追加給付	負担軽減手当	125				
	介護グループホーム入居の場合の追加給付（月）	214				

（注）2017年1月1日施行
（出典）渡辺（2016）をもとに筆者一部修正

た介護者だけでなく、週30時間までの就労を行う介護者に関しても行われる。

③　労災保険の適用：介護者は、労災保険の被保険者となり、介護活動に伴う労働災害について、労災保険による保障の対象となる。そのための労災保険料は徴収されず、市町村が負担している。

④　失業保険の適用：失業保険では、失業手当を給付されていた人が介護のために仕事に就けない場合、介護が終了しても仕事に就けない場合に、失業保険が適用される。すなわち、失業手当の支給や、介護修了による職業復帰のための職業訓練費用の支給などが行われる。

⑤　医療保険料や介護保険料に対する補助：介護者の介護期間には、医療保険料および介護保険料に対する補助金の給付がある。

⑥　介護講習会の実施：介護保険の給付として、介護を行う家族およびボランティアに対して無料の介護講習会が実施されている。この介護講習会では、介護専門職から在宅での介護の軽減・改善に役立つ知識が教授されるだけでなく、受講者間での介護に関する情報・意見交換も行われる。

さらに、介護保険外での制度であるが、２００８年7月から介護休業制度が導入され、15人を超える従業員を雇用する使用者の下で就労する者は、近親者の介護のために、最長6か月間、無給で仕事の全部または一部を休業することが可能となった。

このようにドイツの介護保険では、家族等の介護者に対して、現金給付ばかりでなく、代替介護の給付や各種社会保険の適用、介護講習会の実施など、総合的に支援していく仕組みがとられている。前述した日本の介護手当議論においては、こうした介護者支援という視点が欠けていて、現金給付の是非論にだけ終始してしまった。そのため、現金給付がもつ負の面（現金が無駄に使われる、少ない金額で家族、特に女性を介護に縛り付ける、財政負担の増大につながる等）が強調され、制度化されなかったばかりでなく、家族やボランティアによる介護というインフォーマルケアの意義に対する考察や、介護者支援の政策もおざなりなものとなってしまった。(21) 今後、再び現金給付（介護手当）の制度化について検討するのであれば、家族等の介護者支援施策の手段の一つとして位置づけて考察することが適当であると考える。

V　介護者への支援の必要性

ドイツの介護保険では、要介護者本人への現物給付による支援ばかりでなく、現金給付や社会保険への適用等による家族等の介護者支援策が講じられている。ドイツでは、介護保険の創設前から、現金給付を行う制度が存在していた。１９８９年に医療保険に在宅介護給付が導入され、要介護の原因を問わず、在宅の重度要介護者に毎月一定額の介護手当が支給されていた。介護保険では、この医療保険制度における介護手当と比べて、対象者の拡大と水準の引上げを行ったとみることができる。

介護保障システムの構築において、現物給付と現金給付を併用することは、ヨーロッパでは一般的な施策である。（**図表―18**）にみられるとおり、ドイツばかりでなく、イギリスやフランス、スウェーデン等でも、財政手段は異なるものの、現物給付と現金給付の併用である。

現金給付の利点をあげれば、ドイツ介護保険のケースで説明したとおり、①介護サービス利用に当たっての要介護者本人の自己決定の保障と裁量範囲の拡大、②介護者に対する介護への動機づけや介護の促進、介護労働の評価、につながる。

介護保障システムの構築に当たって現物給付と現金給付を併用するということは、言い換えれば、制度上の外部サービスによるフォーマルケアと家族等によるインフォーマルケアの組み合わせによって対応するということである。OECD報告「高齢者介護」（2005）によると、報告の対象となった19か国の先進国では、家族等によるインフォーマルケアが必要不可欠なものとなっており、要介護高齢者に提供されている介護時間のうち、インフォーマルケアが80％以上にのぼるという。

岩間大和子（2003）や三富紀敬（2008、2010）によれば、ヨーロッパでは介護者支援に関して長い歴史と多様な支援策を展開している。

たとえば、イギリスの場合、1975年に家族等介護者(22)への社会保障給付（障害者介護手当）が創設され、その後、支給対象者の拡大が図られてきた。1986年には、介護者を対象にした法律、「障害者（サービス、専門的相談及び代理）法」が制定された。この法律では、地方自治体は、障害者のニーズを決定する際には、介護を継続する介護者の能力を配慮しなければならない旨の規定が設けられた。1995年には、「介護者（認定及びサービス）法」が制定された。同法では、介護者に対して、介護能力や介護持続能力に関するアセスメントを受ける権利が規定された点が画期的であった。地方自治体は、介護者の請求に応じて、アセスメントを実施することが法的に義務づけられた。

2000年には、「介護者及び障害児法」が制定された。同法では、介護者に関して、①地方自治体のアセスメントを受ける権利、②そのアセスメントに基づき必要なサービスを受ける権利、③必要なサービスの提供に代わる直接給付（現金給付）の支給、④休暇等のためのバウチャー（利用券）制度の導入等が規定された（岩間、2003）。この頃、ブレア政権では、「介護者全国戦略―

図表-18 欧米諸国の高齢者向け公的介護保障プログラムの概要

国	介護の種類	プログラム	財　源	給付形態	設定基準
イギリス	居宅介護・施設介護	ＮＨＳ（国民保健サービス）	一般税	現物給付	全国民
	居宅介護・施設介護	ソーシャル・サービス	一般税	現物給付	全国民（財産調査の対象）
	居宅介護	社会保障給付	一般税	現金給付	同上
ドイツ	居宅介護	公的介護保険	保険料	現物給付・現金給付	全国民
	施設介護	公的介護保険	保険料	現物給付	全国民
フランス	居宅介護・施設介護	APA（個別化自律手当）	一般税・拠出金	現物給付・現金給付	60歳以上の者
	居宅介護	社会援助	一般税	現物給付	低所得高齢者
スウェーデン	居宅介護・施設介護	パブリック・ロングターム・ケア	一般税	現物給付	全国民
			一般税	現金給付	全国民
アメリカ	居宅介護・施設介護	メディケア	保険料	現物給付	障害を持つ65歳以上の者
	居宅介護・施設介護	メディケイド	一般税	現物給付	全国民（財産調査の対象）

（出典）OECD「高齢者介護」

介護者をケアする―」（1999年2月）や、「長期ケア憲章」（1999年12月）を定めている。「介護者全国戦略」は、政府として初めて介護者に重点をおいて総合的な政策を提示したものであり、「長期ケア憲章」では、要介護者とともに介護者をともに援助するということを政府が宣言したものである。

2004年には、「介護者（平等な機会）法」が制定された。同法では、地方自治体の法的な責務としてアセスメント請求権を介護者に知らせる義務を規定した。また、アセスメントは介護者が日常生活上の援助を継続することが可能かどうかの調査にとどまらず、労働もしくは求職の意思、生涯教育と訓練、余暇活動への参加の意思についても確認されることとなった。2004年法の理論的な拠り所は、社会的排除と社会的包摂であった。すなわち、介護者は要介護者の世話にあたることから、社会的な排除を余儀なくされる社会階層の一員に属すると把握される一方、介護者が他の人々と同じように労働市場に参加するとともに余暇をごく普通に享受することができるよう、社会的包摂の促進を視野に収めている（三富、2008）。

このようにイギリスの介護者支援は、要介護者を支援することに関連して介護者支援があるのではなく、介護者が介護を行っていること自体に着目して介護者自身を支援しようとする点や、介護者自身の権利の尊重という視点を含んでいる点に注目すべきである。日本では、要介護者に対して、現物給付である介護サービスを充実させることにより家族等の介護者の介護負担を軽減させることが介護者支援である、との認識がある。しかし、要介護者に対する現物給付の充実は、介護者からみれば、介護者に対する「間接的支援」と位置づけられるものである。後述するような、介護者自身に対する「直接的支援」が、日本の場合、極めて乏しいといえるであろう。

岩間大和子（2003）や三富紀敬（2010）を基に、ヨーロッパにおける介護者支援のための施策を整理すると、次のとおりである。ここでは、「間接的支援」、すなわち要介護者への現物給付による介護者の負担軽減は除いている。

①　介護者の諸権利の法的認知（例　介護者法の制定、介護者憲章の制定、介護者のアセスメントを受ける権利の保障）
②　情報提供、助言および情緒面の支援（例　地域の介護者支援センターによる支援）
③　経済的支援（例　現金給付（介護手当）、税制上の優遇措置）
④　訓練と教育（例　介護講習会）
⑤　社会保障上の優遇措置（例　年金保険料の免除措置、労災保険や失業保険の適用）
⑥　介護者の休暇・休息の保障（例　介護休業制度、代替介護）

実に広範囲の介護者支援策が講じられている。これらと比較をすると、日本の介護者支援策の乏しさが浮き彫りになる。①から⑥の中で該当するものは、介護休業制度と税制上の優遇措置、地域包括支援センター等における相談業務くらいである。ただし、介護休業制度では取得率は低いし、利用しにくいとの批判がある。

介護保険制度の創設過程で介護手当の導入を見送った代わりに、「同居家族の訪問介護の容認」や「家族介護慰労金制度」があるが、いずれも適用要件が厳しくて、該当者や実施自治体の数は極めて少ない[23]。2014（平成26）年度現在で、同居家族の訪問介護を認めている市町村は、全国でわずかに9自治体にすぎない。なお、韓国の介護保険では、療養保護士（日本のヘルパーに相当）が同居家族の介護を行った場合、一定の条件の下に介護保険給付の対象としている。日本のような山間へき地等の地理的な制限等がないため広く行われており、全訪問介護の3分の1程度を占めているといわれている。

家族介護慰労金制度については、749自治体（全自治体の43%）で制度が存在している。[24] しかし、この制度は、要介護4または5の市町村非課税世帯の高齢者を介護する家族で、介護サービスを1年間利用しなかった場合に10万円を上限に支給するというものであるから、対象者はほとんどいないのが現状である。[25] 要介護4または5という重度の要介護者の場合、施設サービスを受ける者の割合が高く、在宅の場合でも訪問介護、訪問看護等の外部サービスの利用、あるいは特定施設入所生活介護（有料老人ホーム）等の利用が多い。仮に、在宅で生活しながら1年間介護サービスを利用しないとなると「介護者の共倒れ」の危険さえある。制度設計上も問題が多い制度と言わざるを得ない。なお、2000（平成12）年度に家族介護慰労金制度が創設されたことから、介護保険導入前に行われていた地方単独事業の介護手当制度は、この慰労金制度に移行したところが多かった。[26]

現在、わが国の介護保険制度における介護者支援は、地域支援事業の中に位置づけられている。厚生労働省通知[27]によれば、介護方法の指導その他の要介護被保険者を現に介護する者の支援のための必要な事業として家族介護支援事業があり、その具体的な内容として次のような例示がなされている。

① 家族介護支援事業

要介護被保険者の状態の維持・改善を目的とした、適切な介護知識・技術の習得や、外部サービスの適切な利用方法の習得等を内容とした教室の開催

② **認知症高齢者見守り事業**

地域における認知症高齢者の見守り体制の構築を目的とした、認知症に関する広報・啓発活動、徘徊高齢者を早期発見できる仕組みの構築・運用、認知症高齢者に関する知識のあるボランティア等による見守りのための訪問など

③ **家族介護継続支援事業**

家族の身体的・精神的・経済的負担の軽減を目的とした、要介護被保険者を現に介護する者に対するヘルスチェックや健康相談の実施による疾病予防、病気の早期発見や、介護用品の支給、介護の慰労のための金品の贈呈、介護から一次的に解放するための介護者相互の交流会等の開催

以上であるが、さまざまな問題点を指摘できる。まず、地域支援事業の中の任意事業と位置づけられているために、その実施は地方自治体の裁量に委ねられていることである。２０１４（平成26）年４月１日現在、前記の家族介護支援事業の中のメニューを一つでも実施している市町村数は１５７７と全体の91％であり、全市町村で実施されているわけではない。また、地域支援事業には予算上の制約[28]があるため、市町村保険者は必須事業を優先し、家族介護支援事業は「二の次」に回されがちになる。さらに、前記のメニューの中で介護者支援事業といえるものは、①と③であるが、個々のメニューごとにみると、実施市町村の割合は大きくない。その上、前述の家族介護慰労金のように事業として存在しても、実際の利用者がほとんどないというものもある。

結局、日本の介護保険では、要介護者本人の自立支援をねらいとして、要介護者本人への保険給付を中心に制度が構築された。要介護者を介護する家族（知人やボランティアも含む。以下「家族等」という。）については、基本的に制度の対象外とされた。このことを証明するかのように、介

護保険法には、家族等に関する規定は一切存在しない。要介護認定においても、要介護者本人の身体・精神状況を審査するものであって、家族の状況は考慮の対象外とされた。介護保障システムにおいては、フォーマルケアとインフォーマルケアが「車の両輪」であるという発想がなかった。

その背景には、①制度創設時において家族等介護の意義や位置づけについての議論がなされなかったこと、②「介護の社会化」のスローガンが広く受け入れられたが、これにより、家族は介護負担が大幅に軽減されるものと幻想されたこと、③一方で、家族が介護をするのは当然とするいわゆる「家族主義」の考え方も根強く[29]、家族等介護者への支援策の検討が忌避されたこと、といった事情を指摘することができる。

しかし、今後ますます高齢化が進み、要介護高齢者数が増加する中で、介護人材不足が懸念されていることや、介護保険給付の中で居宅サービス利用者が全利用者の4分の3を占めていること、介護保険制度が導入されても在宅での介護者の介護負担が軽減しているとは言い難いことなど、さらにイギリスやドイツをはじめとするヨーロッパの取組を参考にすると、家族等の介護者支援の方策について具体的に検討し、制度化する時期に至っているといえよう。

フォーマルケアだけでは、介護人材問題や財政問題等から、早晩、日本の介護保険は限界に達することが目に見えている。また、老老介護の一層の進行や男性介護者の増加など、高齢者介護の状況が変化している。こうした中で介護者の介護負担から高齢者虐待や家族崩壊につながることを考慮すると、家族等介護者への支援の推進・充実こそが、これらの問題への対応であり、家族のきずなを維持・強化する方策であると考えられる。家族等介護者支援が、家族機能の再興という面を有しているのである。インフォーマルケアを正当に評価し、フォーマルケアとの組み合わせにより、介護保険法改正において、介護保障システムを構築していくべきである。[30] そのためには、次回以降の介護保険法改正において、介護者支援を法律上の規定におくとともに、具体的な支援策を保険者の必須事業として設定することが望まれる。

2015（平成27）年現在、一般社団法人日本ケアラー連盟が「介護者（ケアラー）支援の推進に関する法律案」を提案して、国会提出・制定に向けての活動を進めていることは注目すべきことである。この法律案では、介護者支援の施策の基本理念として、①介護者及び被介護者が、個人として尊厳が重んぜられること、②介護者が社会の一員として日常生活を営み、学業、就業その他の活動を継続することが困難とならないように行われること、③介護者を社会全体で支えることにより、介護者の負担を軽減するように行われること、の3点があげられている。

高齢者介護の分野のみならず、障害者福祉の分野も含んで、介護者の諸権利の法的認知や教育・相談、経済的支援、社会保障上の優遇措置等、総合的な内容をもった介護者支援法が制定されることを期待したい。

付記

本論文は、『介護保険の検証』（法律文化社、2016）に所収。この本を作成するに当たって、『介護保険見直しの争点』（法律文化社、2003）の中の「第6章　家族介護の評価と介護保険」を基に、ヨーロッパの介護者支援の動向などを加えて、書き下ろした論文である。2015年頃までの情報を基にした論文であるが、今回、ドイツ介護保険の給付内容を最新版のものに改訂するなど、一部修正した。

私は、高齢者介護対策本部事務局の専任スタッフの時から、家族介護を評価する介護手当の制度化については賛成派であった。しかし、本文中で説明したとおり、老人保健福祉審議会での賛否両論、大蔵省（当時）主計局の反対等により制度化は不可能となった。後に振り返ると、現金給付の是非論にのみ集中してしまったこと、家族等の介護者支援という幅広い観点からの議論が欠けていたことを指摘できる。本論文はその反省のもとに執筆した。

（引用・参考文献）
岩間大和子「家族介護者の政策上の位置づけと公的支援―日英における政策の展開及び国際比較の視点」『レファレンス』、２００３年1月号
大熊由紀子『物語介護保険』上・下、岩波書店、２０１０
沖藤典子『介護保険は老いを守るか』岩波書店（岩波新書）、２０１０
介護保険白書編集委員会編『介護保険白書―施行15年の検証と２０２５年への展望』本の泉社、２０１５
菊池いづみ『家族介護への現金払い―高齢者介護政策の転換をめぐって』公職研、２０１０
経済協力開発機構（ＯＥＣＤ）"Long-term care for Older People"、２００５（邦訳：浅野信久訳『高齢者介護』新社会システム総合研究所、２００６）
齋藤香里「ドイツの介護者支援」『海外社会保障研究』１８４号、国立社会保障・人口問題研究所、２０１３
田中耕太郎「介護手当（金銭給付）の意義、実施状況およびその評価」『海外社会保障研究』１３１号、国立社会保障・人口問題研究所、２０００
深澤和子『福祉国家とジェンダー・ポリティックス』東信堂、２００３
増田雅暢編著『世界の介護保障（第2版）』法律文化社、２０１４
増田雅暢『介護保険見直しの争点―政策過程からみえる今後の課題』法律文化社、２００３
増田雅暢『介護保険の検証―軌跡の考察と今後の課題』法律文化社、２０１６
松本勝昭『ドイツ社会保障論Ⅲ―介護保険』信山社、２００７
三富紀敬『イギリスのコミュニティケアと介護者―介護者支援の国際的展開』ミネルヴァ書房、２００８
三富紀敬『欧米の介護保障と介護者支援―家族政策と社会的包摂、福祉国家類型論』ミネルヴァ書房、２０１０
本沢巳代子『公的介護保険―ドイツの先例に学ぶ』日本評論社、１９９６
本澤巳代子「ドイツ介護保険の展開と家族介護者支援」『福祉社会へのアプローチ（下）』、２０１９
森周子「ドイツ介護保険の現状と課題」『介護保険白書―施行15年の検証と２０２５年への展望』本の泉社、２０１５
湯原悦子「イギリスとオーストラリアの介護者法の検討―日本における介護者支援のために」『日本福祉大学社会福祉論集』122号、２０１０
和田勝編『介護保険制度の政策過程』東洋経済新報社、２００７
渡辺富久子「ドイツにおける介護保険法の改正―認知症患者を考慮した要介護認定の基準の変更」『外国の立法』２６８号、２０１６

注

（１）　大熊（上）（２０１０）では、「研究会には、「家族に現金給付をすべき」という委員は、実は、ひとりもいませんでした」とあるが、これは事実に反する。委員からは、報告書にあるような現金給付の意義を述べる委員がいた。研究会報告に

「一定の現金支給が検討されるべき」との記述が盛り込まれたということは、少なくともこの時点では、研究会委員は、現金給付(介護手当)の制度化に異論がなかったことを示している。

(2) 2000年に要介護高齢者数が140万人とし、在宅の者の一定割合(6割)が、月額2万5000円の手当の支給を受けるものとして試算された。仮に、月額5万円とすると、1995年度では1044億円、2000年度では1059億円となった。

(3) 以下、地方単独事業の介護手当のデータは、和田勝編(2007)の資料による。

(4) 厚生省の試算によれば、国の負担は、介護保険制度の導入によって、2000年度ベースで3700億円の負担減となることが見込まれた。

(5) 審議会は関係者の合意形成の場でもあるので、意見が対立する場合には、事務局が関係委員間の調整役をする場合が多いが、これについては労力と時間を要するので、合意を目指す必要がない事項については対立したままとし、報告書において両論併記のスタイルをとることが多い。

(6) 介護保険の保険給付には5割の公費負担がなされるが、ここで「自らの保険料財源により」と強調しているのは、各種の家族支援事業には国や都道府県の負担金は入らないということを意味している。

(7) 現金給付に対する市町村の主張や公聴会での意見については、菊池いずみ『家族介護への現金支払い』で詳しく説明されている。

(8) 総理府(当時)が1994年9月に実施した「高齢者介護に関する世論調査」によれば、在宅介護者への現金支給について、賛成が58・3%、反対が27・6%であった。男性よりも女性の方が賛成の割合が高かった(賛成者は男性が54・8%、女性が60・9%)

(9) 運営基準では、訪問介護員による同居の家族へのサービス提供を禁じているが、ここでいう同居家族とは要介護者と同一の居宅に居住していることをいうものであって、別居の家族に対するサービス提供を禁止するものではない。

(10) 1999年9月20日、医療保険福祉審議会老人保健福祉部会・介護給付費部会による「同居家族に対する訪問介護に係る部分の改正案等について」(答申書/諮問書)による。同審議会における議論の経緯については、菊池いずみの前掲書が詳しい。

(11) 1999年11月5日、青木官房長官(当時)が首相官邸で「介護保険法の円滑な実施に向けての特別対策」の内容を発表した。

(12) 2016年開催の社会保障審議会介護保険部会で若干の議論はあったが、制度化への否定が主であった(詳細は第8章)。

(13) 『介護保険制度の見直しに向けて:社会保障審議会介護保険部会報告・介護保険4年間の検証資料』(中央法規、2004)所収の厚生労働省資料による。

(14) 田中耕太郎(2000)参照

(15)　シニア社会学会・日本高齢者生活共同組合連合会共催の公開セミナー「ドイツの介護保険制度の最新情報」において講演された、長年ドイツに暮らし、公認介護鑑定人の資格を持つ志方登喜子氏の説明による（２００８年11月27日）ほか、ドイツ人の社会保障研究者は、介護手当について一般に肯定的である。

(16)　日本で介護保険制度の検討が行われていた１９９５（平成７）年11月、東京都内で開催されたシンポジウムに招待されたドイツの介護保険制度の「生みの親」ともされるドイツ連邦労働社会省のカール・ユング次官（当時）は、会場からの現金給付への不安の声に対して次のように答えた。「在宅介護は、家族の参加がなければ不可能。現金給付は無報酬で介護してくれた家族に感謝の気持ちを表すもの。現金を否定的にみる態度は間違っている」（読売新聞１９９５年11月10日）

(17)　本章におけるドイツ介護保険の仕組みの詳細は、本沢巳代子（１９９６）、松本勝明（２０１１）、齋藤香理（２０１１）等の著書を参考にしている。

(18)　田中耕太郎によれば、ドイツ介護保険法案の与党法案における提案理由説明において現金給付（介護手当）は、介護者の介護サービスに対する労働報酬ではなく、要介護者が介護に当たってくれている家族や知人、隣人などの大きな献身に対して物質面での認知及び動機づけに役立つという性格を与えられている、と説明されている（田中、２０００）。

(19)　本沢巳代子は、「介護者のための固有の社会保険給付が認められたことは、介護家族やボランティアの介護労働の価値が、所得活動と同等の労働として社会的に認知されたことを意味する。」と高く評価している（本沢、１９９８）。

(20)　ドイツの介護保険では、１９９５年実施以来、保険料率が1.70％に据え置かれてきたが、２００８年に1.95％に、２０１５年1月からは2.25％に引き上げられた。日本と比べると、実施後の保険料の上昇程度が穏やかである。日本の場合、第1号保険料は3年ごとに改定され、全国平均でみると、２０１５年度は、実施当初の２０００年度の約2倍の水準になっている。

(21)　本沢巳代子は、ドイツの介護保険について、現金給付のみに目が向き、介護者に対する社会保障と合わせて評価しようとしない日本人の態度に対して、ドイツ人たちが不思議な思いと失望感を抱いている、特に女性たちがそう感じていることを認識すべきである、としている（本沢、１９９８）。

(22)　インフォーマルな介護者というと、家族だけではなく、友人や隣人等の介護者も含むので、ここでは「家族等介護者」と表記する。

(23)　田中耕太郎は、これらの制度は法律上の家族介護の位置づけを検討せずに、政治的な妥協の結果であって、「ほとんど現実に適用される人がいないに等しい無残な内容になっている」と評した（田中、２０００）。

(24)　厚生労働省「平成26年度介護保険事務調査」による。

(25) ２００２年４月１日現在の数値として、家族介護慰労事業を有する自治体の割合は全国の62％、その中で実際に利用実績があった自治体の割合は37％、利用人数は全体で２０３９人にすぎなかった（厚生労働省社会保障審議会介護保険部会資料、２００４年）。

(26) 現行の介護保険制度において、ドイツ介護保険の現金給付と類似の性質の現金給付を行っているユニークな地方自治体として、岩手県上小阿仁村がある。介護保険法第42条第１項に基づく特例居宅介護サービス費として、自宅において要介護３から５の人を就業しないで介護している世帯に対して、一定額（要介護５の場合、月額12万円。自己負担額や業務委託料を控除すると10万２０００円を上限）を支給する。事業者の介護サービスとの併用も可能。２００８年４月から実施し、２０１５年６月現在で19人の利用者がいる。

(27) 「地域支援事業の実施について」（平成18年６月９日老発０６０９００１）

(28) 地域支援事業の事業規模は、各市町村の介護保険事業計画に定める介護給付費等対象サービス見込量等に基づく介護給付・予防給付見込額の３％以内とされ、このうち、介護予防事業または介護予防・日常生活支援総合事業が２％以内、その他の包括的支援事業・任意事業が２％以内とされている（２０１４年度現在）。

(29) 本文で述べた同居家族への訪問介護の禁止ばかりでなく、同居家族がいる場合には訪問介護の生活援助サービスは基本的には認めない、とする介護報酬上の規定も、「家族主義」のあらわれの一つといえる。このことが要介護者の自立生活を損なったり、介護現場に混乱をもたらしたりしたことについては、沖藤（２０１０）に詳しい。

(30) 介護保険の２０１４年改正において、予防給付の見直しでもあり、地域包括ケアシステム推進の一環でもある、要支援者に対する予防給付（訪問介護と通所介護）を地域支援事業に移行し、住民団体等によるサービス等で対応しようとすることは、インフォーマルケアの制度化の一歩とみることもできる。

第8章

家族介護者支援は急務の課題

I　はじめに

２０２１（令和３）年1月5日、福井地裁で、いわゆる介護殺人事件に関する判決があった。被告は、介護していた義理の父母と夫の３人を殺害した72歳の女性。90代の義理の父母への毎日のお世話が必要になったことに加え、夫が脳梗塞で体が不自由になり、夫への介護が加わった。被告は、３人の食事の準備や食事の介助、入浴の世話、投薬の介助、排せつ物の処理などを行いつつ、夫が社長を務める会社の事務を行っていたという。やがて、介護の疲れから自立神経失調症になった。終わりのない介護の果てに、２０１９（令和元）年11月の深夜、３人の首をタオルで絞めて窒息死させ、自らも自殺を試みた。老老介護、多重介護のはての殺人であった。裁判長は、被告の事情を配慮しつつも結果の重大性から懲役18年を言い渡した。(1)

介護保険導入20年を経過しながらも、こうした介護殺人の悲劇は後を絶たない。湯原悦子日本福祉大学教授によれば、介護者が被介護者を殺害する介護殺人は毎年50件前後発生しているという。(2) 殺人に至る事情は事件によってさまざまであろうが、一般に加害者は介護に熱心に頑張っている。しかし、やがて介護に疲れ果てて、介護者自身が「介護うつ」になるなどして不幸な事件を引き起こしてしまう。冒頭の事件の場合、被告も被害者3人もすべて介護保険の被保険者である。介護保険制度において、介護者である被告を支援できなかったのだろうか。他の介護殺人事件の場合も同様である。介護保険料を負担する見返りに介護者支援策の給付があれば、悲劇を食い止めることができたかもしれない。

けれども、第7章で解説したとおり、日本の介護保険制度では介護者支援策は皆無に近いのである。

介護保険制度創設のねらいの一つは、高齢期における介護不安を解消し、要介護状態になっても安心して生活できるようにするとともに、家族等の介護者の負担軽減を図ることにあった。たしかに要介護者本人に対する支援策は、ケアマネジャーを中心とするケアマネジメントなど、一応の態勢が整えられている。一方、家族介護者に対しては、要介護者が介護サービスを利用することによる間接的な負担軽減策はあるけれども、その軽減度合いは限定的であるし、介護者への直接的な支援策はほとんどない。そのことが、介護殺人や介護虐待が起こる要因の一つではないかと考える。

本章では、第7章を受けて、今後の家族介護者支援の方向を考察するとともに、介護保険法における介護者支援の法定化や、具体的な政策の展開を提案する。(3)

Ⅱ　介護者の実態

最初に、本章執筆の２０２１年10月時点で入手できる各種データをもとに、介護者の実態を浮き彫りにしてみよう。

(ア)　全国の介護者の数

総務省「平成28年社会生活基本調査」(4)によると、平成28（２０１６）年10月時点で、15歳以上でふだん家族を介護している介護者の推計は、全国で約６９９万人、全人口の５・４％である。20人に１人は介護者という計算になる。介護保険実施後の２００１（平成13）年の約４７０万人と比べて１・５倍の増加である。男女別では、男性が２７８万人、女性が４２１万人と、女性が介護者全体の約6割を占める。年齢階級別では、60歳以上の者が303万人と全体の約5割を占めている(5)。調査当日に実際に介護・看護を行った人の平均時間は、男性が2時間32分、女性が2時間28分。この調査では初めて男性が女性の時間を上回った。

(イ) 要介護者等のいる世帯

厚生労働省の国民生活基礎調査(6)によれば、要介護者等のいる世帯の世帯構造は、2019年時点で、核家族世帯40%、単独世帯28%、三世代世帯13%である。介護保険実施直後の2001年の数値と比較をすると、2001年の場合、核家族世帯29%、単独世帯16%、三世代世帯33%であるので、三世代世帯の割合が減少し、核家族世帯と単独世帯の割合が増加している。

(ウ) 介護者の状況

主な介護者の同居の有無等では、2019年では、同居が54%、別居が14%である。2001年と比較をすると、同居の割合は71%であったので、同居の割合が減少している。

主な介護者と要介護者との続柄をみると、配偶者が23・8%で最も多く、次いで子が20・7%、子の配偶者が7・5%となっている。別居の家族等は13・6%、事業者は12・1%である。子の配偶者とは、ほとんどが息子の配偶者、つまり嫁のことである。**図表―19**は、1995(平成7)年の調査から2019年までの主な介護者の割合の推移を示したものである。配偶者や子の割合にはあまり変化はないが、子の配偶者(嫁)の割合は調査のたびに減少し、1995年(29・5%)と2019年(7・5%)を比べると大幅に減少していることがわかる。

図表-19 主な介護者の割合の推移

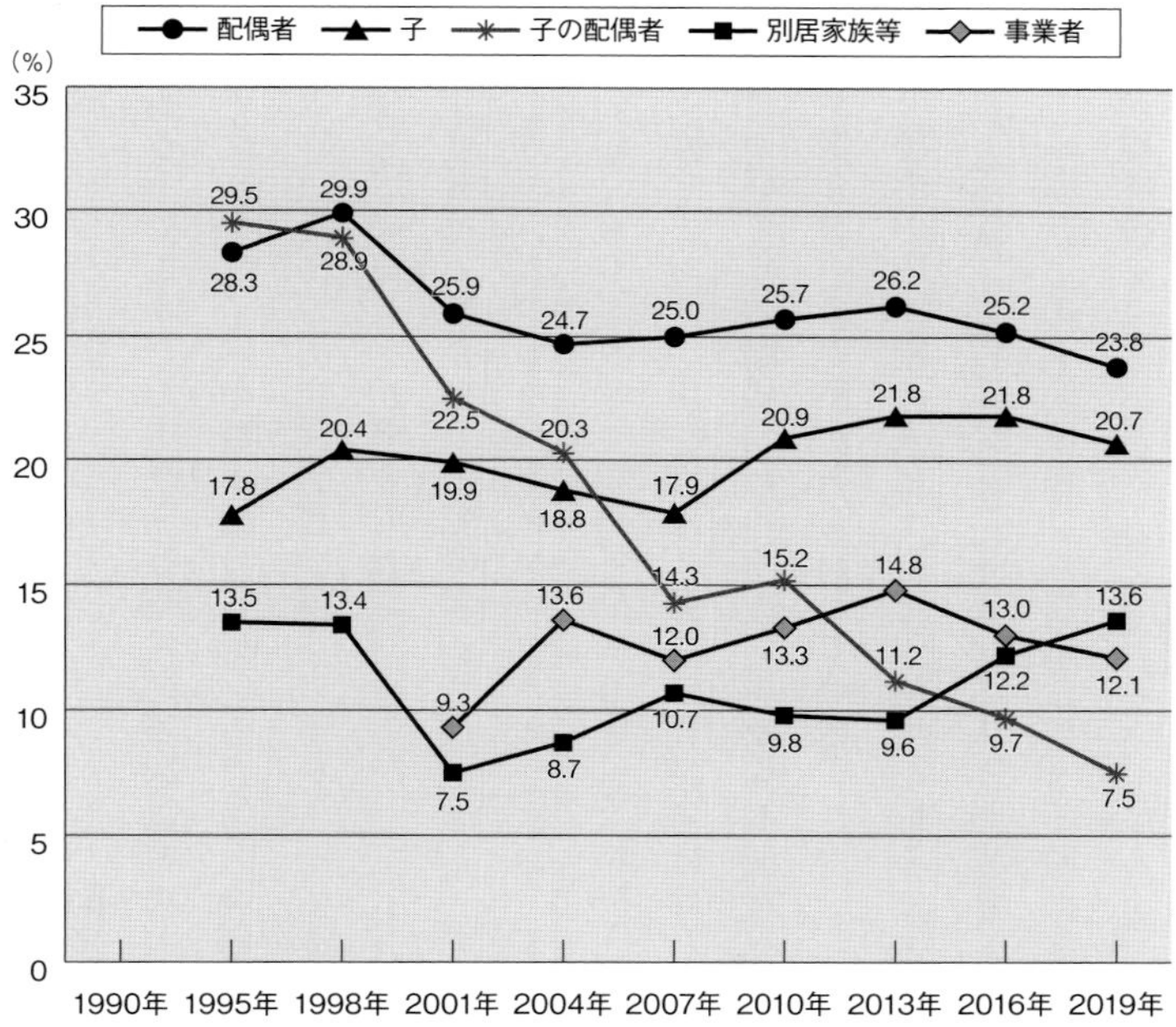

（出典）厚生労働省「国民生活基礎調査」

1990年代に介護保険制度が検討されていたときには、介護者の中で嫁の割合が高いことが、介護手当の制度化議論の中で「少しばかりの現金を給付することで嫁の介護を固定化する」として介護手当否定論の有力な根拠の一つとなった。しかし、**図表―19**にあるとおり、その後の介護者の属性の変化をみると、こうした1990年代の議論は昔のものになったことが理解できる。その理由として、少子化により子供の数が減少しているため、夫婦はそれぞれの実の父母の介護問題に関与せざるを得ないことや、三世代世帯が減少していることから同居していない義理の父母の介護を行う機会が減少していることが考えられる。

現在の主な介護者は、要介護者の配偶者か子供である。その結果、介護者は女性ばかりでなく男性の割合が高まっている。主な介護者を性別でみた場合、1995年では男性16・0%、女性84・0%であったのが、2019年では男性35・0%、女性65・0%となっている。この調査のたびに男性の割合が上昇しており、現在では、男性の介護者は珍しい存在ではなくなっている。

主な介護者について年齢階級別にみると、男女とも60歳以上が約7割を占める。高齢者が高齢者を介護する「老老介護」の実態があらわれている。

同居の主な介護者の約7割の人は、日常生活での悩みやストレスを抱えている。悩みやストレスの原因としては、「家族の病気や介護」をあげる人が最も多く、次いで「自分の病気や介護」、「収入・家計・借金等」、「家族との人間関係」、「自由にできる時間がない」等があげられている（2016年度国民生活基礎調査より）。

(エ)　介護時間

図表―20は、要介護度別にみた同居の主な介護者の介護時間の構成割合を示したものである。全体平均では、「ほとんど終日」が19・3％、「半日程度」が9・4％、「2～3時間程度」が11・9％、「必要なときに手をかす程度」が47・9％となっている。要介護度別にみると、要支援1・2の場合は「必要なときに手をかす程度」が約7割であり、介護者の負担が小さいことがわかる。ところが、要介護度が重くなるにしたがって、介護時間が増えていく。要介護3になると、3分の2の介護者の介護時間が「2～3時間」以上になる。介護者の3分の1は「ほとんど終日」になる。要介護4や要介護5になると、介護者の約半数は「ほとんど終日」になる。要介護度が高い場合は、介護者の介護が長時間となり、介護負担が重いことが如実にうかがえる。

介護保険制度における介護サービスを利用した場合、通所介護の場合は、要介護者がデイサービスセンターに通っている数時間は、介護者の負担は軽減される。訪問介護の場合は、1日に2回来てもらってもヘルパーさんが来ている時間は負担が軽減されるが、それ以外の時間、さらに夜間には、介護者がつきっきりで介護を行わなければならない。大変な労力であるが、現行の介護保険制度においては「無償の労働」として制度的な評価や支援は何もない。これでは要介護3以上の場合、在宅ではなく施設サービスを利用しようとするインセンティブが働くことは否定しようがない。かくして、介護保険施設等の入所施設に対する需要は大きくなり、保険給付の支出を拡大する方向に動く。

(オ)　介護離職

総務省の労働力調査によれば、2008（平成20）年から2017（平成29）年までの10年間に、「介護・看護のため」離職した人が約85万人、毎年平均約8・5万人にのぼる。実際に離職した人に加え、仕事と介護の両立に悩んでいる「介護離職予備群」も相当数存在すると推測できる。そこで、政府は、2016（平成28）年度から「介護離職ゼロ」に向けて取り組んでいる(7)。ただし、この施策の中で、介護者に対する直接的な支援は、介護休業制度の見直しのほかは、地域包括支援センターにおける家族介護者に対する相談機能の強化という程度である。

(カ) 高齢者虐待

高齢者虐待については、厚生労働省が毎年発表する「高齢者虐待の防止、高齢者の養護者に対する支援等に関する法律」に基づく対応状況等に関する調査結果によると、2019年度において、養護者による高齢者虐待と判断した件数は全国で約1万7000件にのぼる。虐待の種類別にみると、身体的虐待が67％、心理的虐待が39％、介護等放棄が20％、経済的虐待が17％となっている。虐待を受けた者（被虐待者）と虐待を行った者（虐待者）との同居・別居の状況では、虐待者のみの同居が51％、虐待者及び他の家族との同居が36％である。同居の家族が虐待を行っている。

被虐待高齢者からみた虐待者の続柄は、息子が40％で最も多く、次いで夫が21％、娘が18％、妻が7％の順となっている。息子と夫という男性が全体の約6割を占めている。被虐待者と虐待者は、介護保険の被保険者であることが一般的であろうから、虐待を防止するものとして介護保険は無力であったことを示している(8)。

以上、現在の介護者の状況についてさまざまなデータをもとに概観したが、基本的に居宅における家族等の介護者に対する支援策は極めて乏しい現状にあり、本章で提案するような支援策の充実を図ることが急務の課題である。

図表-20 要介護度別にみた同居の主な介護者の介護時間の構成割合（2019 年）

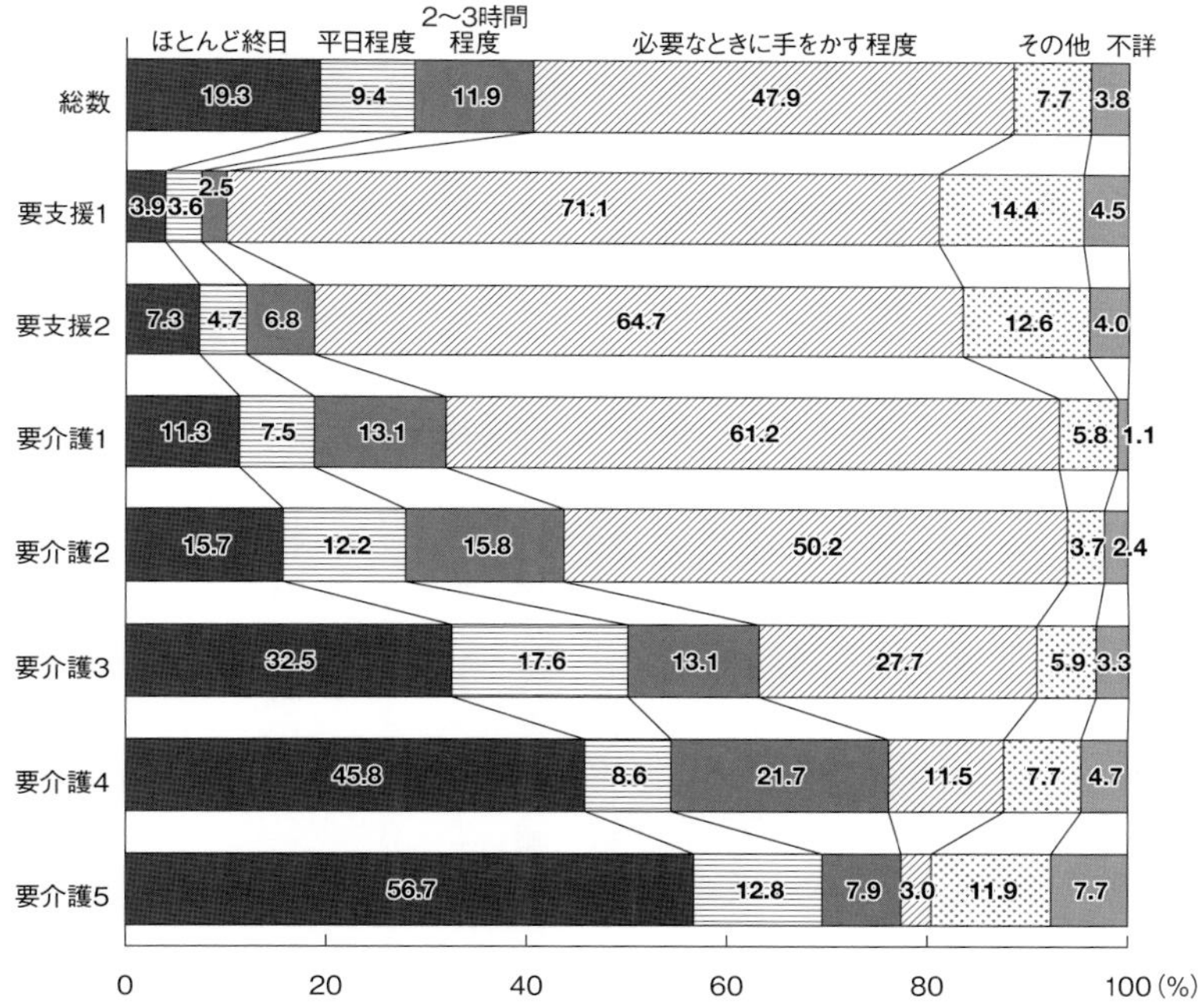

（注）「総数」には要介護度不詳を含む。
（出典）厚生労働省「2019年国民生活基礎調査の概況」

III　介護者支援に関する介護保険法での対応

1　介護保険法における介護者支援に関する規定

介護保険制度の創設業務に携わった者として、１９９０年代半ばにおける高齢者介護対策本部事務局での検討を振り返ると、介護者支援をテーマにしたことは一度もなかった。老人保健福祉審議会においても介護者支援のあり方や具体的な支援策が議論されることはなかった。介護手当のみが大きなテーマとして議論されたが、現金給付の是非論に終始して、家族による介護を介護保険制度においてどのように考えるのか、家族介護者に対して介護手当以外にどのような支援策があるのかなどは、全く議論されることはなかった。こうした家族介護者を制度創設議論から外したことは、介護保険法の内容にも影響を及ぼした。

介護保険法（平成9年法律１２３号）は、介護を必要とする者（要介護者）に対してどのようにして保険給付を行うのか、ということに関する規定を中心に構成されている。要介護者に対して介護を行う家族介護者については法律の視野の外に置かれている。「介護者」という用語は、介護が必要な者を示す「要介護者」として使われているが、「要介護者を介護する」という意味での「介護者」という用語の使用例はない。わずかに、市町村の地域支援事業の内容について規定する法第１１５条の45第3項において、「介護方法の指導その他の要介護被保険者を現に介護する者の支援のため必要な事業」という表現が出てくるだけである。

2　家族介護支援事業

この規定に基づき、地域支援事業のうちの任意事業として、地域支援事業実施要綱[9]において「家族介護支援事業」が提示されている。その内容は、①介護教室の開催や、②認知症高齢者見守り事業、③家族介護継続支援事業である。家族介護継続支援事業とは、家族の身体的・精神的・経済的負担の軽減を目的とした事業であり、健康相談・疾病予防事業、介護者交流会の開催、介護自立支援事業があげられている。介護自立支援事業とは、要介護3以上の要介護者を在宅で介護する家族で、要介護者が1年間に介護保険サービスの利用日数が10日以内であるなどの要件を満たした場合、現に介護している家族を慰労するための事業である。この最後にある介護自立支援事業の中に、2001（平成13）年度から実施されている家族介護慰労金事業が含まれている[10]。これは、要介護3以上の低所得高齢者の介護を行っている家庭への慰労として、原則として1年間介護サービスを受けなかった場合に市町村が年額10万円までの金品を贈呈する事業である。

これらの家族介護支援事業であるが、市町村の任意事業であるため全ての市町村が行っているわけではない。たとえば2017（平成29）年度の場合、実施市町村数は介護教室740（全体の40％）、交流会の開催は792（同44％）、慰労金等の贈呈は681（39％）、介護用品の支給は1149（66％）である[11]。

家族介護慰労金事業の詳細についての全国レベルの公表データはない。2018（平成30）年に会計検査院が行った調査によると、調査対象自治体において家族介護慰労金の支給を受けていた者の95%は、年間10日以上の継続的な介護サービスを受けている者であった。このため同年10月、会計検査院は厚生労働省に運用の改善措置の申入れを行い、厚生労働省では厳密な運用を行うことを都道府県に連絡した。要介護3以上の要介護者を在宅で介護し、介護保険サービスの年間利用日数が10日以内で、かつ、市町村民税非課税世帯の家族介護者というと、該当する介護者は極めて少ないものと推察される。

3 育児介護休業法

介護者の権利が法定化されている法律は、介護休業関連の「育児休業、介護休業等育児又は家族介護を行う労働者の福祉に関する法律」(平成3年法律第76号。通称「育児介護休業法」)である。法律の題名に「家族介護」という用語を用いている。育児介護休業法に基づき、要介護状態の家族を介護する労働者は介護休業を取得することができる。介護休業の日数は対象家族1人につき通算93日間を限度として取得できる。休業中は原則として無給だが、雇用保険に加入し一定の条件を満たしていれば介護休業給付金(月賃金の67%が原則)を受け取ることができる。このほか、介護休暇の制度があり、対象家族1人につき年5日、2人以上は年10日取得することができる。さらに、所定外労働や時間外労働、深夜労働の制限や、短時間勤務に関する措置がある。

Ⅳ　ドイツの介護保険法における介護者支援

1　在宅介護の優先

ドイツの介護保険法は、社会法典第11編に「社会的介護保険」として規定されている。ドイツの介護保険の基本原則は、①要介護者本人の自立と自己決定の尊重（法第2条）、②在宅介護の優先（法第3条）、③予防および医学的リハビリテーションの優先（法第5条）である。

「自己決定の尊重」の原則により、保険給付の利用に当たっては、要介護者の希望が尊重される。在宅介護において、現物給付（専門職による訪問介護・看護等のサービス提供）を選択するのか、または現金給付を選択するのかについては、要介護者本人の選択と決定に委ねられている。

「在宅介護の優先」の原則とは、要介護者ができるだけ長く在宅で生活できるように、家族や隣人等の介護の意欲を支援することにより、在宅介護を他の介護方法よりも優先することである。要介護者への保険給付は、在宅介護のための保険給付が優先し、これを補充するものとして部分施設介護（デイケアやショートステイなど）があり、最後に入所施設介護の順ということになる。これは、要介護者を介護する家族や近隣住民等によるインフォーマルケアを第一義的なものとした上で、介護保険によるフォーマルケア（保険給付として専門職によるサービスの提供）はこれを補完するものとして位置づけるという考えのあらわれである（本澤、２０１６）。法律上でもこの考え方を明確にしており、法第4条では、在宅介護や部分施設介護の保険給付は、家族や隣人・ボランティアによる介護や世話を補うものである、と規定されている。

このドイツの「在宅介護の優先」の原則について、筆者の記憶をたどれば、1990年代半ばに介護保険制度の検討を進めていた高齢者介護対策本部事務局では、正確には理解していなかった。事務局では、ドイツの在宅介護優先の原則は、施設介護ではなく在宅介護を優先するものであり、その内容は、要介護者が住み慣れた家で可能な限り自分の生活を続けることができるように、訪問介護などの外部からのサービスで要介護者の自宅生活を支えるものであると理解していた。家族等による介護を前提にした上での在宅介護優先の原則、という認識はなかった。

2　家族などの介護者に対する支援

ドイツの介護保険制度では、家族・隣人等によるインフォーマルな介護を重視していることから、家族等の介護者による介護を社会的に支援するための仕組みが、介護保険法上に規定されている。

まず、要介護者への保険給付の中に「代替介護給付」がある。これは、要介護者を介護する家族等の介護者が病気になったり休息が必要になったりして在宅介護に支障が生じた場合に、要介護者の在宅介護の継続のために、事業者等から代替介護を行ってもらう場合の経費補助である。年間6週間までで1612ユーロまでとなっている。

次に、介護者が社会保障の給付を受ける権利が保障されている。法第19条において、「在宅において週に10時間以上かつ定期的に週に2日以上、介護度2～5の要介護者を1人以上介護する介護者は、社会保障の適用を受けることができる」と規定される。

社会保障の適用として、介護者には年金保険や労働災害保険、失業保険が適用される。これらの社会保険の保険料は、介護保険の保険者である介護金庫が保険料収入で得られた財源の中から支払うので、介護者本人の保険料負担は不要である。介護者に対する社会保障の適用は、家族介護者等の介護を社会的労働と評価したものと捉えることができる。

さらに、介護金庫が実施する無料の介護講習会や介護相談を利用することができる。また、介護期間中は、介護者が負担する医療保険料や介護保険料に対して一定額の補助がある。

要介護者本人への在宅介護給付であるが、結果的に家族等の介護者が手にするものとしては、要介護者本人が受給する現金給付（介護手当）がある。あくまでも要介護者本人の自己決定によるものであるが、結果的にこの現金給付は介護者支援の一つとなる。なお、この現金給付は、専門職による訪問介護・看護などの現物給付と組み合わせて支給を受けることもできる。

このようにドイツでは、介護保険法において介護者支援を法定化するとともに、任意事業ではなく介護保険者の必須事業としてさまざまな介護者支援策が展開されている。

3　ドイツの介護休業制度

ドイツの介護休業制度については、２００８年制定の「介護時間法」により介護休暇が創設されたが、２０１４年12月制定の「家族・介護と仕事のより良い調和に関する法律」（２０１５年１月１日施行）により、10日間の介護休暇、６か月の家族介護時間（完全休業または時間短縮）、24か月間の長期家族介護時間（週15時間以上就労することを条件に労働時間の短縮）という3種類の介護休暇・休業制度が設定された。いずれも、法律上の解雇禁止規定が設けられている。

V　日本とドイツの介護者支援の比較

1　介護者支援が欠如している日本、充実しているドイツ

以上みてきたように、介護保険制度における日本とドイツの介護者支援については雲泥の差がある。

図表—21は、日本とドイツの介護保険制度等における介護者支援策を比較したものである。日本の介護保険制度では介護者支援策は皆無に近いが、前述したとおり、ドイツではさまざまな介護者支援策が法定化されている。これらの介護者支援策は国民の支持を得ている。ドイツでは家族等による介護（インフォーマルケア）を社会的労働として評価しているということができる。介護休業についても、日本よりも種類が多く、期間も長い。

日本では2000（平成12）年4月に介護保険制度実施以来、2021（令和3）年までに主な制度改正が6回行われてきたが、その中で家族等の介護者支援策のあり方や必要性、具体的な政策についてはほとんど議論が行われていない。

介護保険制度の見直しに関する審議を行う厚生労働省の社会保障審議会介護保険部会では、最近、

図表-21 日本とドイツの介護保険制度等における介護者支援策の比較

日　本	ドイツ
【介護保険制度】 地域支援事業による家族介護者への支援 （家族介護支援事業）	**【介護保険制度】** ①代替介護の給付（1年間に6週間まで、家族介護者の代わりに事業者の介護職員等による介護サービスの提供） ②年金保険の適用（年金保険料の負担なし） ③労災保険の適用（労災保険料の負担なし） ④失業保険の適用（失業保険料の負担なし） ⑥医療保険料や介護保険料に対する補助 ⑦介護金庫による介護講習会の実施や介護相談の実施 ⑧要介護者本人への現金給付
【介護休業制度】 介護休暇（原則5日間）、介護休業（最長93日間）、時間外労働の制限・短時間勤務等	**【介護休業制度】** 介護休暇（10日間）、介護休業（6か月間） 長期家族介護時間（24か月間）

２０１６（平成28）12月９日と２０１９（令和元）年12月27日に、「介護保険制度の見直しに関する意見」と題する意見書を取りまとめている。これらの意見書は、それぞれ２０１７（平成29）年の制度改正と２０２０（令和２）年の制度改正に関する具体的内容を整理したものである。この２回の意見書は、分量的にはＡ４で約40枚に及ぶ大部なものであるが、介護者支援に関する記述は、わずかに認知症の人への介護者支援に関する記述が数行程度あるにすぎない。

前述の**図表―20**にあるとおり、介護保険が実施されてから20年を経ても、在宅介護における家族介護者の介護負担はほとんど軽減していない。また、男性介護者の増加、子の配偶者（嫁）の介護者割合の急減、高齢者虐待の増加など家族介護を取り巻く状況が大きく変化している。最近ではヤングケアラーの問題も顕在化してきた。家族介護者支援に関する本格的な議論が始まってもよさそうなものであるが、介護保険部会ではテーマにさえもなっていない。

2　現金給付に関する議論

２回の意見書の中には、それぞれ現金給付に関する記述がある。

２０１６年12月９日意見書では、現金給付について、①家族介護の固定化につながり「介護の社会化」という制度の理念や介護離職ゼロ・女性の活躍推進の方針に反していること、②現金給付の導入により現物給付が縮小すると仕事と介護の両立が阻害されるおそれがあること、③新たな給付増につながり、制度の持続可能性の確保の観点から問題であること等の理由により「現金給付には消極的な意見が多く、現時点で現金給付を導入することは適当でないと考えられる」と結論づけた。

驚くべきことに、ここにあげられた現金給付に対する反対意見の理由の多くは、1990年代の老人保健福祉審議会での消極的な意見とほとんど変化がない。

前記①の理由であるが、現金給付を行うことが「家族介護の固定化」につながることの統計的な根拠はあるのだろうか。また、「家族介護の固定化」という言葉によって家族による介護を否定的に捉えているが、そもそも家族が自分の親や配偶者である要介護者の介護を行うことは問題なのだろうか。「介護の社会化」とは、家族介護を否定する考えなのだろうか、といろいろと疑問が尽きない。(12) ②の現金給付を行うと現物給付が縮小し仕事と介護の両立が阻害されるというが、その根拠もあやしい。少なくともドイツではこうした議論は行われたことがない。ドイツでは現金給付が受け入れられ、①や②のような問題の指摘がないことはなぜなのか、といった考察もない。③についても、現金給付の制度設計次第であり、ドイツの場合は保険給付額の抑制に貢献している。(13) 要するに、意見書があげた反対理由は、現金給付の制度化を否定するための固定観念的な内容にとどまっている。

もっとも2016年の介護保険部会では、ドイツの介護保険制度の現金給付に関する事務局の説明も不十分なものであった。事務局の説明では「ドイツの介護保険給付は、在宅介護、施設介護のほかに現金給付がある」とし、要介護度別の現金給付（介護手当）と現物給付の支給月額の比較表を掲載した資料を提供した。これでは、現金給付と現物給付が対立的なものであるというイメージを抱かせてしまう。しかしこれは誤解を招くもので、ドイツの現金給付も、最終的には介護サービスの提供すなわち現物給付に転化するものである。

ドイツの現金給付は、ドイツ介護保険法第37条に規定されているが、「自ら調達した介護支援に対する介護手当」という条文のタイトルになっている。現金給付は、在宅介護給付における現物給付の代わりに、要介護者本人が選択するものとなっている。この場合の在宅介護給付とは、事業者による身体的介護や介護上の世話および家事支援を指しており、日本でいえば訪問介護サービスである。現金給付（介護手当）は、事業者による在宅介護給付の代わりに、要介護者本人が自ら身体的介護等の介護サービスを確保するときの経費にあてるものである。現金給付といっても、実際には家族や隣人等による現物給付（介護サービス）に転換するものである。現金給付と現物給付を対立的に捉えることは不適当である。

さらに、前述のとおり、家族等の介護者支援策としてさまざまな支援策が制度化されており、現金給付は介護者支援の手段の一つである。このようにドイツの介護保険制度における現金給付の意味・内容等について正確に理解した上で現金給付の議論を行うことが望ましい。ちなみに、現金給付を議論した2016年8月31日の社会保障審議会介護保険部会の議事録を見ると、現金給付に賛成の意見を述べた委員は1人、反対の意見を述べた委員は2人、残りの10数人の委員はコメントなし、という状況であり、意見書にあるような「消極的な意見が多く」というわけではなかった。現金給付に関してほとんど議論が行われなかったというレベルの審議であった。

2019年12月27日の意見書にも現金給付に関する指摘があるが、そこでは、従前からの反対意見や2016年12月9日意見書の消極的意見を簡単に整理したあと、最後に「現金給付については、介護者の介護負担そのものが軽減されるわけではなく、介護離職が増加する可能性もあり、慎重に検討していくことが必要との意見があり、現時点では導入することは適当でない」と結論づけた。現金給付が支給されれば、少なくとも介護者の経済的負担は軽減されるのであるがその言及はなく、介護離職が増加するという根拠も示されていない。2019年の介護保険部会でも、現金給付について時間をとって審議したわけではなかった。厚生労働省事務局も審議会委員も、現金給付のあり方や介護者支援策について、現在のわが国の家族介護者が置かれた状況や問題点を分析することなく、旧態依然とした視点のままほとんど検討しない現状は、誠に残念なことである。

ドイツの介護保険制度における介護者支援ばかりでなく、ヨーロッパではイギリスにおける介護者法の制定をはじめ介護者支援の法制化とその施策の充実化が図られている。こうした諸外国の状況を正確に把握した上で、日本でも介護者支援のあり方について本格的に検討する必要がある。

Ⅵ　介護者支援の法定化と支援策充実への提案

１　家族介護者支援の意義

近年、地方自治体において介護者支援に関して注目すべき動きがみられる。埼玉県では２０２０（令和２）年３月、介護者（ケアラー）を社会で支援するための「埼玉県ケアラー支援条例」が制定された。ケアラー支援に関する全国初の条例である。この条例は、ケアラー支援に関する基本理念を定め、県の責務を明らかにし、ケアラー支援に関する施策を総合的かつ計画的に推進することを目的としている。(14) ２０２１（令和３）年４月には、厚生労働省と文部科学省が行ったヤングケアラーに関する初の実態調査の結果が公表され、注目を集めた。

こうした地方自治体等における介護者支援の動きは、介護保険制度における家族介護者支援のあり方等を検討する際に重要な示唆を与えてくれる。

実際に要介護高齢者を居宅で介護している家族介護者はどのくらいいるのだろうか。冒頭に示した「平成28年社会生活基本調査」による介護者数（約699万人）は、被介護者の年齢を問わないものなので、要介護高齢者を対象にした介護者数ではない。厚生労働省の「2019年介護保険事業年報」では、2019（平成31）年において要支援（要支援1・2）および要介護（要介護1から要介護5）の高齢者数は656万人、ここから介護保険施設入所者や有料老人ホーム・グループホーム等の入所者数158万人を減ずると、在宅の要介護者（要支援を含む）数は498万人になる。約500万人として、これらの要介護者に対して最低でも1人の家族介護者がいる（単独世帯の場合は別居の家族）とすると、家族介護者数は約500万人となる。居宅内の介護者が複数の場合もあり得るので、「最低でも約500万人」の介護者が、要支援・要介護の高齢者を居宅で介護していると推計できる。介護者の年齢層を50歳以上として、50歳以上の総人口に占める割合は8・3%となり、おおよそ50歳以上の者の50人に4人が介護者という計算になる。

これら約500万人の家族介護者が行う介護は、その内容や時間など要介護者の状態によってさまざまであろうが、要介護度別にみた介護保険給付の利用状況から興味深い数字が得られる。「平成29年度介護保険給付費等実態調査」では、要介護度別の居宅サービスの支給限度基準額に対する実際のサービス利用率が示されている。要支援1は26・7%、要支援2は21・1%、要介護1は44・4%、要介護2は53・0%、要介護3は58・8%、要介護4は61・8%、要介護5は65・6%である。支給限度基準額とは、要介護高齢者が居宅で必要な介護サービスを受けることができる保険給付金額の上限であるが、その要介護度の者にとって必要十分の介護サービスの量を示したものと位置づけられている。そうであるならば、支給限度基準額まで利用されなかった分については、家族介護者の介護により補うことができたと考えることができる。支給限度基準額と利用額との差額を求めると、3・6万円（要支援1）から12・4万円（要介護5）となる。家族介護者の介護は、毎月3・6万円から12・4万円の範囲内で介護労働として評価できるのではないかと考えられる。後述する現金給付の制度化に当たって参考になるだろう。

また、家族介護者を支援することにより居宅介護が充実すれば、介護保険施設等の施設介護への需要の低下による介護保険財政への貢献があるほか、深刻な介護人材不足を解消する手段になるだろう。

厚生労働省の第8期介護保険事業計画に基づく介護職員の将来推計をみると、2019年度時点の介護職員数（約211万人）であると、2025年度には約32万人、2040年度では約69万人不足すると見込まれている。居宅介護の中心となる訪問介護分野では、公益財団法人介護労働安定センターの調査（2020年）によると、訪問介護員（ホームヘルパー）の4人に1人が65歳以上の高齢者であるという。ヘルパー不足を感じている事業所は80％にのぼっている。若い人材が訪問介護分野に参画することは少ないため、このままいけば高齢ヘルパーの引退等により、早晩、訪問介護事業は大幅に縮小せざるを得なくなるであろう。地域包括ケアシステムの基盤となるサービスが欠如することになる。これを補うには家族介護者の活用が現実的である。

2　家族介護者支援に関する提案

最後に、家族介護者支援の充実に向けて、次の四つの事項を提案したい。

①　介護保険法に介護者支援に関する規定を加えること

国は要介護状態の家族を介護する介護者を支援する責務があることを法定化にするとともに、②以下で述べる支援策を介護保険法上に位置づける。

②　介護者に対する社会保障の適用

介護者自身が介護保険の被保険者である場合には、介護保険料の減免を行う。また、ドイツ介護保険制度を参考に、年金保険や労災保険、失業保険の適用を図る。

③　介護者に対する現金給付の適用

介護者に直接現金を給付する方法ではなく、ドイツ介護保険制度における現金給付の仕組みを採用する。(15)

ドイツの在宅介護給付にある現金給付であるが、これについて日本では介護者への直接的な現金給付であると誤った認識をする人が多い。ドイツの現金給付は、介護者に対してではなく、被保険者である要介護者本人に支給される。現物給付とは日本の訪問介護のような事業者によるサービス提供であるが、現物給付にするか、それとも現金給付にするかは、要介護者本人が選択する。現物給付と現金給付を組み合わせて受給することも可能である。現金給付は、要介護者本人が在宅での生活を継続できるようにするため自ら調達した介護サービスの経費に使われる。具体的には、介護を行っている家族介護者への労働報酬として支払われる。介護者には同居の家族だけでなく、別居の家族や隣人知人等を選ぶことも可能である。現金給付を利用して外国人家政婦を雇う人もいる。現金給付といっても、最終的には現物給付と同様に介護サービスを受けることに使われるのであって、現金給付と現物給付をことさらに対立的なものとして捉える必要はない。

保険者である介護金庫は、現金給付の支給が適切な介護に使われているのかどうか、介護金庫が委託した介護専門職を定期的に要介護者の自宅を訪問させる。適切な介護が行われていないと判断した場合には、現金給付の支給停止や現物給付への移行といった措置がとられることになる。

ドイツ介護保険制度の現金給付は国民の間に定着しており、在宅介護給付において、現物給付よりも現金給付を選択する人の方がはるかに多い(16)。現金給付の金額は現物給付の限度額の6割程度であるので、保険財政の肥大化を抑制する効果もある。

なお、現金給付の支給を契機に、介護専門職が家族により介護が行われている自宅を訪問するということは、家族介護について外部からの点検が入ることになり、「介護の密室化」の防止や高齢者虐待の発見・防止にもつながるものと考えられる。

④　介護者に対するアセスメントの実施

イギリスの介護者法に規定されているように、市町村は介護者アセスメントを行い、介護者の介護能力や介護に伴う悩み、今後の希望等を把握し、必要に応じ市町村の支援につなげる。

このような介護者支援策は、介護者自身も介護保険の被保険者であることがほとんどであることから、被保険者の保険料負担の見返りとしての保険給付の一つと捉えることもできる。言い換えれば、社会保険における被保険者の権利の拡大である。

現行制度では、約500万人の家族介護者による介護は無償の行為であるが、無償であるがゆえに介護の質の問題や虐待問題などをはらんでいる。その世界にドイツ介護保険に制度化されたような介護者支援を導入することにより、介護者の身体的・精神的負担や経済的負担を緩和するとともに、適切な介護の実施や虐待防止などの効果をもたらすであろう。さらには、介護保険財政の肥大化の抑制や、介護人材不足への対策の一つとなるであろう。

付記

本論文は、本書を作成するに当たって、2021年10月に書き下ろしたものである。家族介護者支援の法定化と具体的な施策の展開の必要性は、筆者の持論である。介護保険制度検討時の専任スタッフとして、制度創設の検討に当たって介護者支援の視点を欠いたことの反省もある。本書第7章の内容をさらに深堀させる観点から執筆した。最後に提案した家族介護者支援の充実に向けての四つの事項の実現を期待したい。

（引用・参考文献）
菊池いづみ「家族介護に対する支援策の今日的課題」『季刊個人金融』2018年春号、2018
菊池いづみ「市町村における介護者支援事業の展開」『社会保障研究』第6巻第1号（2021年7月）、2021
齋藤純子「ドイツの介護休業法制」『外国の立法242』（2009年12月）、2009
三菱UFJリサーチ&コンサルティング「家族介護者支援に関する諸外国の施策と社会全体で要介護者とその家族を支える方策に関する研究事業報告書」（令和元年度老人保険事業推進費等補助金老人保健健康増進等事業）、2020
宮本恭子「ドイツにおける家族介護の社会的評価」島根大学文学部紀要『経済科学論集』第42号、2016
宮本恭子『越境する介護政策』日本評論社、2021
本澤巳代子「ドイツにおける家族介護の法的位置づけと家族介護者支援」『家族介護者に対する支援のあり方に関する調査研究』厚生労働科学研究費補助金行政政策研究分野政策科学総合研究（政策科学推進研究）、2016
本澤巳代子「ドイツ介護保険の展開と家族介護者支援」大曾根寛他編『福祉社会へのアプローチ（下）』成文堂、2019
森周子「介護手当と家族介護」『日本労働研究雑誌』2020年6月、2020
森山治「家族介護は労働。正当な報酬を支払い、家族の「生活と人生の両立」を保証せよ」『月刊ケアマネジメント』2021年1月号（第32巻第1号）、2021
湯原悦子「イギリスとオーストラリアの介護者法の検討」日本福祉大学社会福祉学部『日本福祉大学社会福祉論集』第122号、2010
渡辺富久子「ドイツにおける介護保険法の改正」『外国の立法268』（2016年6月）、2016

注

（1）朝日新聞デジタル版2021年3月5日の記事および女性セブンデジタル版2021年3月4日の記事による。

（2）「月刊ケアマネジメント」2021年1月号の中の湯原悦子氏へのインタビュー記事から。介護殺人は、2006年には49件、2008年には55件、2015年には43件発生しているという。

（3）第7章においては、家族以外に隣人・知人やボランティアの介護者も視野に入れて「家族等介護者」と表現しているが、本章では特に家族による介護に焦点をあてるので、「家族介護者」という表現を用いることにするが、知人等による介護も視野に入れている。

（4）ふだんの状態がはっきり決められない場合は、1年間に30日以上介護をしていれば「ふだん介護をしている」とされる（総務省統計局）。

（5）「平成28年社会生活基本調査」では、15歳以上30歳未満の介護者数の推計は、25万8千人である。

（6）厚生労働省の国民生活基礎調査では、3年ごとに行う大規模調査年の時に、通常の調査に加えて、介護に関する調査が行われている。初めて行われたのは１９９５年である。この調査において、本文で説明しているとおり、要介護者等(要支援者を含む)のいる世帯の状況、要介護等になった原因、主な介護者の状況、要介護度別にみた介護時間の構成割合等のデータが収集されている。介護者の具体的な状況がわかる国レベルの唯一の調査である。

(7)「介護離職ゼロ」の施策としては、２０２０年代初頭に向けての特別養護老人ホームなどの要介護高齢者向け施設・住宅の整備の推進、介護休業制度の見直し、介護人材の確保対策の強化、相談機能の強化等である。

(8) 介護保険の被保険者は40歳以上の者であるので、介護者が40歳未満の場合は、介護保険の被保険者ではない。

(9)「地域支援事業の実施について」(平成18年6月9日老発第０６０９００１号厚生労働省老健局長通知)に所収。地域支援事業実施要綱はしばしば改訂されており、本稿では、令和3年9月21日老発０９２１第3号により改正された要綱(令和3年4月1日から適用)に即した内容にしている。

(10) 家族介護慰労金事業とは、１９９９年11月、政府が与党3党からの介護保険制度に関する申入れを受けて取りまとめた「介護保険法の円滑な実施のための特別対策」に盛り込まれたもので、２００１年度から実施された。当初は、国の補助事業であったが、２００６年度から地域支援事業の中に位置づけられた。

(11) 厚生労働省「平成29年度介護保険事務調査」の集計結果による。なお、この事務調査は毎年厚生労働省が市町村保険者に対して行っているものであるが、平成30年度調査からは家族介護支援事業に関する調査データは公表されていない。

(12)「介護の社会化」という言葉は、介護保険制度創設のスローガンとなったが、誤解を招く言葉でもある。もともとは、「介護保険制度を創設し、介護サービスを利用しやすくすることによって、要介護者やその家族を社会全体で支える」という意味であったが、いつの間にか、「介護サービスは家族ではなく事業者が提供するもの」というように家族の介護を不要または否定する言葉として使うケースがみられるようになった。しかし、これは間違った使い方である。本文中の説明にあるとおり、在宅介護において訪問介護等のサービスを利用したとしても家族等の介護者の介護が不要になることはなく、家族介護者がいるから在宅介護生活が可能になっているというのが現実である。

(13) 森周子(２０２０)においても、ドイツの現金給付の内容や運営状況からみると、日本での介護手当に対する懸念、たとえば「家族介護の固定化」や「介護サービスの拡大が図られなくなる」、「費用の増大につながる」などは当てはまらないとする。

(14) 埼玉県ケアラー支援条例では、ケアラーとは「高齢、身体上又は精神上の障害又は疾病等により援助を必要とする親族、友人その他の身近な人に対して、無償で介護、看護、日常生活上の世話その他の援助を提供する者」、ヤングケアラーとは「ケアラーのうち18歳未満の者」と定義している（同条例第2条）。ケアラー支援に関して、県や県民、事業者、関係機関等の役割を定めるとともに、ケアラー支援の推進計画の策定、広報・啓発、人材の育成、体制の整備等を行うとしている。

(15)　介護者支援として現金給付の導入を提案する社会保障研究者は多い。筆者以外に、本澤（2016）、菊池（2018）、森山（2021）など多数。

(16)　実施当初から現物給付よりも現金給付を選択する人がはるかに多い。2018年のデータでは、現金給付は173万人、現物給付は16万人、現金給付と現物給付の組み合わせは50万人となっている（宮本2021）。

第9章

時事評論
——介護保険制度等に対するウォッチング

体験的介護保険論

週刊社会保障
No.2726
［2013.5.13］

介護保険制度が実施されてから本年（2013年）4月で13年が経過した。実施当初は、要介護認定が正しく行われるのか、利用契約制が機能するのか、民間事業者の参入によりサービスの質が低下しないのか、などさまざまな懸念が指摘された。しかし、その後の介護保険の実施状況をみると、高齢者の生活に介護保険が定着し、要介護認定や介護保険給付の利用が一般化するとともに、介護事業がわが国の産業分野の重要な一分野となっている。介護保険が社会に不可欠な存在になっている、と言っても過言ではない。

さて、2年前に筆者の母親が要介護者となり、介護保険のサービスを利用することとなった。この個人的な体験から、介護保険制度の現状を評価してみたい。

手首の骨折から始まった

母親は、80歳の誕生日を過ぎた頃から、「高血圧が不安」、「耳鳴りがする」等の体調不良を訴えるようになった。高血圧といっても、以前から降圧剤の薬を飲んでいることもあり、平素は問題ないが、気になると1日に何回も血圧を測るようになった。緊張すると170㎜Hgくらいになり、そうなると、大慌てでかかりつけの内科医を受診した。医者にかかると血圧が落ち着くということが数回あったことから、内科医からは、心療内科を受診した方がよいのではないか、と言われた。軽いうつ病または認知症が疑われた。大学付属病院で、脳MRIや長谷川式の認知症検査を受けることとなったが、幸い認知症ではないと診断された。

また、毎日、「腰がだるい」、ということを言うようになった。自転車乗りがこわくなって、歩行につえを使うようになった。やがて、シルバーカーを使うようになった。この時点で筋力強化のトレーニングなどを行えばよかったかもしれないが、身近にそうした場所・機関がなかったし、要支援・要介護にならなければ、デイサービス・デイケアも利用できなかった。

82歳を過ぎた1月のある日、玄関先で、右手に回覧板、左手にシルバーカーを持って、歩き出そうとしたときに、バランスを崩して転倒、右手首を骨折した。直ちに、近くの病院に入院し、手術を受けた。

入院中にケアマネジャーの訪問

母親は、それまでは身の回りのことはすべて自分でできていた。しかし、完治するまで利き腕の右手首を動かせないとなると、退院後の日常生活が不便となる。そこで、介護保険の利用を考えることになった。私が市役所に出向き、要介護認定の申請をした。居宅介護機関については、特別養護老人ホームを経営している社会福祉法人の事業所を利用することにした。

手術してから10日後、前述の事業所のケアマネジャーが母親の状態の確認や退院後の要望を聴くために、病院を訪れた。2月初旬の退院直後、今度は、ケアマネジャーが自宅を訪問し、要介護認定の結果が出る前から、訪問介護等の介護保険のサービスを利用する仮のケアプランを作成した。

右手首を動かすことができないことから、ヘルパーさんに食事時の介助等をお願いすることとなった。具体的には、朝食時、昼食時、夕食時にそれぞれ30分間食事介助、さらに週2回入浴介助をしていただく、というものであった。

調理は私が行うこととなったが、ここで威力を発揮したのが民間企業による配食サービスである。冷凍した定食を1週間分ごとに自宅に届けてくれるというサービスで、高血圧者向けの減塩定食は1食770円。食べるときには、電子レンジで解凍するだけ。栄養バランスがとれているし、試食をしてみると味も良かった。そこで、夕食はこの冷凍定食に頼ることとした。

順調な在宅生活

退院直後の平日、市役所から訪問調査員が訪れて、母親の要介護認定調査が行われた。2月末に通知があり、要介護2と判定された。退院後はリハビリのために週2回程度通院しなければならないが、その送迎は、近くに住む退職したばかりの知人が引き受けてくれた。高さを調整できる特殊寝台を、福祉用具事業者から1か月3千円でレンタルした。

かくして、退院後の在宅生活が順調にスタートした。介護保険給付を受けた最初の1か月は、訪問介護回数が39回、保険給付額は10万6254円、利用者負担は1万1806円であった。翌月の3月は、訪問介護回数が46回、保険給付額は12万5064円、利用者負担は1万3896円。4月は、昼食時の介助はやめ、朝・夕食の介助が中心となり、訪問介護回数21回、保険給付額は7万5778円、利用者負担は7842円であった。

介護保険の評価

もし介護保険がなかったら、と考えるとぞっとする。筆者をはじめ子どもたちは、介護に大わらわとなったことだろう。介護保険を利用することにより、スマートに対応できた。

母親は日中独り暮らしであっても、ヘルパーによる食事・入浴介護に支えられ、安定的、健康な生活を送ることができた。内閣府の「介護保険制度に関する世論調査」(平成22年9月調査)によれば、介護保険制度により介護の状況が「良くなったと思う」人は13%、「どちらかといえば良くなったと思う人」は38%と、過半数の人は、制度導入後に介護の状況が改善されたと考えている。しかし、良くなったと思わない人(「良くなったと思わない」17%と「どちらかといえば良くなったとは思わない人」12%)も3割近くいる、という結果であった。

しかし、この調査は、介護保険の利用の有無とは無関係に、全国20歳以上の者を無作為抽出で選んでいる。私の個人的な体験からいえば、介護保険の利用者に限って調査をすれば、「良くなった」とする意見の割合はもっと増えるのではないかと考えられる。

訪問介護の実態についてはいろいろ批判があるが、今回の例のように1回30分で、朝・昼・夕と、1日3回食事介助は効果的であった。一方、通所介護は、自分の時間の過ごし方や他の人たちとの会話が合わないなどの理由から、2回の利用で終わった。訪問介護1種類のケアプランはケアマネジャーの手抜きではないか、という意見があるが、これもケースバイケースであって、母親の場合は良かったようだ。形式的な批判は空疎である。他方、通所介護は、昼食・入浴というマンネリズムのサービスになっているのではないか。

食事の宅配は、想像以上に介護生活を支えた。ヘルパーによる調理サービスよりも社会的コストがかからないことから、介護保険で一部補助すれば、さらに普及していくとともに、訪問介護のコストを下げることになるだろう。

「自助・共助・公助」論への懸念

週刊社会保障
№2757
［2013.12.23-30］

厚生白書での記述

近年、社会保障に対する理解が誤った方向に動いているのではないか、という懸念がある。その代表例が、「自助・共助・公助」論である。

筆者は、わが国の社会保障制度の目的や機能を整理し、第2次世界大戦後の社会保障の到達点を分析した『平成11年版厚生白書』（副題は、「社会保障と国民生活」）の執筆責任者であった。この白書では、「国民生活は自立自助が基本であり、自助努力では対応できないリスクに備えるための社会的仕組みが社会保障制度である」旨の記述をしたが、厚生白書という政府文書にこうした記述をすることには慎重であった記憶がある。なぜなら、当時の野党や社会福祉関係の学者の中には、「国民の自助努力を強調することは、社会保障の役割を制限・縮小する考え方であり、社会保障制度充実という国の責任の放棄」という批判が大変強かったからである。

ところが、2000年代半ば頃から、「自助」のみならず、「共助」「公助」といったわが国独特の表現が、社会保障制度のあり方と関連して、厚生労働省等の政府の文書に登場するようになった。やがて、学者にも影響を与えたのであろうか。それが顕著に表れたのが、本年（2013年）8月の「社会保障制度改革国民会議」の報告書である。

国民会議報告書の「自助・共助・公助」論

紙数の関係もあり、報告書概要版からの引用となるが、国民会議は、「日本の社会保障は、自助を基本としつつ、自助の共同化としての共助（＝社会保険制度）が自助を支え、自助・共助で対応できない場合に公的扶助等の公助が補完する仕組みが基本」としている。報告書を受けて、政府が本年（２０１３年）８月21日に閣議決定した「社会保障制度改革推進法第４条の規定に基づく「法制上の措置」の骨子について」では、次のように記述している。

「自らの生活を自ら又は家族相互の助け合いによって支える自助・自立を基本とし、これを相互扶助と連帯の精神に基づき助け合う共助によって補完し、その上で自助や共助では対応できない困窮等の状況にある者に対しては公助によって生活を保障するという考え方を基本に、受益と負担の均衡がとれた持続可能な社会保障制度の確立を図る（以下、略）」

この表現からは、「自助・自立」が基本であり、次いで「共助」が補完し、さらに「自助・共助」で対応困難な場合に初めて「公助」が登場するという三段論法となっている。なお、「公助」とは、国民会議報告書では、「受給要件を定めた上で必要な生活保障を行う公的扶助や社会福祉など」と定義されている。

「自助・共助・公助」論の問題点

国民会議報告書や閣議決定文書にみられる「自助・共助・公助」論の問題点は、一つは、「公助」すなわち生活保護制度や社会福祉制度が遠方に追いやられていることである。「自助」や「共助」で対応できるのであれば、これらの分野の充実は後回しとしても差し支えないとの認識を持っているかのようだ。冒頭で述べたとおり、社会保障（特に社会福祉）の充実を抑制する論理として使われかねない。

第二の問題は、国民会議報告書に色濃く表れているが、社会保険に対する過大評価と現実とのギャップである。国民会議報告書では、社会保険を、「共助」の具体的な仕組みとして位置づけ、「国民の参加意識や権利意識を確保し、保険料を支払った人にその見返りとして受給権を保証する仕組みであり、いわゆる自助を共同化し、国民の自立を社会的に支援する仕組みである」とする。しかし、社会保険に「参加」しているという意識をもっている国民がどのくらいいるだろうか。強制的に加入させられ、仕方なく保険料を支払っているという意識の人々が多いことだろう。保険者は国や地方自治体、公的団体であり、多額の公的補助が投入、給付は法定化されている。わが国の社会保険は、「共助」というよりは「公助」に近い。他方、欧州では、税は社会連帯の証とされており、税を財源とする社会福祉等の社会扶助は「公助」ではなく、「共助」と言うこともできる。

第三の問題は、国民会議報告書では、税を財源とする社会扶助方式よりも社会保険方式を重視した考え方をとっているが、わが国の社会保険の現実は、いつの間にか社会扶助的な運営になっているという点である。たとえば、医療保険制度における後期高齢者医療制度への支援金や、前期高齢者に対する拠出金は、現役被保険者が負担する保険料の半分近くを占め、被保険者の給付と無関係な支出に使われている、すなわち保険料が目的税化しているのである。給付の面でも高所得者の利用者負担を重くするという応能負担化が進められている。社会保険方式が換骨奪胎されている。

「自助」「共助」「公助」は相互補完的なもの

国民会議報告書や閣議決定文書がとっている「自助・共助・公助」論は、「自助」を基本として、それを補完するものとして社会保険という「共助」があり、さらにこれらを補完するものとして、生活保護、社会福祉等の「公助」がある。前述したとおり三段論法であり、いわば**図1**のような認識である。

図1

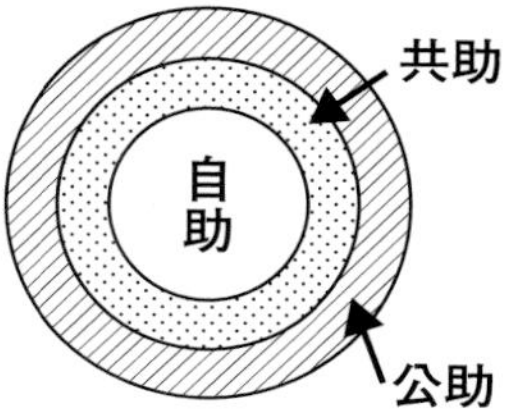

筆者は、社会保険方式と社会扶助方式は、社会保障制度の目的・機能を達成するための手段であって、優劣をつけることができない相対的なものであると認識している。医療費保障制度について、イギリスのNHSのような社会扶助方式をとる国もあれば、日本・ドイツ等のように社会保険方式をとる国もある。イギリスNHSが社会保険方式をとっていないからといって、患者のサービスを受ける権利性が乏しいということはない。

他方、わが国の国民健康保険制度では、保険料を国民健康保険税という税で徴収している自治体がほとんどである。財源が、税か社会保険料かの違いで、その制度の性格が本質的に異なり、社会保険方式の方が優れているというわけではない。

図2が、筆者の認識である。仮に「自助・共助・公助」論を援用するとしても、これらの3者構成は「三段論法」ではなく、相互に補完し合うものである。「公助」があるからこそ、「自助」が成立するという視点が重要である。

図2

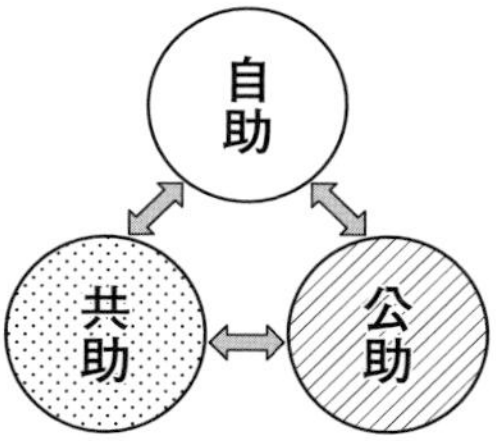

韓国の家族介護療養保護士の現在

週刊社会保障
No.2767
［2014.3.10］

保険給付としての現金給付

韓国で介護保険制度が実施されてから本年（2014年）7月で、6年間を経過することになる。韓国の介護保険制度は、日本やドイツの制度を参考にして創設されているが、「日本の制度の良い点は取り入れ、悪い点は回避する」という「後発のメリット」を活かそうとして創設された。したがって、似た点もあるが、違いも多い。

制度上の最も大きな相違は、医療保険制度の仕組みを活用して介護保険制度を創設した点である。この点は、ドイツと同様である。これを筆者は「医療保険制度活用型」と呼んでいる。この方式は、介護保険制度の立ち上げが容易である。日本は「独立保険型」であり、医療保険制度とは別の体系で介護保険制度を創設した。日本の介護保険制度は、検討時点において医療保険制度や老人保健制度が有していた問題から離別することができた。他方で、市町村保険者の規模と能力の問題、医療と介護の連携の問題、保険財政の持続可能性の問題等を抱えることとなった。

保険給付の内容面でも違いが多い。韓国の制度では在宅・施設サービスとも、その種類は限定的である。それに比べて、日本の保険給付対象サービスの種類の多さは驚くべきである。地域密着型サービスを含めると、居宅サービスだけで20数種類となる。日本になくて韓国にあるものが、現金給付の制度化である。日本では、介護手当の創設をめぐって喧々諤々（けんけんがくがく）の議論があり、結局導入されなかった。韓国では、ドイツの介護手当の影響もあるが、ドイツほど本格的でなく、「韓国的な制度」であることが興味深い。

韓国の現金給付としては、２種類がある。一つは、家族療養費支給制度である。これは、島やへき地など訪問介護サービス提供機関が著しく不足している地域、または、身体的・精神的な理由等から外部のサービスを利用できず家族などから介護を受けている場合、その家族に療養費を支給する制度である。一番重い１等級の要介護者の場合、月額15万ウォン（約１万５千円）となっている。実際の利用者は極めて少ない（２０１０年７月現在で７４７人）。

もう一つは、家族介護療養保護士である。後述するように、これは正式名称ではなく、筆者が便宜上つけた名称である。２０１２年時点では、全訪問ヘルパーの35％は、家族介護療養保護士となっている。

家族介護療養保護士とは

家族介護療養保護士とは、療養保護士（日本のホームヘルパーに類似）の資格を取得して訪問療養事業所に登録し、同居または別居の家族に対して介護サービスを提供して、介護保険から報酬を受ける者をいう、同居家族介護療養保護士とよぶ研究者もいるが、別居家族の介護も対象となる。事実上、要介護状態の家族への介護を介護報酬で評価していることになる。

日本では、訪問介護事業者の指定基準の中で、「指定訪問介護事業者は、訪問介護員等に、その同居の家族である利用者に対する訪問介護の提供をさせてはならない」と定められている。同居家族への訪問介護の提供は、五つの条件（たとえば、利用者が指定訪問介護のみでは必要なサービスの確保が困難と市町村が認める地域に住んでいること、身体介護を主な内容としたサービスであること等）のすべてを満たす場合に限り、市町村が基準該当サービスとして保険給付の対象とすることができるとしている。この例外規定は、二重、三重ものしばりをかけているので、事実上実施は困難と考えられる。

一方、韓国では、制度実施当初から、同居または別居の家族に介護を行う療養保護士に対して介護報酬の支払いを認めた。算定対象時間は、同居家族に対する場合は1日最大90分まで、別居家族に対する場合は1日最大4時間までとされた。毎日介護を行うと、月5万円前後から要介護者の支給限度額いっぱいの約11万円の収入を得ることができた。

これにより、介護保険制度に合わせて2008年1月に創設された療養保護士の資格が人気を集めたことは言うまでもない。韓国保健福祉部（日本の厚生省に相当）では、実施1年目では療養保護士の必要人員を約4万8千人と推定したところ、実際には33万4千人が養成された。教育機関の乱立、教育水準の質などが問題となり、2010年には国家試験が導入された。それでも増加し、2012年6月時点では、109万人に達している。

家族介護療養保護士をめぐる問題

しかし、当初から、介護サービスを提供せずに介護報酬を受給しているのではないか、という不正受給問題がつきまとった。保健福祉部では、家族介護療養保護士の評価を限定することとし、2011年8月からは、同居・別居を問わず、家族に対しては1日最大60分まで、月20日以内（ただし、65歳以上の配偶者、認知症の場合には従来どおり）とした。こうすると、家族介護療養保護士の収入は、月2万円程度となる。

筆者は本年（2014年）1月、ソウル市内においてて家族介護療養保護士の方２名にインタビューする機会を得た。ひとりは40代の女性で、実の父親の介護をしている。もうひとりは60代の女性で、自分の夫の介護をしている。２人とも、父親または夫が要介護状態となった過程において療養保護士の資格をとり、家族介護療養保護士として介護報酬を得ている。要介護者である家族のために、献身的に介護を行っている状況がうかがえた。１日１時間、月20日の算定による介護報酬を受け取っている。２人は、この仕組みによって一定の収入を得ることができることは評価している。しかし、実際の介護時間は１日60分に限らないので、評価する範囲の拡大を望んでいる。

保健福祉部によると、この制度に関する見解は、廃止論と擁護論の二つに分かれている。廃止論の理由は、不正受給の温床ではないか、家族の負担を加重させているのではないか等である。擁護論の理由は、家族の紐帯感の増進、無分別の施設入所の抑制の機能がある等である。

家族介護療養保護士へのインタビューを経た上での筆者の考えは、①介護療養保護士の資格を得て、介護サービスを提供していること、②介護報酬の評価範囲は縮小されており、保険財政への負担とはならないこと、③同居家族のニーズに応えていること、から擁護論の立場である。

韓国では、「儒教精神」から親孝行の観念が強いとされる。親が要介護状態になれば、子どもが介護をする。しかし、子どもにとって、介護の手間ばかりでなく、介護費用も負担となる。家族介護療養保護士の仕組みは、家族の介護を評価するほか、介護費用の補てんにもなる。もう少し評価を高めてもよい。

日本とドイツの介護保険観の相違

週刊社会保障
No.2798
［2014.10.27］

介護保険の持続可能性問題と介護職員の確保難

わが国の介護保険は、2000年4月の実施以来15年目に入っている。2013年3月末で要介護高齢者数（要支援者を含む）は561万人、2012年度中の1か月平均サービス受給者数は458万人と、日本が参考にしたドイツの介護保険よりも規模が大きく、世界最大の介護保険となっている。しかし、現在、次の二つの課題からその持続可能性が問われている。

一つは、介護費用の増大である。介護保険スタート時である。2000年度の3・6兆円から2014年度では10兆円となることが見込まれている。国や地方自治体の公費負担が増大するとともに、保険料負担も増大している。第1号被保険者（高齢者）の保険料負担は、第5期（2012～2014年度）には全国平均月額約4900円であったが、2015年度から始まる第6期には、月額約5500円程度になるであろう。夫婦2人で月額1万円を超えることになる。医療保険である後期高齢者医療制度の保険料は月額平均1人約5600円であり、こちらも上昇傾向にある。他方で、収入の源である公的年金の給付水準は抑制の方向にある。高齢者の負担感は重くなる一方と言わざるを得ない。

二つ目は、介護職員の確保難である。在宅・

施設サービスの提供量の増大に反して、介護職員の確保が難しくなっている。高校・大学生の世代においては介護専門学校・大学への入学が減少している。「給与が低い、仕事がきつい」等のイメージが定着している。介護職員の確保を図るためには賃金等の処遇改善が必要であるが、そのためには介護報酬の引上げが必要となり、介護費用の増大につながる。一つ目の問題である介護財政問題から、介護報酬の引上げは簡単なことではない。現に、２０１５年度の介護報酬改定に向けて、財務省では介護報酬引下げの案を提示している。

日本の介護保険の構造的問題とドイツの介護保険

わが国の介護保険が持続可能性問題に直面しているのは、制度的に財政肥大化の方向に動いてしまうという構造的問題を抱えているからである。この問題は、ドイツの介護保険制度と比較すると、よく理解できる。日独の介護保険の給付の在り方を比較すると、日本の介護保険給付は「必要十分給付型」である。すなわち、要介護度ごとに必要な介護サービス量を設定して、それを賄う保険給付額を設定している。理論的には、この保険給付額の全額を利用すれば必要な介護サービスを取得できるというもので、その１割を自己負担とする。

一方、ドイツの場合は「部分給付型」である。介護保険財政で賄える範囲で保険給付の水準を設定している。したがって、ドイツの介護保険では保険給付の中では利用者負担はないが保険給付の範囲を超える部分はすべて自己負担となる。保険給付水準を比較すると、「必要十分給付型」の日本は高くなり、「部分給付型」のドイツは低く設定することが可能となる。たとえば在宅サービスの場合、日独の最も重い要介護度で比較すると、日本の要介護５では36万６５０円、ドイツの要介護３では、21万７０００円（１ユーロ

140円で換算）となっている。

また、日本の方が保険給付の対象となる要介護者の範囲が広い。日本の要支援1から要介護1、要介護2の一部の者は、ドイツでは対象外となるであろう。さらに、ドイツでは在宅給付において、利用者の選択により外部からのサービスではなく現金給付（介護手当）を受給することができる。現金給付の水準は外部サービスの約6割程度に設定されているので、現金給付を受ける人が多ければ介護保険の財政拡大を抑制することになる。在宅給付受給者の約6割は現金給付を受給しているので、その効果が表れている。実際、ドイツの介護保険の保険料負担は、1995年の制度実施以来、2回の引上げしか行われていない。保険料が3年ごとに引き上げられ、制度実施時の2倍近くになっている日本とは大違いである。

日本では、介護保険制度の創設時において、「介護の社会化」が強調された。「介護の社会化」とは、それまで家族が担ってきた介護負担を軽減し、要介護者を社会全体で介護していくといった意味合いである。しかし、この概念を強調して、「介護は専門家が、家族は愛情を」というように、家族の介護労働は評価せずに、外部サービスのみで介護を支えていくという考え方が強まってしまった。その帰結として、保険給付の水準は必要十分給付型とし、家族の介護を評価する仕組みは導入されない制度設計となった。

これに対してドイツの場合、原則として全額自己負担となっていた費用負担の軽減を図るために介護保険が創設されたので、保険給付の水準は、保険財政の範囲内で従来の負担を緩和するレベルに設定された。

また、家族や友人による介護、いわゆるインフォーマルケアを制度上評価することを前提に制度が設計された。その具体的な手法が、現金給付（介護手当）である。外部のサービスを利用するか、家族等の介護を利用するかは要介護者本人の選択に委ねられており、どちらを選んでも保険給付の対象とされた。

福祉ミックス

本年（２０１４年）９月に、筑波大学で国際シンポジウム「人を支える医療と介護」が開催された。そこで講演したドイツ人のゲルハルト・イーグル教授によれば、ドイツの介護保険はインフォーマルケアを補完するものとして設計されたということである。氏の講演では、「フォーマルケアとインフォーマルケアの福祉ミックス」という表現が用いられた。これは、ドイツの介護保障システムが、専門家によるケアと家族介護者によるケアにより構成されていることを表現したものである。家族が在宅ケアサービスの最大の担い手であり、女性の役割が大きく、また、ボランティアによるケアが強調され始めている、という。

このように氏の主張を紹介すると、家族介護を強調しすぎているように思えるが、氏が講演の最後のスライドで引用しているように、ＯＥＣＤの報告書（「長期介護の供給と支払」）においても、ＯＥＣＤ諸国では家族等のケア、インフォーマルケアがケアサービスの最も大きな部分を占めているとし、そのうえで、インフォーマルケアを支援する政策を紹介している。

日本では１９９０年代の介護保険の設計時において、インフォーマルケアの役割や意義についてほとんど議論がなされることなく、前述した「介護の社会化」のスローガンのもとに、外部サービス依存型の保険給付を設定してしまった。そのことが現在の持続可能性問題を引き起こしているものと考えられる。介護保険財政の肥大化や介護人材不足問題を解決するためには、インフォーマルケアを正当に評価することが有力な手段の一つではないかと考える。

（注）ドイツでは２０１５年の制度改正により、軽度の要介護者も保険給付の対象に追加された。

「介護離職ゼロ」は可能か？

週刊社会保障
No.2849
［2015.11.9］

新しい「3本の矢」

本年（2015年）10月に誕生した安倍第3次改造内閣の重点施策として新しい「3本の矢」が提示された。①希望を生み出す強い経済（GDP600兆円）、②夢をつむぐ子育て支援（合計特殊出生率1・80）、③安心につながる社会保障（介護離職ゼロ）である。かっこ内は、それぞれの「矢」の目標であるが、「介護離職ゼロ」が掲げられたのが目新しい。

目標値に「ゼロ」を挙げているものは、社会で多い。身近な食品の世界では、「カロリーゼロ」「糖質ゼロ」「アルコールゼロ」など、商品の宣伝文句によく使われている。厚生労働行政では、90年代に「寝たきり老人ゼロ作戦」があり、2000年代に入って、「待機児童ゼロ」や「身体拘束ゼロ」があった。「カロリーゼロ」のような自然科学的なものは「ゼロ」を達成できるとしても、「待機児童ゼロ」のような親の働き方や保育所整備等と関連する社会科学的なものは、「ゼロ」の達成は難しい。実際、「待機児童ゼロ」は、2002年に小泉内閣が宣言して以来、13年経っても実現には遠い。

「介護離職ゼロ」とは、介護を理由に仕事を辞める人をゼロにする、ということであるが果たして可能であろうか。

介護離職者10万人

総務省の就業構造基本調査（平成24年）によれば、平成19年10月から24年９月までの５年間に、「介護・看護のため」離職した人は48万７千人にのぼる。毎年平均約10万人である。そのうち、女性が約８割を占める。約４分の３の人は、離職後、無業である。

介護のために離職を余儀なくされることは、本人はキャリアの断絶や収入減となり、雇用者側では人材の喪失となる。高齢者介護では、介護する本人は40～50代が多く、会社の中堅クラスになっていると想定されることから、離職されることは、本人・会社双方にとって打撃である。したがって、介護離職者をゼロにするための施策を講ずる必要がある、というのが、政策目標に設定した理由であろう。

しかし、離職者10万人の全ての人が、仕事を継続したいにもかかわらず、介護のためにやむなく仕事を辞めている、と判断することが正しいのだろうか。前述のとおり、25％の人は離職後有業であるので、無業者は７万５千人となる。

また、就業構造基本調査には、離職者の年齢や職種、要介護者の状態等の調査結果がないので、データに基づく議論は難しいが、想像するに、やむなく仕事を辞めた人ばかりでなく、仕事よりも介護が重要と考えて辞めた人も少なからずいるものと考えられる。

筆者の経験では、次の２例がある。一人は、40代の女性で、夫婦共働き世帯。夫婦ともひとりっ子のため、双方の親４人の介護に手がかかるとして、彼女が退職した。もう一人は、60歳の定年を迎えた女性。高齢の母親と同居。本人が望めば再雇用が可能であったが、母親の面倒をみるとして退職した。

後者の女性は、60歳を迎えて、仕事よりも母親の介護に重点を置くことを選択した。前述の離職無業者７万５千人の中にも、そうした方々が多いのではないだろうか。50代後半になると、仕事よりも他の事（この場合は、親の介護）に高い価値観を置いたとしても不思議ではない。この方々に対しては、後述する仕事と介護の両立支援策が充実したとしても、離職を止めることは難しいかもしれない。なお、前者の女性の場合、2年後に仕事に復帰した。介護保険サービスの利用等により4人の親の生活が安定したため、家にずっといなくてもよくなったという。

就業構造基本調査では、介護・看護のため離職した人は、平成14年調査では52万4千人、平成19年調査では56万8千人であるので、近年、介護離職者が急増しているわけではない。他方、「出産・育児のため」離職した人は、平成24年調査では、5年間で125万6千人と、介護・看護離職者の約2・6倍である。量的な観点からは、「出産・育児離職ゼロ」の方が、関心を持つ人が多いことであろう。

「介護離職ゼロ」に向けての政策

介護離職者を減少させるための現在の政策として、まず、仕事と介護の両立支援策がある。介護休業制度（一つの要介護状態ごとに通算して93日の休業）や、介護休暇制度（要介護者一人につき年5日、二人以上の場合は年10日）、労働時間の短縮等である。

「平成26年雇用均等基本調査」によれば、介護休業制度の規定がある事業所は、30人以上では88%、5〜29人では62%。取得可能回数は、1回という制限をつけている事業所が約7割。介護休暇制度の規定がある事業所は、30人以上では81%、5〜29人では58%。取得可能単位は「1日単位のみ」が約6割。勤務時間短縮等の措置がある事業者は約6割となっている。

実際の利用状況については、「平成24年就業構造基本調査」によると、介護をしている雇用者240万人のうち、介護休業の利用者は3・2%（7万6千人）、短時間勤務は2・3%（5万6千人）、介護休暇は2・3%（同）という低率になっている。

これらに対して、本年8月、厚生労働省の「今後の仕事と家庭の両立支援に関する研究会」が報告書を取りまとめ、改善策を提言している。すなわち、①介護休業の分割取得（同一の要介護状態でも介護休業の分割取得を認める）、②介護休暇の取得単位の見直し（時間単位や半日単位の取得も可能とする）、③選択的措置義務（短時間勤務制度等のうちいずれかを事業主が選択して措置する義務）や所定外労働の免除制度の導入、④ケアマネジャー等による仕事と介護の両立に向けた情報提供、である。

第二に、介護保険制度に基づく介護サービスの充実があげられる。報道によれば、加藤勝信一億総活躍担当相は、特別養護老人ホーム等の介護施設を増やすために、国有地を安く貸し出す意向を示したという。首都圏や都市部における施設不足は高い土地代がネックになっているので、そのための対策であるが、近年は、介護職員の人材不足も施設開設のネックとなってるので、人材確保対策も併せて講じる必要があろう。

仕事よりも介護に重きをおいて離職した人には、介護サービスの充実だけでは不十分である。なぜならば、離職に伴う収入減が生活を苦しくし、ひいては、高齢の親への介護の態度や内容に悪影響を与えるからである。親の年金が唯一の頼り、という実態がある。ドイツの介護保険では、介護者の労働を評価する現金給付があるほか、介護者への社会保険の適用、職場復帰への支援策など、介護者支援をねらいとした仕組みが組み込まれている。日本の介護保険は、要介護者の自立支援や尊厳の保持には注意が向けられているが、介護者に対する支援策は乏しい。仮に離職をしても安心して介護を行うことができる仕組みこそ、「安心できる社会保障」である。介護者に対する経済的支援や相談援助等の支援の充実が望まれる。

社会福祉基礎構造改革から15年

週刊社会保障
No.2818
［2015.3.23］

社会福祉基礎構造改革とは

本年（2015年）は、わが国の社会福祉の歴史上、重要な社会福祉基礎構造改革が実施されてから15年目である。

社会福祉基礎構造改革とは、1951年の社会福祉事業法制定以来大きな改正が行われていなかった社会福祉事業、社会福祉法人、措置制度など、社会福祉の共通基盤制度について、国民の福祉のニーズや社会経済の変化等を踏まえて、全面的な見直しが行われたことをいう。法制的には、社会福祉事業法や身体障害者福祉法、児童福祉法等8本の法律の改正となる「社会福祉事業法等の一部改正法案」が国会に提出され、2000年6月に可決・成立した。このとき、社会福祉事業法は、ほぼ50年ぶりに、社会福祉法への題名変更をはじめ大幅に改正された。

社会福祉基礎構造改革の主な内容は、次のとおりである。第一に、障害者福祉サービスの利用制度化があげられる。障害者福祉サービスについて、行政が行政処分によりサービス内容を決定する措置制度から、利用者が事業者と対等な関係に基づきサービスを選択する利用制度の仕組みに改めた。第二に、利用者保護のための制度として、地域福祉権利擁護制度や苦情解決の仕組みが創設された。第三に、サービスの質の向上として、事業者による自己評価やサービス内容等の情報公開等を促進することとされた。

第四に、社会福祉事業の充実・活性化として、社会福祉事業の範囲の拡大や社会福祉法人の設立要件の緩和等が行われた。

社会福祉基礎構造改革の内容をみると、１９９７年に法律が制定された介護保険制度が大きな影響を及ぼしていることがわかる。介護保険制度創設の際のスローガンであった「措置から契約へ」、「利用者本位」、「サービスの質の向上」等の理念が、障害者福祉分野を始めとする社会福祉全般に適用されたものが、社会福祉基礎構造改革であったということができる。

しかし、サービスの利用制度化といっても、障害者福祉サービスが、介護保険による高齢者介護サービスとは異なる途を歩むこととなったのも社会福祉基礎構造改革が契機であった。

本稿では、社会福祉基礎改革と介護保険の関係について、振り返ることとする。

障害者支援費制度

「措置から契約へ」と呼ばれた改正は、サービス提供の仕組みを措置制度から利用契約制度に変更することであった。高齢者介護サービス分野においては、介護保険という社会保険の仕組みを導入することにより、利用契約制度へ切り替えた。１９９０年代中頃までには、「措置制度こそ国の公的責任の現れ」とする社会保障研究者が少なからず存在したため、その見直しにあたって、厚生省（当時）は、税方式と社会保険方式の長所・短所を示した資料を用意し、社会保険方式の優位性を説いた。

しかし、社会福祉基礎構造改革における障害者福祉サービスの利用契約制度への切り替えは、財源は税のまま行ったところに特徴があった。それが「支援費制度」であった。２００３年４月から導入された。

支援費制度では、利用者（障害者）は市町村に支援費の支給を申請し、市町村の支給決定を受けて、指定事業者・施設と契約をし、サービスを利用できる。その経費は、利用者負担額と市町村から事業者等に支払われる支給費によって対応される。

社会保険方式という大掛かりな仕組みを創設することなく、現行の措置制度と同じ財源構成のままで利用契約制度に切り替えることができた、というのが支援費制度の「ミソ」であったが、かえってそのことが混乱を招くこととなった。

すなわち、利用契約制度に変更されたことから、国・地方自治体の予想以上に障害者福祉サービスが利用されることとなり、当初予算では財源不足となったことや、サービス利用時間の上限等を明示せざるを得なくなった。また、支援費決定の全国共通の客観的な基準がなかったために利用状況の地域差が大きかった。この結果、支援費制度の運用に不安を感じた大勢の障害者たちが、厚生労働省前で座り込みのデモを行う事態に至った。

障害者自立支援制度

支援費制度の問題点を解決するために検討されたのが障害者自立支援制度で、2005年、障害者自立支援法が国会で可決・成立した。支援費制度とは異なり、支援の必要度を測る客観的なものさしとして「障害程度区分」が導入され、ケアマネジメントが制度化された。

障害者自立支援制度では、利用者は市町村にサービス利用の申請をし、市町村は認定調査をして、コンピュータ判定等により障害程度区分を認定、その後サービス利用計画を作成して、利用者のサービス利用に結び付つける。利用者はサービス利用にあたって、原則として1割の利用者負担を行う。

このように整理すると、利用手続と利用者負担の在り方は、介護保険制度とほぼ同様である。

後述するように、介護保険制定時から、介護保険と障害者福祉の接合問題が存在していたが、障害者自立支援制度では、将来的な接合が可能となるように利用手続等を合わせたということができる。

ところが、「１割の応益負担」が障害者団体から強い反発を受けることになった。障害者の生活のために不可欠なサービスに対して応益負担を求めること自体が、憲法25条等の違反であるとして、各地で違憲訴訟が提起された。２００９年秋には、障害者自立支援法の廃止をマニフェストに掲げた民主党が政権をとることになった。２０１０年1月、厚生労働省は、応益負担制度の廃止等を求めた違憲訴訟原告と基本合意文書を締結し、２０１０年12月には、応能負担を原則とする法改正が行われた。さらに、２０１２年には、障害者自立支援法自体が、障害者総合支援法に改正されることとなった。

介護保険の普遍化が遠ざかることに

わが国の介護保険は、40歳以上の者を被保険者として、給付対象者は基本的に65歳以上の者という事実上の「高齢者介護保険」であるが、制度創設検討時においては、将来的には被保険者年齢を引き下げて、全世代のための介護保険とする「普遍化」の発想があった。このことは、制定時の介護保険法の附則において5年後の検討事項に盛り込まれ、２００５年の介護保険法の改正時には、被保険者の範囲の拡大も議論された。けれども、障害者自立支援制度という新たな動きがあったことから、その動向を見据えてということで、結論は先送りされた。

現在となっては、介護保険法と障害者総合支援法は異なる制度体系となっており、介護保険の被保険者年齢を引き下げて、介護サービス分野だけでも普遍化を図るということは、困難な状況となっている。

闘病生活からみた医療

予想外の難病

本年（2015年）3月下旬、予想外の難病にかかった。

ギラン・バレー症候群という病気である。この病名は、1910年代にこの病気を最初に認識したフランスの内科医ギランとバレーからとられたという。かつて女優の大原麗子さんが罹患したことがあり、それで名前を知っている方がいるかもしれない。ただし、発症者は年間で10万人に1～2人という稀な病気なので、どのような症状の病気か知らない人が多いことだろう。以下に述べるとおり、極めて重い病気である。

この病気は、体内に侵入したウイルスや細菌を攻撃するための抗体が、誤って自分自身の運動神経を攻撃してしまうというものである。体を守る免疫機能が自分の体を攻撃するという理不尽な病気である。まずは手足のしびれ感または脱力で発症し、日を追うごとに筋力低下が拡大、重度化して、歩行や手指の動作が困難となる。さらに、呼吸筋障害を起こすと、人工呼吸管理を要する。顔面筋肉まで侵される場合もある。症状がピークを迎えたのち徐々に回復に向かう。死亡率は1～10％、20％の人は障害が残るという。

3月下旬の金曜日の夜、自宅2階に上がるときに、足の重さに気が付いた。少ししびれ感もある。翌土曜日になっても足がだるいので、脳

週刊社会保障
No.2838
［2015.8.17］

梗塞の前兆ではないかと心配をした。春分の日の祝日であったので、その日の午後、市内の休日診療所に行った。そこでは、脳梗塞ではなく、ビタミン不足ではないかといわれた。やがて歩くことが困難となった。その日の夜は2階への階段を上がることも一苦労となった。寝る前に水を飲もうとしたが、ペットボトルのキャップを開けることができなかった。深夜に目が覚めたときには、両手が硬直化していた。

ここに至って異常な病気にかかったのではないかと懸念し、その日（日曜日）の午前3時頃、救急車で市内の病院に駆け込んだ。最初は「カリウム不足ではないか」といわれたが、検査の結果、ギラン・バレー症候群の疑いが濃い、ということになり、さいたま市内のJ大学病院と連絡をとって治療が始まった。

ほぼ1か月半寝たきり状態

3日後、J大学病院に転院。詳細な検査をして、ギラン・バレー症候群と確定。病状は進行しつつあり、自力では歩けなくなった。手指が固くなり、ゴム手袋をはめたような感覚となった。やがて、自力での呼吸が困難となり、気管内挿管をして人工呼吸器の使用に至った。このときから声を出せなくなった。さらに10日後、気管切開が行われた。呼吸は楽になったが、定期的なたんの吸引が必要となり、これが苦しかった。

最初の1か月半の入院生活が大変であった。ベッドに寝たきりで全介助が必要な状態。寝返りも打てない。体の向きを変えるときは看護師が2人がかりで対応。脳と聴力は正常だったが、声が出せない。筆談もできない。医師や看護師、家族とのコミュニケーションに苦労した。

栄養面は点滴頼り。点滴の注射針を指す箇所は2、3日で使えなくなり、そのたびに移動するので、両手のひじから先は点滴の跡だらけ。鼻から栄養を入れる経管栄養も初めて体験。中心静脈栄養法も体験。排せつは、尿は尿道カテーテルにより自動的に排せつ、便はおとなのおむつで対応。ただ、入院後2週間は排便なしの便秘状態。このため、その後の排便に苦労した。大腸から出血があり、肛門から内視鏡を入れて止血すること2回。麻酔をほとんどせずに内視鏡を入れるため、痛みが尋常ではなかった。そのうえ、輸血すること3回。この大腸出血問題に2週間は苦しんだ。

医療関係者の尽力

J大学病院でも、ギラン・バレー症候群の患者は、筆者を含めて2年間で4人目という。年齢や性別、症状の程度など患者によってさまざまであり、症例も少ないので、神経内科の先生方は、いつまでに治るということは一切いわれなかった。仕方がないので、こちらから、次のような目標を立てた。4月中に声を出せるようにする、5月中には立って歩くことができるようにする、6月中に退院する。発症当初の症状は重かったが、担当医の尽力によりなんとかこれらの目標を達成できた。

看護師さんたちには大変お世話になった。定期的な寝返り補助、歯磨き、着替え、清拭、点滴管理・交換、喀痰吸引など。ベッドに寝ていながら洗髪ができたのには驚いた。看護師の業務には「体力勝負」の面が多いことにも気がついた。寝たきりの大人の寝返りや着替えなど、看護師が2人でなければ対応できない。また、多くの患者を診なければならない。ICUにいたときには、せめて1人の看護師がずっと部屋にいることを期待したが、人員配置上難しい。しばらく誰も来なかった病室に看護師が訪れたときには、ほっとしたものだった。

大学病院の勤務の性格上からか、看護師たちは20代から30代前半という若い方々が多い。病気の回復を心から気遣ってくれる看護師たちが多かったことは、うれしかった。初めて声が出たとき、初めて立ち上がることができたとき、初めて歩けるようになったとき、わがことのように喜んでくれた若い看護師たちの笑顔に励まされた。

J大学病院では、リハビリの開始が早かった。入院して2週目、四肢がまひして動けないときから、理学療法士、作業療法士によるベッド上でのリハビリが始まった。1か月を過ぎた頃からは、立ち上がる訓練が行われた。筋力と体力が衰えた体では、車イスから立ち上がるだけでも、多大なエネルギーを要した。当時は、もう歩くことはできないのではないかという不安に襲われた。歩行器を使い、次には点滴棒を使い、自力で歩けるようになった段階で、リハビリ専門の病院へ転院することとなった。そこでは、毎日、理学療法士や作業療法士、言語聴覚士によるリハビリが行われた。1か月の入院を経て、自宅療養ができるようになった。自宅に戻ったのは、実に3か月ぶりのことであった。あらためてリハビリの重要性を認識した。

ところで、3か月間の入院生活における総医療費は、約620万円。自己負担額は、約96万円。高額療養費制度により約90万円の負担減。差額ベッド代（個室）等の保険外の負担額は約55万円。医療費の自己負担額と合わせると、約152万円となった。難病だけあって、安くはない。ただし、民間医療保険による入院給付金等の適用を受けたので、負担額の約6割は民間医療保険がカバーしてくれた。民間医療保険の重要性を認識した。

病気にかかると健康の大切さを実感するというが、その通りである。また、妻や子、きょうだい、知人友人のありがたさを痛感した。今回の病気により、所属の大学をはじめ、発病前に原稿・講演・インタビュー等の依頼を受けた会社に対して大変ご迷惑をおかけした。この場をお借りして、関係者の方々に陳謝し、お許しを請う次第である。

認知症高齢者鉄道事故裁判を考える

週刊社会保障
No.2869
［2016.4.4］

三審とも異なる判決

本年（2016年）3月1日、最高裁が、社会保障に関連する注目すべき判決を出した。

この裁判は、認知症の男性（当時91歳）が徘徊して列車にはねられた事故について、家族が監督義務を怠ったとして、鉄道会社（JR東海）が、男性の家族（妻と子ども）に対して、振替輸送代や事故処理の人件費等の経費720万円の損害賠償を求めたものであった。

一審（名古屋地裁）では、男性の妻と長男を監督義務者と認定し、その義務を果たさなかったとして両者に損害賠償命令を出した。二審（名古屋高裁）では男性の妻だけを監督義務者と認定する一方で、鉄道会社にも相応の責任があるとしたので、賠償額は半分となった。

最高裁は妻と長男を監督義務者とは認めず、賠償責任はないとして、鉄道会社の請求を棄却した。一審、二審、最高裁で、それぞれ判断が異なる結果となった。

一審判決が出た当時は、「家族介護者は認知症者を24時間監視していないといけないのか」、「在宅で介護はできなくなる」と多くの批判が出された。最高裁判決については、「家族介護者の大変さを理解していただいた。家族の救いになる」と好意的な反応が多かった。他方、監督義務者の認定判断はケースバイケースであり、具体性に欠けるとの指摘もある。

本件に関しては、本誌前号で菊池馨実早稲田大学教授から、民法上の観点から重要な論点を整理していただいた。そこで本稿では、認知症高齢者に対する在宅介護はどのようにしたらよいのかという介護方法論的な観点から、本件を考えてみたい。

どのように在宅介護が行われたのか

鉄道事故を起こして死亡した高齢者Aを中心に家族関係を整理すると、次のとおりであった。

Aは、事件当時85歳の妻Bと同居していた。子どもは、長男C、二男D、二女E、三女Fの4人で、いずれも別居であった。Aは、不動産仲介業を営んでいたが、80代半ばころから認知症の症状が出始めた。平成14年3月頃、妻Bや横浜市に住んでいた長男C、介護の仕事についていた三女Fの間で、Aの介護に関する話し合いが行われた。同居のBは80歳過ぎで、一人での介護は困難であるとし、Cの妻Gが、横浜市から単身で愛知県大府市のAB夫婦の家の近くに転居し、毎日AB宅に通って、BとともにAの在宅介護にあたることとなった。Gの転居先は、長男Cが将来の両親の介護のためにA所有の土地にBとの共有名義で建てた家であった。Cは、Gは長男の嫁であり、Aの介護は当然のことであると考えた。C自身も、月に1、2回は愛知県に行って状況を把握した。Bは高齢で虚弱であったことから（平成18年に要介護1の認定を受けた）、長男Cの妻GがAの在宅介護の担い手であった。

Aの認知症は、時を経て悪化していった。平成14年8月には要介護1の認定、同年10月にはアルツハイマー型認知症との診断、同年11月には要介護2の認定、平成15年には見当識障害や記憶障害が出現、外出願望が強く、平成17年と18年には計2回外出して行方不明になる事件が起きた。そこで、玄関にセンサー付きチャイムを設置。平成19年2月には要介護4の認定。入浴や食事が一人でできず、トイレの場所も把握できず所構わず排尿してしまう傾向あり、という重度の認知症症状となった。

要介護4の認定を受けた頃、C、F、Gの間でAの介護の在り方について話し合いが行われた。施設入所については、介護に詳しい三女F（特養勤務、介護福祉士）から、特養は希望者が多いため入居に2、3年かかる、Aは家族の見守りにより自宅で過ごす能力がある、特養に入ればAの混乱はさらに悪化するという助言もあり、従前と同じ介護（BとGによる在宅介護）を続けることとなった。

介護保険サービスの利用状況は、平成14年10月頃からデイサービスを週1回利用し、本件事件当時は、日曜日を除く週6回利用していた。Gは、Aがデイサービスに行かない日は朝から就寝まで、デイサービスの日は朝と夕方から就寝まで、Aの介護や家事を行った。Gがいたので、ホームヘルパーは利用しなかった。

鉄道事故が起きた平成19年12月の当日は、AがデイサービスからA戻った夕方、A、B、Gは一緒にいたものの、GがAの排尿した段ボール箱を片付けるために席をはずし、Bがまどろんで目をつむっている間に、Aが外出し、自宅近隣の駅の1駅先の駅構内で列車と衝突事故を起こしたものであった。排尿のために、ホーム先端のフェンス扉を開けてホーム下に降りたのではないかと推測された。

さまざまな論点

このように重度の認知症高齢者Aの在宅介護は、妻Bと長男の妻Gにより担われたが、長男の妻Gが横浜市から義父母のいる大府市に転居して毎日介護にあたるという「献身さ」がなければ成立しなかったであろう。Gは、夫である長男Cと、いわゆる「介護別居」を5年間以上続けたことになる。

要介護高齢者の介護にあたっては在宅介護を

第一とする風潮があるが、要介護者の状態の変化や家族介護者の負担の重さなどによっては施設介護を選択した方がよい場合があるであろう。本件の場合、Aが要介護4となり、認知症の症状が激しくなった平成19年2月頃が、在宅介護の限界点で、施設介護に移るべき時期であったようだ。特養にはすぐに入所できないにしても、介護老人保健施設や認知症対応の有料老人ホームなど、施設介護を模索することもできたであろう。Aは相当多数の不動産を所有するとともに、金融資産だけでも5千万円を超えていた。Aの資産が多いにも関わらず、それが利用されずに、Aの死後、妻や4人の子どもたちに相続されたという点は、一審判決や二審判決の裁判官の心証にも影響を与え、妻や長男の損害賠償を認めたのではないかという感もする。

本件では、男性の妻Bの同居、長男の嫁Gの介護専念、週6回のデイサービス利用という方法により、施設介護ではなく在宅介護を続けた。こうしたAの在宅介護の仕組みづくりの中心となったのが長男Cである。したがって、長期間別居していた等の理由から長男Cの監督義務者性を認定しなかった最高裁判決本文よりも、「長男Cは監督義務者に準ずる者に該当するが、その義務を怠ったとは言えないから賠償責任は負わない」とする岡部喜代子裁判官の補足意見の方が妥当であると考えられる。

最後に、本件の場合、JR東海が大企業であるので、認知症高齢者による鉄道事故の賠償を家族に求めたことを問題視する見方もあるが、自殺等さまざまな事由から人身事故が多発し、そのたびに多額の経費がかかっている状況をみると、家族の監督責任を問う損害賠償請求もやむを得ない。もっとも二審判決にあるように、鉄道会社が鉄道事故を防ぐ最大限の努力を講ずることが前提かつ必要である。

再度「厚生労働省分割論」を考える

週刊社会保障
No.2879
［2016.6.20］

自民党の若手議員を中心とした「2020年以降の経済財政構想小委員会」が、厚生労働省のあり方について検討を進め、本年（2016年）5月、厚生労働省の分割を提言した。国民に人気がある小泉進次郎衆議院議員が同委員会の事務局長を務めていることもあり、話題を集めた。

厚生労働省の分割については、2009年の麻生内閣のときにも話題にのぼったことがある。麻生総理は、経済財政諮問会議において、厚生労働省を、医療・介護・年金などを所管する社会保障省と、雇用や少子化対策などを所管する国民生活省に再編する案を提示した。これを受け、官房長官や厚生労働大臣等関係6閣僚による協議が行われた。しかし、簡単には協議がまとまらなかったことや、自民党内でも、総理の突然の提案に「寝耳に水」、「事前の説明が全くない」等の反発が大きく、時を経ずして議論は終わってしまった。

この頃、筆者は、時事評論において、「厚生労働行政の機能強化策」（「週刊社会保障」2009年2月2日号）や「『厚生労働省分割論』考」（同2009年6月15日号）を発表した。これらの論考において、筆者は、厚生労働省という「巨大官庁」の限界を指摘し、厚生労働省の分割を提言した。それから6年の期間を経て、自民党の小泉進次郎氏たち若手議員の提言に同調し、再度、厚生労働省の分割を提案したい。

厚生労働省の誕生

厚生省と労働省が統合されて厚生労働省が発足したのは、2001年1月であった。両省の統合は、1990年代末に、橋本龍太郎内閣が進めた中央省庁再編の一環であった。橋本総理は、行政改革の推進を最重要の政治テーマに掲げ、1996年11月、行政改革会議を設置した。同会議は、1998年12月に最終報告を取りまとめた。

最終報告では、「今回の行政改革の要諦は、肥大化・硬直化し、制度疲労のおびただしい戦後型行政システムを根本的に改め、自由かつ公正な社会を形成し、そのための重要な国家機能を有効かつ適切に遂行するにふさわしい、簡素にして効率的かつ透明な政府を実現することにある」とうたい、内閣・官邸機能の抜本的な拡充・強化と、中央省庁の行政目的別大括り再編成を、行政改革の第一にあげた。

最終報告に基づき、中央省庁等改革基本法が制定され、1府22省庁が1府12省庁に統合再編されることとなった。その具体的内容は、①内閣・官邸機能の強化として、内閣府を設置し、複数の特命担当大臣を置いて、社会経済の変化等に機動的に対応すること、②中央省庁の再編としては、閣僚の数は18名（総理を含む）に減じ、省庁の数を大幅に減じること、であった。省庁数の削減のために複数の省庁が統合されて発足した省は、総務省（自治省、郵政省、総務庁の統合）、国土交通省（建設省と運輸省の統合）、厚生労働省（厚生省と労働省の統合）、文部科学省（文部省と科学技術庁の統合）であった。総務省のように所管行政の関連が薄い省庁の統合に比べて、厚生労働省は、厚生省から労働省が分離した（1947年）という歴史がある2省の統合であるので、違和感は小さかった。

巨大官庁の弊害

厚生省と労働省の統合により、所管行政は、年金、医療、介護、雇用、労災という社会保険から、生活保護、児童・障害者福祉等の社会福祉、保健医療政策、感染症対策、雇用対策、職業訓練など、国民生活全般にまたがる広範囲のものとなり、定員約10万人（国立病院等を含む）、予算規模約18兆円（当時）の「巨大官庁」が誕生した。

発足当初は、小泉内閣による構造改革に伴う社会保障制度改革に忙殺されたが、その後、年金記録問題や後期高齢者医療制度実施をめぐる混乱、労働特会関係施設の無駄問題、薬害肝炎問題など、「大男、総身に知恵が回りかね」現象が現れてきた。そこで、２００８年８月、官邸に「厚生労働行政の在り方に関する懇談会」が設置され、厚生労働省の行政運営の在り方や行政組織・体制の在り方に関して検討が行われることとなった。同懇談会の提言は、２００８年12月になされたが、厚生労働省分割の提案はなかった。中央省庁再編から間もないこともあり、再編を否定するような意見は論外であったであろう。

現在に至って、厚生労働省という巨大官庁が抱える問題は、増大することはあれ、減ずることはないようだ。予算規模は30兆円を超えた。冒頭の自民党小委員会提言にみられるとおり、次のような問題を抱えている。

①法案審議の停滞（衆参両院の厚生労働委員会が審議すべき法案が非常に多く、重要法案の成立が遅れがち。本年度の通常国会においても、年金財政の安定化を図るための「マクロ経済スライド」を強化する年金制度改正法案が成立せず、継続審議）

②厚生労働大臣と職員に重い負担（厚労大臣は、平成27年通常国会において、３００時間以上の委員会審議に参加、３千回もの国会答

弁。他の大臣と比較して突出して多い。職員の残業時間は霞が関でワースト)
③重要政策課題の後回し(厳しい財政状況下で毎年度の予算編成に苦労しているため、少子化対策のような予算増が必要な政策は後回し。年金、医療、介護の社会保障改革優先のため、非正規労働者問題などの労働政策への取組が後回し)
④融合が進まない人事と組織(管理職ポストは旧厚生省と旧労働省の系列に分かれ、人事はほぼ縦割り、地方組織は厚生局と労働局との併存など、実態は2省組織のまま)

三つの省への分割

厚生労働省が巨大官庁化した弊害を抱えて、社会保障制度の舵取りを社会経済の変化に対して機敏に対応できていないことが、国民の間で社会保障制度に対する不安感が増大している一因ではないか。10数年にわたって保育所待機児童ゼロを実現できない少子化対策、非正規労働者の増大に伴う所得格差問題を解決できない労働政策(ようやく「同一労働同一賃金」への取組が始められるようになったけれども)など、厚生労働省の対応が遅いために国民生活に弊害を生み出している事例は多数あげられる。「肥大化し硬直化した政府組織の改革」を目指したはずの行政改革会議が、厚生労働省という21世紀における「肥大化し硬直した組織」をつくってしまったことは、皮肉としか言いようがない。

主要各国の政府組織をみても、社会保障政策と労働政策とを同一の省が管轄しているのは、日本だけである。前述の小委員会報告の提言では、社会保障(年金・医療・介護)と子ども子育て(少子化対策等)、国民生活(雇用等を含む)の3分割または2分割であるが、筆者の意見は、厚生省と労働省に再分割をしたうえで、少子化対策を含む家族政策を担当する省(仮称:家族省)を創設し、現在の少子化担当大臣を充てるという3分割案である。

混合介護をめぐる議論

週刊社会保障
No.2910
［2017.2.6］

混合介護を解禁？

本年（２０１７年）１月16日の日本経済新聞１面に、「混合介護解禁東京・豊島区で」という大きな見出しの記事が掲載された。

「混合介護」とは、介護保険給付のサービスと保険外サービスとを組み合わせて提供する介護サービス形態をいう。法令上の言葉ではないが、一般的に使われだした。新聞記事によると、豊島区は、地域限定で規制緩和する国家戦略特区の制度を活用し、介護事業者が混合介護を提供できるように事業計画を国に提案する方向で検討を進めることとなった。２０１７年中に解禁される見通しだという。

混合介護といえば、昨年（２０１６年）９月５日に公表された公正取引委員会の「介護分野に関する調査報告書」（以下、「公取委報告書」）が思い浮かぶ。

公取委報告書では、「現行制度では、原則として混合介護はできない。また、介護報酬を下回る料金での介護サービスの提供はほとんど行われていないし、介護報酬を上回る料金の介護サービスの提供はできない。多様なサービスの提供や、価格競争が有効に機能する環境が整っていない。『混合介護の弾力化』を実現することにより、事業者の創意工夫を促し、サービスの多様化を図ることが望ましい」と提案する。

公取委報告書によれば、『混合介護の弾力化』

とは、保険内サービスと保険外サービスを組み合わせた同時一体的な提供を可能とすることや、質の高いサービスを提供するとともに利用料金を自由化することである。これにより、①利用者の利便性が向上するとともに、事業者は提供するサービスに応じた料金を徴収できる、②事業者の収入の増加をもたらし、介護職員の処遇改善につながる可能性がある、という。

現行制度でも混合介護は可能

混合介護弾力化の具体例はどのようなものであろうか。公取委報告書では、(ア) 訪問介護サービスにおいて、利用者（要介護高齢者本人）のための食事の支度・洗濯・部屋の掃除と一緒に、同居家族の食事の支度・洗濯・部屋の掃除を行うこと、(イ) 通所介護サービスにおいて、利用者が、介護士の介助のもと、近くのスーパーで簡単な買い物を行うこと、があげられている。

公取委報告書の公表のあと、混合介護の実現については、規制改革推進会議の医療・介護・保育ワーキンググループにおいて、議論が続けられている。

ところで、一般に誤解があるが、現行制度において、混合介護は可能である。

厚生省課長通知（平成12年11月16日老振第76号）によれば、「保険給付の範囲外のサービスについて、利用者と事業者の間の契約に基づき、保険外のサービスとして、保険給付対象サービスと明確に区分し、利用者の自己負担によって、サービスを提供することは当然可能である」としている。

混合介護が可能ということであれば、冒頭の新聞記事にある「解禁」の表現は間違いになる。しかし、実際的には、保険サービスと保険外サービスを一体的に提供するためには、大きな制約が存在する。問題は、厚生省課長通知にある「保険外のサービスとして保険給付対象と明確に区分されていること」の解釈である。

前述の具体例について、厚生省通知に即して考えれば、（ア）の事例では、保険サービス（要介護者への家事援助）と保険外サービス（同居家族への家事援助を一緒に行うとすると、「明確に区分されていない」として不可である。こうしたケースの場合には、保険サービスを行う時間帯と保険外サービスの時間帯を明確に区分する、スタッフを交代させる、同じスタッフの場合にはユニフォームを代える等、保険者である市町村から指導がされるという。（イ）の事例でも、利用者は保険サービスの通所介護サービスを受けている時間内に生活援助を受けることになるので、「明確に区分されていない」ため不可になる。

保険サービスと保険外サービスの「同時一体的な提供」を規制している理由として、①保険サービスは公費や保険料で賄われている公的サービスであるため、その実施状況が不明瞭となると、保険給付の不正使用、不正請求のおそれが生じること、②利用者の負担が不当に拡大するおそれがあること、③お世話型のサービスが増大して、自立支援の理念に反するおそれがあること、等があげられる。

規制改革推進会議では、具体例（ア）のような家事援助サービスの同時一体的な提供の場合、その費用について、介護保険と自己負担の区分を要介護者と家族の人数割にしたらどうかという案が披露されている。

たとえば、利用者1人と同居家族2人のための調理、掃除等を45分間行ったとする。介護報酬では235単位2350円であるので、介護保険と自己負担を1対2の割合で配分する。保険給付は約800円、自己負担分は約1600円となる。すべて介護保険とすれば、利用者負担は、一般的に1割負担の235円であるが、混合介護にすると、約1680円（要介護者の一部負担を含む）となる。

混合介護の拡大に向けて

「同時一体的な提供」は課題があるとしても、今後、混合介護が拡大する可能性は大いにあると考えられる。たとえば、生活の基本である食の確保となる配食サービスである。訪問介護員が利用者に自費負担の弁当を配達して、訪問介護の時間は調理以外の他の用務を実施する。あるいは、病院への通院介助について、送迎の介助は介護保険、院内の待ち時間中の買い物等の支援は自費負担で行う。

ただし、厚生省通知にある「明確な区分」の方法に、保険者間でまちまちのローカルルールが存在し、事業者が困惑していることから、国で具体的な統一ルールを作る必要がある。

また、混合介護が進まないのは規制が原因というより、介護支援専門員の報酬体系のあり方にある、と指摘するのは、三原岳氏である。介護支援専門員が介護報酬を請求できるのは保険サービスの給付管理が発生する場合だけであり、保険外サービスの組入れは評価されない点が問題であるという（介護保険情報２０１６年11月号『「混合介護」を巡る幻想—ケアマネ報酬の見直しが不可欠」参照）。本来、混合介護は可能であるから、利用者のニーズを踏まえて、生活支援サービス等の保険外サービスをケアプランに組み入れることができる。言い換えれば、介護支援専門員は、保険サービスだけではなく、地域に存在する生活支援サービスも視野におきながら、ケアプランを作成する。保険外である生活支援サービス中心のケアプランであっても介護報酬の対象とすることが、混合介護の利用拡大につながる。

一人暮らし高齢者の増加等から、配食、通院介助、庭の草むしり、ペットの世話、換気扇等の清掃困難個所の清掃、不要物の処分等、介護保険給付対象外の生活支援サービスに対するニーズは確実に存在する。混合介護は、事業者ばかりでなく、利用者にとっても必要不可欠なものとなるであろう。

ドイツ介護保険の変貌

週刊社会保障
No.3003
［2018.12.24-31］

本年度（2018年度）は、日本で介護保険が実施されてから19年目になる。介護保険が2000年4月に実施されたときはシンプルな内容の制度であったが、その後、主たる改正が5回も行われたことから、かなり複雑な制度に変化した。

他方、ドイツや韓国の介護保険はどのようになっているだろうか。まず、韓国であるが、2008年実施なので本年で11年目を迎えている。要介護度が当初の3段階から5段階に拡大しているが、制度の内容自体は実施時と比べてさほど変化はしていない。ドイツは1995年実施であるので、本年で24年目を迎えている。日本と比較すると、変化の度合いは小さいが、最近になって矢継ぎ早の制度改正が行われている。その結果、実施当初と比較すると、さまざまな変化が生じている。

そこで、本稿ではドイツの介護保険の最近の改正を整理しながら、日本への示唆を考察する。なお、改正内容の情報は、厚生労働省の『2017年海外情勢報告』や、本澤巳代子筑波大学名誉教授、山崎摩耶元衆議院議員のレポート等を参考にした。

3次にわたる介護保険制度改革

日本が介護保険創設にあたって参考にしたドイツの介護保険であるが、2008年に大改正が行われた後、2015年から2017年までの間に、3次にわたる改正が行われた。

２０１５年1月に施行された「第1次介護強化法」の目的は、介護給付を拡充して介護を充実することであった。主な内容は、①ほぼすべての介護給付額を拡充、②世代間の給付の公平を確保するための介護準備基金の創設、③介護施設における介護従事者の拡充（施設基準の見直し）、④保険料率の引上げ等である。この改正により、介護給付は、給付費全体で4%拡充された。また、要介護度の区分が、従来の要介護1～3の3段階から、要介護1～5の5段階に拡大された。

２０１６年に成立した「第2次介護強化法」の目的は、認知症を有する要介護者と身体機能の低下を主たる要因とした要介護者の給付の公平化を図ることであった。主な内容は、①要介護状態の定義の見直し、②要介護認定手法の見直し、③介護給付の拡充、④保険料率の引上げ等である。

続いて、「第3次介護強化法」が２０１６年12月に成立、２０１７年1月に施行された。この法律は、地域（現場）における介護サービスの充実及び介護給付に関する相談支援サービスを拡充することを目的とした。主な内容は、①地方自治体に対する介護支援拠点（日本の地域包括支援センターに相当）を新たに設立するための5年間の発議権の付与、②60の地方自治体において、地方自治体の介護相談員による介護相談のモデル的実施。モデル事業を実施する場合、介護相談の実施事務とあわせて従来の介護金庫からモデル事業実施自治体に移行（費用負担は、引き続き介護金庫）、③地方自治体による追加的な介護給付の実施及びその場合の介護保険財政による支援等である。

要介護者の範囲の拡大と給付改善

ドイツの要介護度の区分は、実施以来20年間は3段階であった。日本が要支援2段階、要介護5段階の計7段階であるのに対して、ドイツは「中・重度の要介護者に対応」といわれてきた。逆に言えば、身体介護の程度が低い軽度者は対象外とされてきた。しかし、中・重度を対象とした3段階のままでは、在宅の家族介護の負担軽減がなされないことや、認知症者への対応が弱いという批判があった。今回の改正により、身体介護の程度は低いが認知症がある軽度者を介護度の一番下の段階に加えて、全体で5段階に拡大された。次に述べる要介護認定基準の変更もあり、約50万人が新規に認定された。

　要介護認定の基準も変更された。従来の「介助にかかる時間」に代わり、「6分野における自立制・能力」が測定され、それぞれの分野の評点に重みづけがされ、総合的に評価されることとなった。6分野とは、①モビリティ・可動制、②認知・コミュニケーション能力、③行動と精神心理的な問題、④食事や身体ケアといった日常生活動作における自立性、⑤病気や医療的処置等の自己対処能力や負担、⑥日常生活及び社会とのコンタクトの形成である。これにより、認知症のある人も公平に認定されるようになった。

　施設介護においては、①ケアワーカー以外のアクティビティスタッフを1対20の割合で配置することにより介護士の負担軽減を図る、②介護ホーム入所時の自己負担額に上限を設ける定額化、③介護サービス以外の読書、散歩、文化的催し等への付き添い等の「追加的世話」の提供の義務化、④評価制度の見直しによる介護事業者の質の確保の改善等が行われた。

　また、家族介護の支援を強化するために、負担軽減手当や追加的世話の給付、介護準備のための10日間の労働免除、家族介護者への社会保険料支援の増額等の措置が講じられた。

　全体として、毎年約50億ユーロ（約6600億円）の介護保険給付額の増額を行うこととし、被保険者に対する給付改善のほか、介護人材の雇用促進や労働条件の改善を図ることとした。その財源として、保険料が引き上げられ、2017年から2・55%となった。

日本の制度改革との違い

このように最近のドイツの介護保険改革を整理してみると、近年の日本における制度改革の目的や内容とはだいぶ異なっている。

日本の場合は、「制度の持続可能性の確保」という観点から、要支援者の保険給付範囲の縮小、特別養護老人ホームへの入所制限、自己負担割合の引上げ等、被保険者の保険給付の適用範囲の縮小や利用者負担増が中心である。要介護1・2の者の訪問介護の生活援助を保険給付から外そうという意見もあり、軽度者の場合は、「自立支援」のスローガンの下に、介護保険給付から外していこうとする動きがみられる。

これに対して、ドイツの介護保険改革では、要介護度区分の拡大にみられるように、軽度者を保険給付の対象に組み入れた。また、施設介護分野でみられるように、利用者負担の上限の設定など、利用者の負担軽減の措置が講じられた。

家族介護者に対する支援をみても、ドイツ介護保険では、現金給付の存在とあいまって、年金保険料等の社会保険料支援や、労災保険・失業保険の適用等、種々の支援策が講じられていた。今回の改正でも、さらに、家族介護者に対する支援策が強化されている。日本の介護者支援策の乏しさと比較すると、大きな差が生じている。

日本で介護保険制度が創設された頃は、「利用者本位」というキーワードがあったが、最近の制度改革ではさっぱり聞かれなくなった。社会保険は、被保険者の理解と納得・合意があって持続可能性が高まるものである。今後の制度改革では、ドイツの事例も参考に、被保険者やサービス利用者、家族介護者がメリットを感じられるような具体的な施策が盛り込まれることを期待したい。

付記

本章に掲載した小論文は、「週刊社会保障」（法研）の「時事評論」のコーナーに執筆・掲載したものである。全部で約40本執筆したが、本書では介護保険制度に関連したものや思い出深いものを10点選択した。

社会保障に関する時事的な話題を選んで解説したものであるが、ややジャーナリスティックな書き方で執筆したものが多い。母親が初めて介護保険制度を利用したときの様子（「体験的介護保険論」）や、筆者がギラン・バレー症候群にかかったときの病状や医療状況（「闘病生活からみた医療」）は、私事をもとに社会保障制度の現状を眺めたものである。認知症者の鉄道事故の裁判を批評した「認知症高齢者鉄道事故裁判を考える」は、その内容について尊敬する識者が高く評価してくれたことが思い出深い。

第10章

介護保険の20年を振り返る

Ⅰ　はじめに

2020（令和2）年度は、介護保険制度が2000（平成12）年4月に実施されて以来、満20年を経過した年度であった。人間でいえば、介護保険制度は2020年度に「成人式」を迎えたことになる。介護保険制度が誕生した頃は、制度が順調に運営されるのか大いに不安視されたが、現在では高齢者介護の世界にすっかり定着した。介護事業所・施設や介護労働者の数は大幅に増加し、介護分野が一つの産業分野として確立した。介護保険制度は、立派に成人になったといえるだろう。これからは「成年期」の制度になるが、いろいろな課題を抱えている。

そこで、あらためて介護保険制度の創設と発展の過程を簡潔に振り返るとともに、さらには介護保険制度の今後の行方を展望することにより、介護保険制度に対する理解を深める一助としたい。

Ⅱ　介護保険制度創設の背景

介護保険制度の検討が始まったのは1990年代半ばのことである。1994（平成6）年4月、厚生省（現・厚生労働省）内に高齢者介護対策本部と専任スタッフによる事務局が設置され、21世紀の高齢社会を見据えた新しい高齢者介護システムの検討が始められた。審議会の議論等を経て、1996（平成8）年11月、国会に介護保険法案が上程され、1年余りの審議を経て、1997（平成9）12月に国会で成立した。

図表-22 介護保険制度創設の背景

（各種の問題点）		（介護保険制度による解決）
①人口高齢化の急速な進行	➡	要介護高齢者の増大への対応
②家族介護の限界	➡	介護を社会全体で支える
③老人福祉と老人医療の課題	➡	高齢者介護システムの再編成
④措置制度の問題	➡	利用契約制度へ
⑤財源の制約	➡	社会保険料の導入

介護保険制度が創設された背景を簡潔に整理すると、**図表―22**のとおりである。

介護保険制度の検討が始まった1994年は、日本の高齢化率（総人口に占める65歳以上人口の割合）が14％を超え、「高齢社会」の仲間入りをした年であった。人口高齢化の急速な進行により、高齢者人口が増加し、介護が必要な高齢者（要介護高齢者）の数が増大した。それまでは介護問題は家族の問題と捉えられがちであったが、社会全体の問題として認識されるようになってきた。こうした状況を背景に、国の施策として1990（平成2）年度から、ゴールドプランと呼ばれる計画に基づき、在宅サービスや介護施設等の介護サービス基盤の整備が進められていった。

当時の家族介護者は、性別では85％が女性であった。女性は、実の親の介護、嫁ぎ先の義理の父母の介護、そして自分自身の介護と、「生涯に3度の介護」に苦しめられるといわれた。他方で、働く女性の増加や子供の家族規模の縮小から、家族による介護は限界にきているといわれた。介護保険は、こうした家族による介護負担を軽減し、要介護者の介護を社会全体で支えていこうとするもので、このことは「介護の社会化」と呼ばれた。

政策面では、介護保険制度は、それまで介護サービスを提供する仕組みであった老人福祉制度と老人医療制度におけるそれぞれの問題点の解決を図るものであった。老人福祉制度でいえば、ホームヘルプ（訪問介護）やデイサービスなどの在宅福祉サービス、特別養護老人ホームという施設サービスが、量的に不足していた。また、福祉分野では、行政機関がサービスの提供の是非を決定する措置制度と呼ばれる仕組みでサービスが提供されていた。措置制度は、手続に時間がかかることや、サラリーマンOBにとって応能負担の自己負担額が重いこと、利用者のサービス利用の権利性が乏しいことなどの問題点を抱えていた。一方、老人医療制度では、病院が要介護高齢者を抱え込むことになり、治療の必要がないにもかかわらず入院を続けるという「社会的入院」の問題や、病院で介護生活をおくるには病室などの環境が不適合といった問題などが顕在化していた。

こうした老人福祉と老人医療の問題点を解決するために、介護保険制度の創設によって、高齢者介護サービスの提供システムを再編成することとした。措置制度は改められ、利用者は事業者を選択して、契約によりサービスを利用する利用契約制度となった。介護サービス利用者にとって、「利用者本位」、「サービスの選択」というメリットが強調された。

財源面については、21世紀になってますます増大する介護サービスの財源について、税ばかりに頼るのではなく、社会保険料という新たな財源を導入して対応することとなった。

こうして、被保険者全員が「共同連帯」の精神に基づき保険料を拠出し、要介護状態になったときには、低額の利用者負担で介護サービスを利用できるという介護保険制度が創設されることとなった。

III　介護保険制度の発展過程

1　介護保険の利用拡大と定着

介護保険は2000（平成12）年4月に実施されて以来、20年間に順調に拡大を続けてきた。**図表―23**は、20年間の介護保険の拡大状況を示したものである。第1号被保険者数は、人口高齢化の進行に伴い増加し、2000年実施時点の1・6倍となった。一方、要介護認定者数（要支援者を含む）は、2020（令和2）年4月末で669万人と、20年前の3・1倍に増加した。65歳以上の高齢者の約5人に1人は、要介護認定者ということになる。

介護サービス利用者も大幅に増加した。2019（令和元）年では毎月平均で567万人の方が在宅や施設の介護サービスを利用している。高齢者のほぼ6人に1人が介護サービスを利用していることになる。訪問介護やデイサービスなどの在宅サービス、あるいは特別養護老人ホームや有料老人ホーム等の施設サービスを利用することが、当たり前のことになった。

介護サービス利用者の拡大に伴い、在宅・施設の介護サービス事業者や、介護分野で働く人々が大幅に増加した。2019年10月時点で、要介護者向けの訪問介護事業所が約3万5000、デイサービス事業所が約2万4000など、全部の事業所を合わせると、コンビニの数よりも多い。介護職員数は、2000年度の55万人から2018（平成30）年度の195万人と3・5倍に増加した。

介護費用総額も増大した。2000年度の3・6兆円から2020年度の10・8兆円と3倍になった。これに伴い、国や地方自治体の公費負担や、第1号被保険者（高齢者）や第2号被保険者（40～65歳未満）の保険料も増加した。高齢者保険料は、2000年度の月額2911円から2021（令和3）年度には月額6014円と2・1倍になった。

介護保険導入前と異なり、事業所や施設の数、介護職員の数は大幅に増加した。介護保険制度の創設時には「保険あってサービスなし」（介護保険が実施されても、必要なサービスが不足して提供できないのではないかという批判）という懸念があった。しかし、従来の行政機関中心の措置制度を、サービスを利用しやすい利用契約制度に改め、同時に在宅サービス事業者に民間の参入を認めること等の方法によって、大幅に事業者数が増加した。民間参入という規制改革が、高齢者介護分野を産業ビジネスに変貌させた。

介護保険のサービスを利用するためには、保険者である市町村に申請をして、要介護認定を受け、介護支援専門員（ケアマネジャー）に介護サービス計画（ケアプラン）の作成を依頼し、ケアプランに基づき介護サービスを利用するという一連の手続も、すっかり定着した。ケアマネジメントという言葉が一般化するとともに、社会福祉士や介護福祉士、ケアマネジャー等の専門職にとって、ケアマネジメントは必要な知識・技術となった。

このように介護保険制度は、実施20年間を経て、高齢者の間のみならず、日本の社会に十分定着した。

図表-23 介護保険の20年間の変化

1 65 歳以上被保険者の増加

	(2000 年 4 月末)		(2020 年 4 月末)
第 1 号被保険者数	2,165 万人	→ 1.6 倍	3,558 万人

2 要介護(要支援)認定者数の増加

	(2000 年 4 月末)		(2020 年 4 月末)
認定者数	218 万人	→ 3.1 倍	669 万人

3 サービス利用者の増加

	(2000 年 4 月)		(2019 年月平均)
在宅サービス利用者数	97 万人	→ 4.0 倍	384 万人
施設サービス利用者数	52 万人	→ 1.8 倍	95 万人
地域密着型サービス利用者数	ー	→	88 万人
(合　計)	149 万人	→ 3.8 倍	567 万人

4 介護職員数の増加

	(2000 年度)		(2018 年度)
介護職員数	55 万人	→ 3.5 倍	195 万人

5 介護費用総額の増加

	(2000 年度)		(2020 年度)
介護費用総額	3.6 兆円	→ 3.0 倍	10.8 兆円

6 高齢者保険料の増加

	(2000 年度)		(2021 年度)
第 1 号保険料	2,911 円	→ 2.1 倍	6,014 円

(出典) 厚生労働省資料を基に筆者作成。
介護費用総額は、介護給付費＋自己負担額。第1号保険料は、全国平均月額の数値

2　介護保険制度の歴史

図表―24は、介護保険制度創設の検討が始まってから2020年に至るまでの間、介護保険法の制定・改正や市町村介護保険事業計画の実施の変遷等を年表にしたものである。

介護保険制度の歴史を振り返って整理すると、次のとおりである。

① **3年ごとの改正**：介護報酬改定や第1号保険料設定、市町村介護保険事業計画の作成が3年ごとに行われている。介護保険法の改正も、2008（平成20）年改正からは3年ごとに行われている。

② **介護保険法の改正の内容**：介護保険法の主な改正は、合計6回。その中でも最も大きな改正であったのが、2005（平成17）年改正（2006（平成18）年4月施行）である。

介護予防重視型システムへの転換ということで、「介護予防」に関する事業が一躍脚光を浴びた。さらに、地域密着型サービスや地域支援事業、地域包括支援センターが創設された。介護保険が創設当時の姿を大きく変えて、現在の姿の基本形になったのが、この2005年改正であった。

利用者負担の面では、介護保険施設等における食費・居住費が、原則として自己負担となった。

2011（平成23）年改正以降は、地域包括ケアシステムの構築関連と、持続可能性の確保の観点からの利用者負担の増加や給付抑制関連の改正が続いている。

③ **利用者負担の変化**：利用者負担は増加する方向で制度改正が行われてきた。制度発足当初は、利用者負担は、所得の多寡にかかわらず全員が定率1割負担であった。しかし、2014（平成

図表-24 介護保険制度の歴史

年　次	主な出来事	備　考
1994年	厚生省（現・厚生労働省）が高齢者介護対策本部を設置（4月）。介護保険制度の検討開始	
1996年	介護保険法案を国会に提出（11月）	
1997年	介護保険法制定（12月）	
2000年	介護報酬決定（2月）介護保険法施行（4月）改正民法施行（4月）第１期介護保険事業計画実施（4月）	成年後見制度実施（4月）
2001年	第１号保険料の全額徴収の実施（10月）	
2003年	第２期介護保険事業計画実施（4月）	
2005年	介護保険法の一部改正（6月） 介護保険施設等で食費・居住費の徴収（10月）	介護予防、地域密着型サービス、地域支援事業、地域包括支援センター創設
2006年	第３期介護保険事業計画実施（4月）	
2008年	介護保険法の一部改正（5月）	介護事業者のコンプライアンス重視
2009年	第４期介護保険事業計画実施（4月）	政権交代（鳩山内閣）
2011年	介護保険法の一部改正（6月）	東日本大震災（3月） 地域包括ケアの推進
2012年	第５期介護保険事業計画実施（4月）	社会保障・税の一体改革 政権交代（安倍内閣）
2014年	介護保険法の一部改正（医療介護総合確保推進法）（6月）	地域包括ケアシステムの構築、２割負担の導入、消費税８％（4月）
2015年	第６期介護保険事業計画実施（4月）	
2017年	介護保険法の一部改正（5月）	地域包括ケアシステムの深化推進、３割負担導入
2018年	第７期介護保険事業計画実施（4月）	総合事業の全面実施
2019年		消費税10％（10月）
2020年	介護保険法の一部改正（6月）	新型コロナ感染問題
2021年	第８期介護保険事業計画実施（4月）	

26）年改正により2015（平成27）年8月から2割負担が導入され、さらに2017（平成29）年改正により2018（平成30）年8月から3割負担が導入された。利用者負担増により介護保険給付費の増加抑制を図るものであるが、医療保険の患者負担と同様に、負担能力がある高齢者が応分の負担をすることが負担の公平であるという考え方に基づいている。ただし、高所得者は保険料負担段階で一般よりも高い保険料負担をしており、サービス利用段階でも一般より高い負担をする、というのは高所得者には厳しい改正でもある。

このほか、利用者負担の増加という観点からの施策は、前述の食費・居住費の自己負担化、補足給付（食費等の自己負担化の緩和のために導入された給付）の対象範囲の縮小、高額介護サービス費の上限額の引上げ等がある。

④ **市町村の役割の増大**：保険者である市町村の役割がますます大きくなった。保険料の賦課徴収や保険給付の実施といった介護保険の保険者としての役割以外に、介護予防事業の展開や地域支援事業の実施、地域包括支援センターの運営、介護と在宅医療の連携、認知症施策の推進、地域包括ケアシステムの構築に向けての取組等、市町村が取り組む分野が飛躍的に拡大した。

⑤ **介護保険財政の拡大**：介護サービス利用者の増大に伴い、介護総費用額が増大していった。制度実施当初の2000年度は3・6兆円であったが、2020年度には10・8兆円と3倍に増加した。これに伴い、国や都道府県、市町村の公費負担も増加していった。第1号被保険者（高齢者）の保険料は、第1期は全国平均で月額2911円であったが、第8期（2021～2023年度）では6014円と約2倍になった。夫婦2人で月額1万円を超えるようになった。

そこで、「介護保険の持続可能性の確保」という観点から、これまでの介護保険制度改正において、食費・居住費の自己負担化、利用者負担における2割・3割負担の導入、要支援者に対する訪問介護と通所介護を地域支援事業の総合事業に移行等、介護保険給付費の増加抑制のための対策が講じられてきた。

⑥　**介護人材の確保問題**：介護保険制度の実施により、介護分野で働く労働者が増加した。介護職員数は、２０００年度には約55万人であったのが、２０２０年度には約１９５万人と3・5倍に増加した。しかし、他方で、２０１０年頃から、賃金や労働環境等の処遇面の問題から、離職率が高いことや新規採用の困難など、介護人材確保難の問題が表面化した。介護養成校は定員充足率が5割を割り込み、学校数が減少している。国は、補助金支給や介護報酬での対応により、介護職員の賃金の引上げ等の処遇改善に取り組んでいる。現在でも確保難は続いており、引き続き大きな課題となっている。

Ⅳ　介護保険制度の今後の課題

介護保険制度の今後の行方を展望すると、創設当時から抱えていた構造的な問題が顕著になってきており、これらの点の解決を図らないと制度の持続可能性は不可能になるのではないかと懸念する。

①　保険財政肥大化の構造

日本の介護保険制度は、ドイツや韓国の介護保険制度と比較をして、保険給付の対象範囲が広いことや、保険給付の水準が高いという特徴がある。これは介護保険創設時の考え方の相違による。

日本では、保険給付の水準の設定について、要介護者に対して必要十分な保険給付（介護サービス）を提供するという考え方に立っている。医療保険と同じ発想である。これに対して、ドイツの介護保険は、財源はすべて保険料負担であり、その財源の範囲に応じて保険給付をするというもので、要介護者のニーズのすべてを賄うものではないという考え方に立っている。「部分保険」と呼ばれる。

日本とドイツの保険給付水準を比較すると、日本の方が高い。日本の介護保険は、保険給付の対象範囲が広いことと相まって、介護サービスの利用者が増加すれば、自動的に保険財政が拡大する構造になっている。これを修正するには、保険給付の対象範囲の縮小か、保険給付水準の引下げである。しかし、すでに高齢者の生活に組み込まれている介護保険の対象範囲を縮小することや、保険給付水準を引き下げることは、国民（高齢者）の反発を招き困難である。さらに、保険給付水準を引き下げると、介護分野の職員の給与にもマイナスの影響を及ぼすことになる。したがって、現行制度のままでは、今後とも保険財政の規模の拡大、公費負担や保険料負担の増大は避けられない。

これまで利用者の定率負担の引上げや要支援者の保険給付の切下げ（訪問介護と通所介護を地域支援事業に移行したこと）など、サービス利用量を抑制する方策を講じてきたが、これらによる財政抑制の効果はわずかにすぎない。

② 社会保険と高齢者福祉行政の混在

日本の介護保険は、市町村を保険者にして創設された。市町村という行政機関と市町村職員の活用ということで、創設時点では効率的な仕組みであった。すでに国民健康保険の例もある。しかし、市町村が社会保険の保険者と、高齢者福祉の行政機関という二面性を持っていることから、社会保険の運営に高齢者福祉行政が入り込んでくることになる。財政面の観点からでも、本来は税財源で行う高齢者福祉を、介護保険の保険料財源で行うことの方が、国や地方自治体にとって財政負担が緩和するために、高齢者福祉行政の充実を介護保険で行うというインセンティブから逃れられない。かくして、高齢者福祉行政で行うべき施策が、次々と社会保険の介護保険に入ってくる。例をあげれば、地域包括支援センターの設置運営、一般高齢者向けの介護予防事業、医療と介護の連携事業、最近では認知症施策の展開まで入り込んできた。市町村が主体の地域支援事業は、本来は高齢者福祉行政で行う施策ばかりである。認知症対策は、その一部は介護保険で実施するにしても、全体的には一般会計で対応すべきものである。

ドイツや韓国の介護保険では、介護保険の保険者と高齢者福祉の行政機関が別であるため、日本のような現象は見られない。日本では、高齢者福祉行政を介護保険分野で行おうとするために、保険財政の肥大化につながるし、介護保険担当の市町村職員の事務負担は増大するばかりとなっている。

③　被保険者の範囲の限定

ドイツや韓国の介護保険とは異なり、日本では40歳以上の者を被保険者としている。少子高齢化が進行する日本では、制度実施後20年、第1号被保険者（65歳以上の高齢者）は２０００（平成12）年度からの20年間で1・6倍に増加する一方で、第2号被保険者（40~65歳未満の者）は減少している。保険給付が増大する中で制度の支え手が減少していけば、被保険者の保険料負担は増加せざるを得ない。もともと「40歳以上被保険者」は介護保険創設時の暫定的なものであった。介護を社会全体で支えるという理念の尊重や、支え手である40~65歳未満人口の減少等の状況から、被保険者の範囲を拡大しないと、制度の持続可能性は困難となるであろう。被保険者の範囲の拡大とともに、第2号被保険者の給付範囲（現在は特定疾病による要支援・要介護状態に限定されている）の拡大も必要である。

障害者総合支援法による給付との調整が必要であるが、介護サービスについては基本的には介護保険が給付し、特別な事情により上乗せ給付が必要な場合は障害者総合支援法による上乗せを行うことや、障害者福祉特有のサービスは障害者総合支援法で行うことなど、介護保険と障害者総合支援制度の共存かつ住み分けは可能であろう。

④　家族などの介護者支援の不在

ドイツでは、家族や隣人による介護（インフォーマルケア）を第一義的なものとし、それを補完するのが介護保険という思想で、介護保険制度が設計された。したがって、家族介護者には社会保障の適用をはじめ、さまざまな介護者支援策が制度に組み込まれている。イギリスにおける介護者法の制定をはじめ、介護者支援は世界的潮流でもある。他方、日本では、介護保険制度の設計の時に、家族の介護の位置づけや評価、支援策などについては全く議論されなかった。介護保険の創設時の検討では、介護手当をめぐって、「現金支給は家族を介護に固定化させる」という観念論や、「家族が介護をするのは当然でそれに現金を出すのはおかしい」といった家族介護当然論により制度化されることがなかった。当時行った世論調査では、約8割の人が介護手当の支給を希望していたにもかかわらず、こうした世論の声に応えることがなかった。さらに、介護保険法に介護者支援の規定がおかれることはなく、介護者支援策も極めて乏しいものにとどまっている。

介護者支援策の強化は、現在居宅において無償で介護を行っている約500万人の家族介護者を力づけるとともに、介護者の生活安定につながり、外部サービスにおける介護人材不足の緩和になり、高齢者虐待の防止にもつながるであろう。

⑤　観念的な目標設定

②とも関連するが、介護保険制度実施から10年を過ぎると、国は、社会保険とはかけ離れた介護保険の目標を保険者に投げかけるようになった。「地域包括ケアシステム」の構築である。2025年を目途に、重度な要介護状態になっても住み慣れた地域で自分らしい暮らしを人生の最期まで続けることができるように、住まい・医療・介護・予防・生活支援が一体的に提供される地域包括ケアシステムを、おおむね中学校区単位で構築しようとする構想である。

果たして2025年を目前に控えた今日、どの地方自治体で地域包括ケアシステムを構築できただろうか。地域といっても、東京都内や大阪のような大都市から地方の中小都市、農村部や山村部など、実にさまざまであるし、地域内の医療や介護基盤もさまざまである。一つの自治体をとっても、すべての中学校区単位で同じようなシステムが構築できるとはとても考えられない。要するに、国は観念的なシステムを目標に設定して、具体的には地方自治体に「丸投げ」したわけで、政策目標としてはあいまいすぎた。まもなく2025年を迎えるが、地域包括ケアシステムの構築という政策がどうなったのか評価することができるだろう。

最近では、社会福祉分野で「地域共生社会」の構築が提案され、介護保険制度もその一翼を担うことになっている。しかし、地域共生社会の概念は、地域包括ケアシステム以上に曖昧模糊としている。厚生労働省のホームページによれば、地域共生社会とは、「制度・分野ごとの「縦割り」や「支え手」「受け手」という関係を超えて、地域住民や地域の多様な主体が参画し、人と人、人と資源が世代や分野を超えつながることで、住民一人ひとりの暮らしと生きがい、地域をともに創っていく社会」であるという。言葉はきれいであるが、具体的にどのような社会になればよいのか不明である。そもそも「地域住民が世代や分野を超えてつながる」ということがありうるのだろうか。新型コロナ禍での生活をみてもわかるように、住民は自分や自分の家庭を守っていくだけでも大変で、他人の家庭を支援することを当然とする見方には無理があるとみた方が自然である。「地域共生社会」のような抽象的、観念的な言葉で社会福祉を論じていくのではなく、具体的な問題を取り上げながら、地域における「互助的な仕組み」をどのように作り上げていくのかといった観点から論じていく方が実践的である。

以上述べた構造的問題、特に③の被保険者の範囲の拡大と、④の家族等の介護者支援の強化に早急に対応しながら、介護保険制度が社会保険である以上、保険料を負担する被保険者の利益になるように運営していくことが保険者の役割であり、制度全体を統括する国の役割であると考える。

付記

介護保険制度は2020年度をもって、実施以来20年が経過した。人間でいえば1世代過ぎたような期間であるが、簡潔に20年を振り返り、今後の課題を展望した。本書作成のために書き下ろした論文である。制度創設に関わった筆者としては、政府（厚生労働省）は、特に、被保険者の範囲の拡大と家族などの介護者支援の充実について、早急に取り組むことを期待する。

参考　日本・ドイツ・韓国の介護保険制度の比較

本書の最後に、読者への便宜を図るために、日本とドイツ、韓国の3か国の介護保険制度を比較した表を掲載する。

ドイツで1994年に介護保険制度が創設され、それが日本に影響を与え、日本では、1997年に介護保険法が成立した。日本での介護保険制度の創設が、隣国の韓国に影響を与え、2007年、韓国で老人長期療養保険法が制定され、2008年から介護保険制度が実施された。

このように、介護保険制度は、1国における制度の創設が他国に影響を与えていったもので、かつてドイツで創設された社会保険制度がヨーロッパや日本に広がっていったことと同様に、社会保障政策において注目に値する制度である。2021年現在では、中国において導入に向けてのモデル事業が行われている。

日本・ドイツ・韓国の3か国の介護保険制度の比較考察の詳細は、増田雅暢編著『世界の介護保障（第2版）』（法律文化社、2016）の補章「日本・ドイツ・韓国の介護保険制度の比較考察」を参照していただきたい。ここで掲載した表は、同書201頁の図を最新のデータで改訂した最新版である。

このように3か国の介護保険制度を比較すると、それぞれの国の特徴があらわれて興味深い。たとえば、制度の建て方では、日本は「独立型・地域保険型」であるが、ドイツと韓国は「医療保険活用型」であり、既存の医療保険制度の仕組みを基に介護保険制度を構築している。被保険者の範囲について「40歳以上の者」という年齢区分を導入しているのは、日本だけで、ドイツや韓国には年齢区分はない。現金給付の制度は日本にはないが、ドイツは保険給付の中核であり、韓国では特例的にある。公費負担については日本が最大の割合であるが、ドイツは全くなし、韓国は日本より低い割合で制度化している。

本書では紙数の関係で、表の末尾の「保険給付の思想」についてやや詳しく説明をしたい。

日本では、保険給付の水準は「必要十分」という考えである。たとえば、施設サービスの場合は1日当たりの介護報酬で1日に必要な介護サービスを提供できるという考えであり、利用者に対して介護報酬以上の追加負担を求めることはない。その代わり定率の利用者負担を必要とする。居宅介護の場合も同様の考えである。要介護度別の支給限度額は、この費用の上限まで100％介護サービスを利用すれば要介護者の介護ニーズに応える必要十分の水準であるという思想による。さらに、要介護者が居宅介護と施設介護のどちらを選んでも、保険給付はイコールフィッテングという思想に立っている。したがって、要介護5の居宅介護の支給限度額は月額約36万円（年額約432万円）と極めて高い水準になっている。ただし、こうした必要十分なサービスを保障するため介護報酬は高い水準となり、要支援者・要介護者の範囲が広いこととあいまって、保険給付額が増大するという構造的な課題を抱えることになる。

また、「必要十分」のサービスの保険給付を行うために、利用者のニーズに合わせてサービスの種類が増加していく。制度実施時から居宅サービスの種類数は他の2国よりも多かったが、地域密着型サービスの創設により、サービスの種類数ではドイツや韓国の3倍以上となっている。このことは制度の複雑化をもたらしている。

韓国の介護保険も、保険給付水準については、基本的には日本と同じ発想であるが、日本のように保険財政が肥大化することを用心して、介護報酬を低めに設定している。また、公費負担の割合も約2割強であり、日本の5割よりは小さくして、国の負担増を抑制している。サービスの種類数については、制度実施から10年以上を経ても変化はない。

一方、ドイツの介護保険は、要介護者の介護ニーズに対してはその一部を保険給付でカバーするという「部分保険」の発想に立っている。このことが顕著なのは施設サービスの場合であり、保険給付費は実際の施設利用費用の半分程度をカバーする程度である。残りは利用者が自ら負担するか、それが難しい場合は社会扶助（日本の生活保護に相当）の適用を受けることになる。その代わり、保険給付の中では利用者負担はない。

もう一つは、「在宅介護優先の原則」から在宅介護においては家族などのインフォーマルケアが第一義的なものであり、介護保険給付はそれを補完するものという思想に立つ。このため、本書の第7章や第8章で説明したとおり、介護保険制度において家族等の介護者支援策を制度化している。事実上介護者への労働報酬となる要介護者本人への現金給付の制度もある。家族や隣人・知人、ボランティア等によるインフォーマルケアを社会的に評価しているのである。介護保険実施後の制度改正においても現金給付の水準を引き上げるなど、介護者支援に力を入れている。なお、サービスの種類数では、制度実施以降ほとんど変化はない。

図表-25 日本・ドイツ・韓国の介護保険制度の比較

	日　本	ド　イ　ツ	韓　国
検討時期	1990年代 (高齢化率は14%前後)	1980〜90年代 (高齢化率は15%前後)	2000年代初頭 (高齢化率10%以下)
背景	急速に進む高齢化を背景に、介護問題が社会問題化／老人福祉制度による対応が限界／利用者本位・自立支援の制度の構築／介護サービス拡充のための新たな財源の確保の必要性	一般的な要介護状態に対する公的な介護サービスの提供システムや費用保障制度が不存在／社会扶助対応に依存したため地方自治体の負担増大	在宅老人福祉制度の制度化は1993年の老人福祉法の改正によるもの／介護保険制度の創設を契機に高齢者介護基盤の整備を図る戦略
政策過程の特徴	厚生省(現厚生労働省)内の検討作業が起点。関係者の意見がまとまらない中、連立与党の調整と合意形成	1980年代、医療保険制度において一部対応。90年代に議論が本格化、与野党の調整により合意	大統領のリーダシップのもとに、政府の保健福祉部主導型で進む
法律の名称	介護保険法	社会保障法典第11章介護保険	老人長期療養保険法
制定年月	1997年12月	1994年4月	2007年4月
実施年月	2000年4月	1995年4月(在宅) 1996年7月(施設)	2008年7月
制度の建て方	独立型・地域保険型	医療保険活用型	医療保険活用型
保険者	市町村(2021年で1,571)	介護金庫(2020年で105)	国民健康保険公団(1)
被保険者	40歳以上の医療保険加入者と65歳以上の者	公的医療保険加入者	全国民(健康保険被保険者と医療扶助受給者)
給付対象者	65歳以上の者と40〜64歳の特定疾病者	全年齢層の要介護者	65歳以上の者と65歳未満の老人性疾病者
要介護度	7段階(要支援1・2と要介護1〜5)	5段階	6段階(1〜5等級と認知支援等級)
判定機関	介護認定審査会の判定(一次判定はコンピュータ判定)	MDK(疾病金庫のメディカルサービス)による判定	等級判定委員会の判定(一次判定はコンピュータ判定)

図表-25 日本・ドイツ・韓国の介護保険制度の比較（続き）

	日　本	ドイツ	韓　国
サービス利用方法	ケアマネジャーによる介護計画作成等のケアマネジメントを経て事業者と契約	事業者と契約(日本のようなケアマネジャーの制度はなし)	事業者と契約(日本のようなケアマネジャーの制度はなし)
保険給付内容	在宅・施設サービス、地域密着型サービス、介護予防給付	在宅・施設サービス	在宅・施設サービス
現金給付	なし	在宅介護給付で現金給付あり	島・へき地で家族療養費
公費負担	保険給付費の2分の1を国と地方自治体が負担	なし	保険料負担額の20％と基礎受給者分を国が負担
利用者負担	基本的に10％。所得が高い高齢者は20％または30％	なし	在宅は15％、施設は20％
保険料	65歳以上の者は所得段階別定額保険料、40～64歳は医療保険と同じ賦課方法。協会けんぽの場合1.8％(2021年)	2019年から3.05％、子供がいない場合は3.3％	国民健康保険料に一定率を乗じた額(2021年は実質0.8％)
要介護認定者数	669万人(2020年4月末)(高齢者の約18％)	公的介護保険受給者数400万人(2019年末)全人口の約5％	86万人(2020年12月)(高齢者の約10％)
保険給付費	11兆4,938億円(2020年度予算)	407億ユーロ(2019年)	約9.8兆ウォン(2020年)
保険給付の思想	必要十分。対象範囲広く、給付水準高い。介護ニーズに幅広く対応	部分保険。家族等によるインフォーマルケアを社会的に評価	必要十分だが抑制的

（注）制度内容は、基本的に2021年4月現在

あとがき

本書は、私が、厚生省高齢者介護対策本部事務局の専任スタッフとして介護保険制度の創設検討業務に取り組んだ経験を基に、以後、大学や研究所において、介護保険制度の政策過程を中心に介護保険制度に関して執筆・分析した論文を中心に取りまとめたものです。介護保険制度のような全国民に関わる重要な制度の政策過程について、実際にその検討業務に携わった役人が内部情報も活用しつつ執筆することは、介護保険制度のあり方について考える人や、後世の社会保障研究者に何らかの役に立つだろうという気持ちで執筆したものです。

ここで、私の経歴、役人および学者の人生を簡単に振り返ってみます。

1954年埼玉県蓮田市生まれ。埼玉県立浦和高校卒業、東京大学教養学部教養学科国際関係論分科卒業。1976年4月、(株)中央公論社入社。1979～80年、アメリカのシラキュース大学大学院留学、1981年4月、厚生省に事務官として入省。1991年7月、岡山市役所民生部長に就任、1994年4月、岡山市役所から戻ってきて、高齢者介護対策本部事務局の専任スタッフに就任。1996年7月、九州大学法学部助教授として、立法過程論などを担当。1998年7月、厚生省復帰後、大臣官房政策課の政策調査官として『平成11年版厚生白書』の執筆・作成責任者。国立社会保障・人口問題研究所総合企画部長を経て2001年1月厚生労働省統計情報部情報企画室長。2002年8月、国立保健医療科学院福祉サービス部長、2004年7月、内閣府少子化社会担当参事官、「新しい少子化対策について」の企画や、「少子化社会白書」の作成担当を3年間続ける。2007年4月から2010年3月まで上智大学総合人間科学部社会福祉学科教授、2010年4月、日本政策金融公庫生活衛生融資部長、2011年6月末、厚生労働省退官。30年間の役人生活でした。

その後、2011年8月から岡山県立大学保健福祉学部教授に就任、ここで博士号（保健福祉学）を取得しました。2018年4月から東京通信大学人間福祉学部教授です。大学の教員生活も、通算で14年となりました。

介護保険制度の創設検討業務を経験したことから、介護保険制度については政策過程の分析以外に、その運営状況についてもフォローアップを続けてきました。（株）法研の専門誌「月刊介護保険」には毎月のように介護保険制度に関する評論を掲載させていただきました。それらと大学・研究所の研究活動の中で作成した単著の本は、次のとおりです。

『わかりやすい介護保険法』（有斐閣、1998年）。後に2000年に「新版」出版
『介護保険見直しの争点—政策過程からみえる今後の課題』（法律文化社、2003年）
『介護保険見直しへの提言』（法研、2004年）
『これでいいのか少子化対策—政策過程からみる今後の課題』（ミネルヴァ書房、2008年）
『日本の介護保険制度の政策過程と今後の課題』（人間と福祉、2008年）（韓国語）
『逐条解説　介護保険法』（法研、2014年）。後に2015年に第2版出版
『介護保険の検証—軌跡の考察と今後の課題』（法律文化社、2016年）

こうした単著の出版のかたわら、『介護リスクマネジメント』（旬報社、2002年）や、『世界

の介護保障』（法律文化社、2008年）、『年金が破綻しないことがよくわかる年金Q&A』（TAC出版、2012年）、『社会福祉法入門（第3版）』（有斐閣、2015年）、『アジアの社会保障』（法律文化社、2015年）、『国民の福祉と介護の動向（各年版）』（厚生労働統計協会）、『介護リスクマネジメント』（加除式、第一法規）のような解説書の編著、『学ぼう社会保障』（ぎょうせい、2004年）や、『よくわかる社会福祉施設（第5版）』（全国社会福祉協議会、2018年）という入門書の編著、さらには、『よくわかる公的扶助論』（法律文化社、2020年）、『よくわかる社会保障論』（法律文化社、2021年）、『社会福祉と社会保障』（メディカ出版、2021年）、『高齢者福祉』（全国社会福祉協議会、2021年）などといった大学生や社会人向けのテキストの編著を行ってきました。

本書が8冊目の単著になります。私の手元には、「新システム検討1（94・11・22）」と背見出しを付けた古ぼけたファイルがあります。本書の第3章で説明した介護保険制度創設検討時の厚生省内の関係者による「省内勉強会」の資料集です。政策過程の論文の作成に当たって資料として用いたもので、制度試案の骨格や保険給付プロセスや要介護認定基準など、制度案の構築に向けて当時の高齢者介護対策本部事務局が検討していた資料です。この省内勉強会のファイルは、全部で6冊あります。今時、現物のまま保管しているのは、私くらいのものでしょう。これらの資料を手に取ってみると、20年以上も前の昔、冷房が効かない会議室で、プロジェクトメンバーが集まって熱心に議論をしていた様子が浮かんできます。私が40代前半の時のことでした。後の介護保険制度の創設につながりましたから、この資料ファイルは十分に役目を果たしました。現在では「古文書」になってしまいました。この本書の出版をもって、これらの資料は私個人の思い出物として書庫の片隅に置かれることでしょう。

本書の作成・出版に当たっては、（株）オフィスTMの三宅新吾氏、菱沼知夏氏に大変ご尽力いただきました。心から御礼申し上げます。発売元のTAC出版に御礼申し上げます。また、妻の増田祐英には、いつも笑顔で教育・研究活動を支えてもらい深く感謝する次第です。

最後になりましたが、私の役人生活や大学教員生活を支えてくれた家族や友人たちに心から厚く御礼を申し上げます。また、厚生省・自治省・厚生労働省・内閣府・国立社会保障・人口問題研究所、国立保健医療科学院時代の上司・同僚の皆様方、九州大学、上智大学、岡山県立大学、東京通信大学の教職員や学生の皆様方、本当にお世話になりました。韓国政府の保健福祉部や国民健康保険公団の関係者の方々、岡山市役所勤務以来の親交が続いている岡山市や岡山県の皆様方、介護保険の検討以後ずっとお付き合いが続いている老人福祉施設や社会福祉分野の事業者の皆様方、論文発表や書籍の刊行をしていただきました法律文化社、法研、有斐閣、ミネルヴァ書房、第一法規などの出版社の皆様方、いろいろと取材をしていただきましたマスコミ関係の皆様方、そして、私のこれまでの書籍におつきあいいただいた読者の皆様方に、心から御礼申し上げます。

皆様方のますますのご健康とご多幸をお祈り申し上げます。

2022（令和4）年3月吉日

増田雅暢

増田雅暢 Masanobu Masuda

1954年埼玉県蓮田市生まれ。東京大学教養学部教養学科卒業。（株）中央公論社勤務、米国シラキュース大学大学院留学を経て、1981年厚生省（現・厚生労働省）入省。1994年厚生省高齢者介護対策本部事務局補佐として、介護保険制度の創設検討業務に従事。2006年内閣府参事官として、少子化対策に従事。岡山市役所民生部長、九州大学法学部助教授、国立社会保障・人口問題研究所総合企画部長、上智大学総合人間科学部教授、岡山県立大学保健福祉学部教授等を経て、2018年から東京通信大学人間福祉学部教授。増田社会保障研究所代表。博士（保健福祉学）。

［専門］ 社会保障政策論、介護保険制度論、少子化対策

［著書］
『介護保険見直しの争点』法律文化社、2003年
『これでいいのか少子化対策』ミネルヴァ書房、2008年
『逐条解説　介護保険法』法研、2014年
『世界の介護保障〔第2版〕』編著、法律文化社、2014年
『介護保険の検証』法律文化社、2016年

介護保険はどのようにしてつくられたか
—介護保険の政策過程と家族介護者支援の提案

2022年4月15日　第1版第1刷発行

著　者　増田雅暢

発　行　株式会社オフィスTM
〒108-0023 東京都港区芝浦 4-22-1-1413
TEL/FAX 03-5443-2154
http://officetm.co.jp

発　売　TAC株式会社 出版事業部（TAC出版）
〒101-8383 東京都千代田区神田三崎町 3-2-18
TEL 03-5276-9492（営業）
https://shuppan.tac-school.co.jp/

印刷・製本　株式会社雄進印刷

乱丁・落丁本はお取り替えいたします。

ISBN978-4-300-10173-5